李凯 著

消失的宫殿

·秦汉篇·

人民东方出版传媒
People's Oriental Publishing & Media
东方出版社
The Oriental Press

图书在版编目（CIP）数据

消失的宫殿 . 秦汉篇 / 李凯 著 . —北京：东方出版社，2022.9

ISBN 978-7-5207-2814-0

Ⅰ . ①消… Ⅱ . ①李… Ⅲ . ①宫殿－中国－秦汉时代 Ⅳ . ① K878.3

中国版本图书馆 CIP 数据核字（2022）第 093624 号

消失的宫殿 . 秦汉篇

（XIAOSHI DE GONGDIAN.QINHAN PIAN）

作　　者：李　凯

策　　划：李伟楠

责任编辑：李伟楠

责任审校：金学勇

出　　版：东方出版社

发　　行：人民东方出版传媒有限公司

地　　址：北京市东城区朝阳门内大街 166 号

邮　　编：100010

印　　刷：北京联兴盛业印刷股份有限公司

版　　次：2022 年 9 月第 1 版

印　　次：2025 年 3 月第 4 次印刷

开　　本：880 毫米 ×1230 毫米　1/32

印　　张：11

字　　数：178 千字

书　　号：ISBN 978-7-5207-2814-0

定　　价：68.00 元

发行电话：（010）85924663　85924644　85924641

前言

中国古代有大量宫殿，如今都已经湮没在历史长河中。古都西安就是个缩影。秦末项羽入咸阳，咸阳宫夷为瓦砾，今天考古工作者在咸阳宫遗址发现了大片烧过的灰烬。两汉之交，更始军①攻入长安，未央宫等多少宏伟建筑随着王莽政权灰飞烟灭。东汉初平三年（192年），长安城又经历了董卓之乱，建筑再次被严重破坏。唐朝末年，黄巢、朱温之乱，兵燹频仍，政治中心东移，未央宫、长乐宫、建章宫等琼楼玉宇沦为废墟。文明成就多，灾难也多，这是唯物辩证法。很大程度上，人们说不清楚这些崔嵬的建筑究竟是如何被摧毁的。因此，今天我们通过文献记载以及考古资料来解读昔日的辉煌，就显得很有意义，因为它们寄托着世事沧桑。

有始就有终，有盛就有衰。比方说，西汉时期，汉武帝苦心经营的柏梁殿遭到火灾焚毁，他十分不舍这座香气扑鼻的宫殿，就召集群臣，商议再建宫室。越人勇之献策，提出要建一座更大的房子来制服灾魔，于是武帝继续用香柏建造建章宫。《史记·孝武本纪》

---

① 公元23年，绿林军拥立刘玄为帝，年号更始，消灭王莽后统治天下两年，公元25年投降赤眉军。

记载"于是作建章宫，度为千门万户"，千门万户应是汉朝的习用语，形容殿宇规模宏大、人户众多。建章宫号称有千门万户，规格超过未央宫，气势非常宏伟，还有为数众多的离宫别馆。上林苑的扩建，也始于汉武帝时期。据《汉书·东方朔传》记载，汉武帝建元三年（前138），武帝命太中大夫吾丘寿王在今三桥镇以南、终南山以北、周至以东、曲江池以西的范围内，开始扩建上林苑，并修建苑内的各种景观。后来，上林苑又进一步向东部和北部扩展，北部扩至渭河以北，东部扩至浐、灞以东，形成了前所未有的规模。这就意味着，汉武帝在秦代上林苑的基础上扩建，使汉代的上林苑成为方圆数百里的自然风景游乐区，而宏伟的长安城就镶嵌在这个天然园林中，它就是汉家宫廷建筑的依托。然而两汉之交的战乱，加上后来的损毁，它们只留下残垣断壁。

汉朝大文学家扬雄[①]就描述过上林苑和建章宫的排场，但扬雄言外有音。他说，武帝扩展上林，南到宜春、鼎胡、御宿、昆吾，西傍南山，到长杨、五柞，北绕黄山，东临渭水，周长数百里。这些是上林苑的离宫别馆。和清代皇帝爱住圆明园，不只待在故宫紫禁城一样，离宫别馆也是汉代皇帝的栖身之所。另外扬雄还说，武帝还仿照滇池挖昆明池，营建建章、凤阙、神明、骈娑，渐台、泰液取象海水环绕方丈、瀛洲、蓬莱。游观奢华，美妙无比。不过在扬雄看来，皇帝陛下即便割除上林苑的东西南三边给平民，皇家的羽

---

① 扬雄（公元前53年—公元18年）字子云，蜀郡成都（今四川成都郫县友爱镇）人。扬雄少年好学，口吃，博览群书，长于辞赋，是继司马相如之后西汉最著名的辞赋家，曾仿司马相如《子虚赋》《上林赋》，作《甘泉赋》《羽猎赋》《长杨赋》，洋洋洒洒地讴歌汉家皇室气象，后世并称"扬马"。汉成帝出猎，士卒负羽箭随从，文学家扬雄跟随。

猎、田车、戎马、器械、储备、禁苑的花销仍太过奢侈，并不是尧、舜、商汤、周文王这样的贤王射猎的做派。扬雄怕后代再因爱好而增修，不以泉台为教训，便借《校猎赋》来讽谏。① 他的态度是，您的宫殿再有排场，也不可能永存呀！

那么扬雄提到的"泉台"又是怎么一回事？原来，春秋时鲁庄公② 在郎这个地方筑了个泉台，结果没盖好，烂尾了，至鲁文公时候毁了它，这是不是很荒谬呢？《公羊传·文公十六年》讽刺说："郎台则曷为谓之泉台？未成为郎台，既成为泉台。"先祖为之、后代毁之，有那个必要吗？所以扬雄写了《校猎赋》来讽谏。赋这种文学体裁，就是要铺陈皇室的雍容华贵，所以它的词汇非常优美丰富，甚至晦涩费解，只是凭借气势给人震撼，但也委婉地流露出一些讽谏的内容，供君王参考。然而《法言·吾子》中扬雄自己认为作赋乃是"童子雕虫篆刻""壮夫不为"，认为早年的赋似讽而实劝，汉成帝基本上不思考扬雄的良苦用心。经历王莽、董卓之乱，汉家的繁华只留给了那个时代，建章、上林、成帝、扬雄，一切都成了明日黄花。后人写《三辅黄图》③《东京梦华录》，都蕴含了历史盛衰的哲理，它们是宝贵的中华文明遗产。

---

① 《汉书·扬雄传》："武帝广开上林，南至宜春、鼎胡、御宿、昆吾，旁南山而西，至长杨、五柞，北绕黄山，濒渭而东，周袤数百里。穿昆明池象滇河，营建章、凤阙、神明、驲娑、渐台、泰液象海水周流方丈、瀛洲、蓬莱。游观侈靡，穷妙极丽。虽颇割其三垂以赡齐民，然至羽猎、田车、戎马、器械、储侍、禁御所营，尚泰奢丽夸诩，非尧、舜、成汤、文王三驱之意也。又恐后世复修前好，不折中以泉台，故聊因《校猎赋》以风。"
② 公元前684年，齐、鲁长勺之战，鲁庄公听从曹刿的建议，从而带领鲁军击败齐国，《左传》经典篇目《曹刿论战》即记载此事。
③ 《三辅黄图》，古代地理书籍。作者佚名。又名《西京黄图》，简称《黄图》。

这个小册子，由讲稿整理而成，旨在以消失的宫殿为寄托，给大家呈现中华文明的伟大成就、古代社会生活思想的诸多侧影，以及古人围绕历史盛衰的深刻思考。在国家大力宣传中华优秀传统文化与铸牢中华民族共同体意识的今天，如何以中华文明为内容，以大众喜闻乐见的形式，树立现代中国人的精神家园，是历史工作者必须研究的重大问题。如果朋友们能喜欢，并给予教正，我们的工作就有了意义。感谢央视《百家讲坛》那尔苏先生、饶源女士、高虹先生、林屹屹女士、王诗雨女士、王洛霏女士、柴钰书女士、贺源先生、王志强先生、考古公开课王珊女士的策划与襄助，东方出版社编辑李伟楠女士、中国国际电视总公司范琦先生，以及北师大毕业生王硕、郭段荣、彭紫荆、杨笑然、王怡然、张得胜同志为小书的出版付出了大量心血，谨表谢意。

目 录

上篇 秦

第一讲 作宫西垂

"秦王扫六合，虎视何雄哉。"公元前221年，秦始皇在华夏大地上，建立起了一个史无前例的秦王朝，拉开了大一统时代的序幕。秦朝的大气磅礴、秦兵的铁血刚毅，谱写了一段辉煌壮丽的中华历史。秦人更是为后代留下了一套较为完善的政治制度与精神文明，秦祚虽短，然百代之政皆出于秦。秦人的发展与崛起，是一段漫长而曲折的历史。那么，他们究竟是如何从西垂宫出发，一步步走向中原，最后完成蛮荒小国到大秦王朝的蜕变的？为什么秦国君主要数次迁都？秦国故地西垂宫，又见证了怎样一段波澜壮阔的历史呢？

秦兵马俑

西垂宫与秦邑：秦历史的开端

提到秦人，我们就有一个印象：金戈铁马，气吞万里。但是，事物都有一个发生、发展的过程，由小到大逐渐递变。所以，我们势必得对秦人的发展历史做一梳理，那么，秦人的宫殿就映入眼帘。

礼县大堡子山秦墓考古文物

西垂宫，是史书上记载的秦人第一宫殿[①]，是秦族、秦文化的发祥地。这地方，非子、秦仲、庄公等早期秦国首领居住过，见证了秦

---

① 《史记·秦本纪》记载，秦的祖先"在西戎，保西垂"。

礼县大堡子山秦墓考古文物

造父塑像

人和戎人①搏斗的历史。西垂宫在哪里呢？在西犬丘，相当于今天甘肃省陇南市的礼县一带。司马迁明确交代，说秦国在两周之交的国君秦文公（前765年—前716年在位）"居西垂宫"。秦文公居住在这里，我们就能推知西垂宫的历史一定比两周之交古老。

那为什么秦人的先祖要在这里盖宫殿呢？

秦人先祖很神奇，和养马、放马有关，也就是弼马温一类的角色，史书和西周金文显示这类官员的地位不低②。司马迁说，秦人与赵人同祖，有一个叫造父的，是个著名人物，他给周穆王驾车，周穆王因此一天走千里，平息了徐偃王的叛乱。造父被封到了赵城，赐姓赵氏。秦国的祖先中还有一个叫大骆的人，大骆的儿子叫非子。非子和大骆都是周王的马夫。非子是周孝王（依据夏商周断代工程年表，前892年—前886年在位）

① 戎人是对春秋时期西方少数民族的统称，《史记·匈奴列传》认为包括绵诸、绲戎、翟獂、义渠、大荔、乌氏、朐衍，分布在黄河上游，后逐渐东迁。
② 《史记·秦本纪》："大费生子二人：一曰大廉，实鸟俗氏；二曰若木，实费氏。其玄孙曰费昌，子孙或在中国，或在夷狄。费昌当夏桀之时，去夏归商，为汤御，以败桀于鸣条。大廉玄孙曰孟戏、中衍，鸟身人言。帝太戊闻而卜之使御，吉，遂致使御而妻之。"西周金文也显示，马政是政治生活的重要内容。

的马夫，他在汧渭之间①给周孝王放马。汧水和渭水之间的地带，水草丰沃，非子的养马技术也很高，马长得膘肥体壮，繁殖得很快。周孝王非常高兴。为了奖励非子，周孝王曾经想让他做大骆的正宗继承人。但是，非子并不是大骆的正妻所生，即不是嫡子，按周朝的礼法制度，只有嫡长子才有君位的继承权。而且，周孝王此举遭到了申侯的强烈反对。为什么呢？因为申侯的女儿是大骆的正妻，她所生的儿子，叫成，成才是大骆的嫡子。申侯苦口婆心地对周孝王讲了个故事："我们申国的祖先骊山之女，嫁给了商朝贵族、镇守西垂的胥轩，成了他妻子，生了中潏，中潏归附了周，西垂因此才和睦。现在我们又嫁女给大骆为妻，生下嫡子成。申人和大骆再次通婚，西戎全都归顺，您才得以为王啊。"孝王琢磨过味儿了，废嫡立庶，会惹娄子，与其周王室西垂乱套，还是算了吧。

周孝王不改变成的嫡子地位，让他享有对犬丘的继承权，但让非子单独开创一个新的领地，把非子封到了秦邑，这就是司马迁说的"邑之秦"（《史记·秦本纪》）。这个秦在哪里呢？今天的专家、学者经过实地考察，确认非子所享有的秦邑，并非其养马的汧渭之间，而是距离西犬丘不远的天水张家川，在此发现了大量秦墓并出土了众多文物。这一带依山傍水，地势开阔，是建造都邑宫室的理想场所。自此，"秦"字就成了国族名号。这还不算完，周孝王非常青睐非子，让非子当他的附庸（附庸也是一种贵族），而且让非子接续祖先嬴氏的祭祀，所以叫他秦嬴。这又是怎么回事呢？司马迁交

---

① 《史记·封禅书》："秦文公东猎汧渭之间，卜居之而吉。"

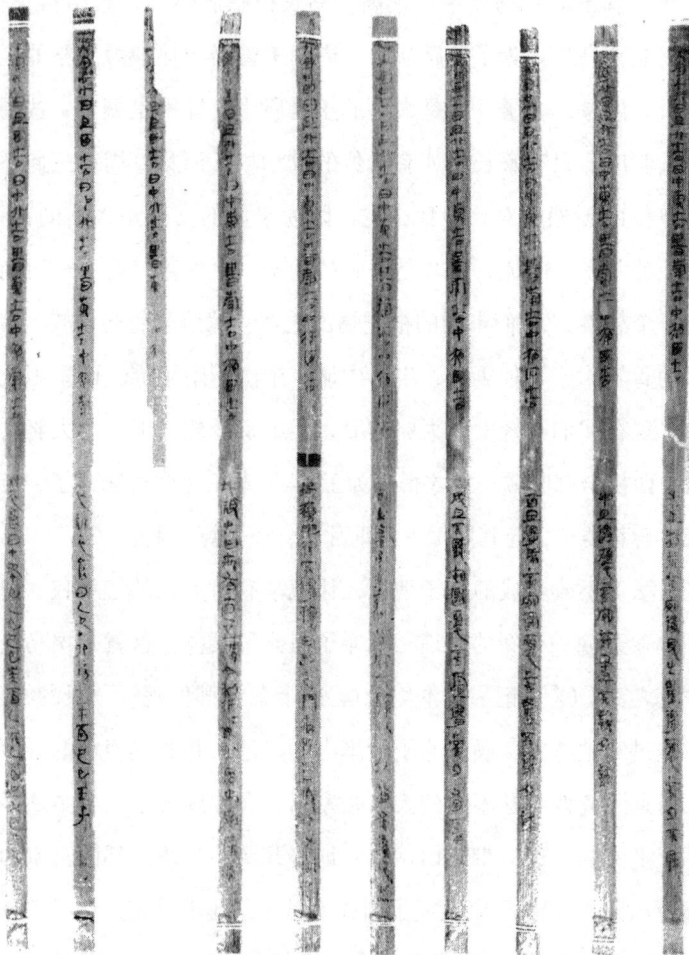

天水放马滩秦简

代过，秦人的老祖宗能够上溯到上古时期的一个名人伯益。伯益辅佐大禹治水有功，受到大舜的封赏，大舜赐予他嬴姓，这就是嬴姓的来源。随着历史发展，这一支传承到了商周之交，有两个人，一个叫蜚廉，一个叫恶来，这是父子俩。他们非常有能力，但是他们辅佐的是商纣王，司马迁说："恶来有力，蜚廉善走，父子俱以材力，事殷纣。"也就是说，他们是真正的助纣为虐。后来周武王伐纣，惩治殷纣的同时，也惩治殷纣的爪牙。这时，蜚廉和恶来都受到了周人的制裁，嬴姓的祭祀就断了。而周孝王恢复嬴秦祭祀，让非子而不是成这一支负责。

这样秦人就有两块地盘，一是礼县的西垂西犬丘，二是天水张家川的秦邑。秦人的历史就这么开端了，而后又不断壮大起来，力量不得了了。

明朝人董说有本书，叫《七国考》，这本书引《郡国志》记载："秦川宫者，昔非子封秦，于此筑宫室"，据此可知非子所居之宫名为"秦川宫"。但这个说法司马迁没提，也不见于其他早期文献，所以令人怀疑。但不管怎么样，秦人在这儿建立了自己的宫殿，有自己的都邑，应当是不错的。不管是西犬丘的西垂宫，还是这里的秦川宫，它们都目睹了两周之交剧烈的历史变局。

在周厉王（前877年—前842年在位）时期，天下大乱。周厉王无道，他曾经搞过一段时间的"专利"，和老百姓抢占资源，还拒不接受人们的批评，导致人们"道路以目"，也就是说走在路上只能使眼色表达愤慨。结果，老百姓不干了，周围的蛮夷也在骚动。而这个时候，秦人正面临灭顶之灾。诸侯纷纷叛乱，天下一团糟。西戎也反叛周王室，灭了大骆之族，就剩下非子秦嬴这一支，这时候的族长是秦仲。后来到了周宣王（前827年—前782年在位）时期，周宣王是个有道明君，和他有关的还有一个词叫宣王中兴。在他的努力之下，周朝出现了一段回光返照。

周宣王把当时秦族的首领秦仲找来，对他讲："西戎和你们、和我都有世仇，你替我镇守西垂，我封你为大夫，大骆的西犬丘也是你的了，你们跟西戎死磕吧。"所以，秦仲就成了西垂大夫。大夫在周代也是比较高贵的，秦在非子的时候还只是附庸，这时成了大夫。可见，秦国贵族升格了。所以这个时候，建造西垂宫，扩大西垂宫，是非常有可能的。但我们推测，西垂宫是大夫的宫，不会太豪华。当然，今天的考古还没有发现这一时期有后代那样高大巍峨的秦人宫殿遗址，但是可以说此时，秦的宫廷、建筑、苑囿应当有一定的进步，秦人的政治制度、国家机构已经取得了长足的进展。于是，秦仲就和戎人作战，但是也很不幸，秦仲战死，为了镇守西垂付出了性命。这下秦人和西戎更有了血海深仇。周宣王找来秦仲的

秦襄公雕像

几个孩子，给他们七千人马，让他们征讨戎人，报父仇，也是报国仇。七千人马看起来好像不多，但是要知道，上古时期，国家小，人口少，七千人不少了。资料显示，武王伐纣的时候，才率领虎贲三千人，所以秦与戎的这场战斗规模应当是不小的。终于，秦人打败了戎人，周王也非常高兴，迎

来了一段时间的太平。秦仲死了之后，大位传给他的儿子庄公，后来庄公又传位给他的儿子秦襄公。秦襄公还有一个哥哥，叫作世父。世父也是非常有骨气的人，他说戎人杀了他的爷爷秦仲，因此他非杀戎王不可，否则不回来。索性，把君位让给弟弟秦襄公。

襄公迁都汧邑：接近宗周腹地

这个秦襄公，在秦的发展历史上是一个特别不得了的人物。他干了两件大的事情。第一，《帝王世纪》记载，他审时度势，把秦的都城迁到了汧邑。秦襄公搬家到汧邑，这样西垂犬丘的地位就不那么突出了。为什么要迁到这里呢？结合地形分析就很好理解了。汧邑在今陕西陇县，也就是陕西和宁夏的交界，作为都城是出于当时向东伐戎扩张领土的需要。城址规模应该不大，这是因为它作为都城时间短，从襄公二年襄公迁都到襄公十二年襄公战死，共计十年。当时无暇修建规模较大的都城。汧在后来虽未再作都城，但由于其地理位置的重要性，仍发挥着重要的作用，因为这里是从陇东进入陇西的必经之地，秦的先公的宗庙、陵墓还在陇西地区。

汧邑这个地理位置非常重要。一方面，汧水流域是肥沃之地，可以大力发展生产，解决补给问题。另一方面，"进可攻，退可守"，秦定都于陇山脚下，距离宗周腹地非常近，能够轻而易举地接触到周朝的政治中心。所以，秦襄公又干了一件更重大的事情。这件事情载诸史册，也改变了秦国的历史命运，那就是护送平王东迁。

有一段事，人们都知道，叫"烽火戏诸侯"，电视剧和小说中常

《百美新咏图传》中的褒姒

常出现。西周最后一代王周幽王是个无道昏君，他俘虏来的美女褒姒成天以泪洗面，他的心里也很难受。于是，有人给幽王出了一个馊主意：在烽火台上举起狼烟，把诸侯诳来，诸侯被戏耍，到时候看你媳妇褒姒笑不笑。果不其然，褒姒笑了，周幽王赏赐给提建议的人千金，于是就有了"千金一笑"的说法。到后来，戎人打来的时候，他再举狼烟，人家诸侯都不来了。这是一个"狼来了"的故事：我们（诸侯）不上当了，谁伺候您哪？

于是西周亡国了。这个故事其实是很不可靠的，为什么呢？第一条，这个故事怎么读怎么像《甄嬛传》，它太离奇，不符合情理。第二条，有人做过一个推算，褒姒如果能活到周幽王的时候，她已经五十多岁了，那么，她能有多大姿色，把王迷成这样呢？更重要的是，当时的国家并不是后代版图式的国家，而是城邦式的国家。没有版图式的国家，长城、烽火台的意义也就不是很大。我们今天看到的烽火台（烽燧）这类东西是战国、秦汉版图国家出现之后才大规模出现的，还不能把它上溯到西周时代。但是西周因为美女褒姒而亡国，一般人是信的。《诗经》里也讲"赫赫宗周，褒姒灭之"。

　　秦国在不断向上发展，而此时的西周王朝已日暮途穷，西垂宫的主人见证了这一切。周幽王因宠幸褒姒的缘故，废黜王后申后和太子，改立褒姒为王后、立褒姒之子伯服为太子，加之多次失信于诸侯，招致诸侯不满。秦襄公七年（前771年），申国国君申侯因周幽王废黜自己的女儿申后、外孙宜臼而恼怒，联合缯国、犬戎进攻周朝都城镐京，在骊山下杀死周幽王，西周灭亡。当时，秦襄公曾率兵援救周朝，作战得力，立有大功。周幽王死后，诸侯共立太子宜臼为王，是为周平王。

《东周列国志》里的申后、伯服与褒姒①

于是，在关中腹地，就有几支力量进行博弈：第一支就是褒姒、周幽王以及褒姒的儿子伯服，这一支势力非常强健。周幽王把伯服扶上君位，废掉太子宜臼，废长立幼。戎人打来之后，周幽王和伯服兵败身死，褒姒被俘。这一支完蛋了。第二支力量就是太子宜臼，宜臼的母亲是申后，而申后的父亲就是申侯。他是镇守西垂的一个大贵胄，周朝世世代代都拉拢申侯，和申侯联姻。另外，还有一个王叫作携王，又叫携惠王，他是虢公翰所立。人们对他的了解不是太多，只知道他在位二十年，和宜臼分庭抗礼，后来被晋文侯等大

---

① 本书《东周列国志》中的图都出自（明）冯梦龙原著、（清）蔡元放改编、凌霄注：《绣像本古典小说名著东周列国志》，崇文书局2018年版。

《东周列国志》里的犬戎攻镐京

贵族所诛杀，这是第三支势力。还有一支是戎族的势力。

　　面对这几种势力，秦襄公选择的是谁呢？秦襄公出于周王室太子的旧有威信，而并不拘于秦国与周幽王、伯服的旧有关系，特别是周幽王死后，他更没有必要与王室的正统代表周平王相敌对，于是选择了太子宜臼，也就是后来的周平王。在众多贵族眼中，这一支代表周王朝稳定时期的社会秩序。于是在周朝为逃避犬戎祸难、都城东迁洛邑时，秦襄公派兵护送周平王。周平王为感谢秦襄公的护送，封他为诸侯。秦人又一次升格了。原来是附庸，后来是大夫，两周之交成为诸侯。秦襄公非常高兴，使用太牢①大礼，在西畤祭祀白帝②，以庆贺秦国正式立国。

　　这是秦国历史上重要的一年。被封为诸侯后，秦国就能和华夏诸多大国平起平坐，享有与齐、鲁、燕、卫、宋、晋等大国平等的地位，它们之间互相派遣使节。所以，下面春秋的历史中有了秦。如果没有护送平王东迁这个事件，这样的地位就是不存在的。而如果秦人仍待在陇山以西的犬丘，就和平王东迁没有一毛钱关系。应该说，秦襄公迁都，鬼使神差也好，能掐会算也罢，这个宝押对了。

　　周王虽然封秦为诸侯，但是封给秦的这片土地是戎人的。原先的岐山已经被戎人占领，秦人需要把他们打走，才能真正得到这片地。也就是说，周王给秦人开的是一张空头支票。但这张空头支票的意义很大，因为周王代表政治的合理性，秦人等于有了周王圣旨，

---

① 《庄子·至乐》：“具太牢以为膳。”成玄英疏：“太牢，牛羊豕也。”
② 《史记·封禅书》：“秦襄公既侯，居西垂，自以为主少皞之神，作西畤，祠白帝，其牲用骝驹、黄牛、羝羊各一云。”

《东周列国志》里的平王东迁

终于可以以诸侯国的名义名正言顺地"尊王攘夷"①了。为了得到这一大片土地，秦襄公非常卖力气。但是后来，秦襄公与戎人作战打到岐山的时候死掉了，有可能是战死。

文公迁都汧渭之会：霸业的前奏

秦襄公死后，大位就归了他的儿子秦文公。秦文公也是一个有道明君，他在秦国历史上也是出名的。他把都城从汧邑，也就是陕西陇县一带，迁到了"汧渭之会"，汧水和渭水交汇的地方。秦文公在位五十年，春秋时代在位五十年的君主并不多。这五十年为秦国韬光养晦、休养生息打下了坚实的基础。他建都的汧渭之会，就是当年秦非子受周孝王之命，从甘肃礼县西犬丘来到关中为周王室牧马的地方。文公三年（前 763 年），文公率领七百人东猎，历时一年。②上古时期的狩猎行为，还不只是游玩，很可能是军事性的，甚至和战争相差无几。这时候他不仅狩猎，还要选都，于是"四年，至汧渭之会"。这时秦文公还认为非子为周孝王放马进而被封为诸侯的汧渭之会，是秦族的龙兴之所，是吉祥的地方③，并且找人来占卜，结果也是吉利的，于是建造都邑宫室。④从秦文公四年（前 762 年）到秦宪公二年（前 714 年），这里做过秦人四十八年的都邑。

---

① "尊王攘夷"一词最早见于《春秋公羊传》僖公四年："桓公救中国，而攘夷狄。"本意为"尊勤君王，攘斥外夷"。
② 《史记·秦本纪》："三年，文公以兵七百人东猎"。
③ 《史记·秦本纪》："（文公）曰：'昔周邑我先秦嬴于此，后卒获为诸侯。'"
④ 《史记·秦本纪》："乃卜居之。占曰吉，即营邑之。"

长期以来，汧渭之会的确切地点在哪，一直是史学界争论的焦点。2004年，考古工作者在凤翔县长青镇孙家南头村，发现大量先秦墓葬，掩埋在茫茫迷雾中的汧渭之会，似乎有了眉目。这里的地形高而平，正好在凤翔原，进可攻退可守。不论是地形还是交通，都是当时秦人建都的好选择。

秦文公在汧渭之间定都建宫室，能够"进可攻"，这带来了积极作用。首先，秦由此可以开辟新的领地。当时关中为动乱之地，新旧几种势力并存，相互争夺，群龙无首。在无序的前提下，谁有能力跳出争斗，积蓄力量，就能获得更大利益。其次，这也是秦东进新战略的前奏。从秦文公舍汧邑而入汧渭之会看，其战略意图是以礼县的秦邑为桥头堡，以巩固陇山以西为根本，同时进入关中，向东拓展。在站稳脚跟取得发展之后，再以秦邑和汧渭之会为基地向北开拓，完成征服西戎的战略转移。秦文公迁都于汧渭之会这一重大历史事件，充分证明了秦具有的军事实力，同时体现了秦人尚武好战、不怕牺牲的性格以及高瞻远瞩的智慧。秦文公东进，将强悍的西戎文化带入关中，是秦霸业的前奏。

秦文公作都于汧渭之间，采取一系列措施，推动了社会的进步。秦嬴自秦襄公起便开始纪年，但未纪事。到秦文公十三年，即

（西周）毛公鼎

公元前753年，才开始有史官来记事，"初有史以记事"（《史记·秦本纪》）。"史"，《说文解字》说是"记事者"，但这个制度还不只是记事这么简单。"君举必书（《汉书·艺文志》）"，是说君主的行动是一定要记录在案的。史官在周代地位重要，周宣王时期著名的毛公鼎铭文就把官员分成两类：一类是卿士寮，主管行政；一类是太史寮，主管文书档案。古人说"左史记言，右史记事"，史官负责记录事件，并监督君臣的行为。后代还有起居注，记录皇帝的一举一动，皇帝不能过问。为什么要记录君主的行为呢？因为上古时期，君主和众多贵族、臣民联合执政，他的权力不能膨胀，所以行为要受人制约。史官把他的行为记录在案，记功思过，惩恶扬善，后代能看到君主的行为，于是君主就能有所约束。这在古代监察制度还不完善的情况下，起到了监察的作用，应当说是一个巨大的制度创设。这种制度，华夏民族早就掌握了。但是在这个时期，秦人才刚刚掌握。公元前753年史官记事的设立，标志着秦在文化及政治制度上的成熟，向中原王朝看齐。

不仅如此，咱们还能看出另外一重含义：史官从哪里来？史官可能就是宗周的遗民，周朝虽然把都城迁到了洛阳，但是还有一部分人留在这里。这些人很可能掌管着当时的文献档案，所以能够为秦国服务。大学者王国维曾有一篇小文章，写得非常精彩，叫《战国时秦用籀文六国用古文说》。文章推论，战国时六国用的文字和秦不一样，六国有六国文字，人们称之为古文；秦人用周王室留下来的籀书。周宣王时期，有个著名的史官叫作史籀。史籀进行过文字改革，创制了一种非常圆润的优美字体，叫作籀文。籀文长什么样

（清）吴昌硕《篆书临石鼓文轴》

峄山刻石文字（宋人翻刻本拓片）

（秦）石鼓《作原》拓片

呢？我们可以参看秦人留下来的石鼓文，也就是今天保存在故宫博物院的十个石鼓，那是秦国的先公先王打猎之后留下来的石刻。学者们认为这些石鼓文就有籀文之风。秦国一统天下之后，秦始皇责成李斯等人进行文字改革，在籀文的基础上进行减省，形成了一种新的文字，叫作小篆。所以，人们也称籀文为大篆。小篆和大篆一脉相承，这也说明，秦人的文化和周人的文化一脉相承。有不少周朝的知识分子，带着礼乐文化，是为秦人服务的。文字、典籍这样非常专门的行业，在当时父死子继、兄终弟及，应该说，没有周遗民的帮助，秦文化的建设是非常困难的。宗周遗民的帮助对于发展秦的文化起到了催化的作用。

另一方面，汧渭之会又"退可守"，秦人迁都之后能很容易地翻越陇山回到西犬丘，也就是西垂宫。文献记载秦文公"居西垂宫"。那么，他为什么又从甘陕交界的陇县跑回来呢？这可能与当时的社会环境有关系：襄公去世，文公新立，秦的宗庙、祖陵等还在西垂。

西垂是秦人的大本营。在上古时期，宗庙太重要了。古人非常敬重祖先，敬天法祖。有祖先的存在，才有政权的合理性。没有宗庙，就没有政治地位，《左传》说有先君宗庙的叫都，没有的只是邑。所以秦文公非常重视西犬丘这个地方。为了稳定统治地位，他暂且又住回西垂宫。另外，也可能与当时戎人的势力有关系：戎人居无定所，但西犬丘一定是老巢，所以秦人才"保西垂"，尤其是秦文公的伯父世父被戎人俘虏走，秦人打过败仗。这个教训，秦文公不得不吸取。从宗庙的角度，从军事布防的角度，他还要居西垂宫。这迫使秦文公迁回西垂宫，以夺回被戎人占取的西垂一带。

很有可能，秦文公当时在西垂和汧渭之会之间反复地游走、迁徙。

黄蛇、陈宝与青牛怪：秦文化精神

秦国的社会文明虽然前进了一步，但是由于秦民长期居于"西垂"，与戎狄杂处，落后习俗根深蒂固，社会发展与其他国家相比，还是落后一些。这里长期盛行原始社会对自然物的崇拜，如对"畤"的崇拜。"畤"，即峙立的土包，或峙立的大石，人们把它作为天神祭祀。《史记·封禅书》中记载着秦文公梦黄蛇的故事。秦文公十年的一天，秦文公在梦中看见一条大黄蛇在天上飞。这条黄蛇尾巴在天上，嘴巴接着地，而且，黄蛇的嘴巴还挨着鄜衍那个地方。太史敦说，这是上天对秦文公的警示，于是秦文公就赶紧在鄜地（今陕西省洛川县东南）立了一个畤，专门祭祀白帝。白帝是中国古代神

《东周列国志》里的秦文公梦蛇

话传说中天上的西方之帝。这个祭祀的意义不得了，因为诸侯不能祭祀上帝，只能祭祀境内的名山大川，称为"祭不越望"。春秋时期楚昭王病了，有人让他祭祀黄河，他说不行，这不是我的"望"①，我得守礼法。楚昭王还因此受到孔子的表扬。但秦国天高皇帝远，不管这套。

到了秦文公十九年（前747年），秦文公又从西戎手中夺得了陈宝。陈宝是什么东西呢？《水经注》说它是块神奇的石头。《史记·秦本纪》正义引《晋太康地志》说，秦文公时，在陈仓这个地方，有一个猎人捕捉到了一只怪兽，不知是什么动物，像猪，就去献给秦文公。在进献的路上，这个猎人遇到两个小孩子。这两个小孩子争相向猎人说："这是一只叫作'媪'的怪兽，最喜欢在地下吃死人的脑浆。"猎人听后，心里很害怕，想弄死这怪兽，就用枝条抽打怪兽的头。这时，那个怪兽突然大声对猎人说："这两个小孩子才不是人呢，都是野鸡精，名叫陈宝。谁能捉到雄的，就可成为天下之王；谁能捉到雌的，就能称霸于天下。"那两个小孩子听到媪精这么一喊，就呼啦一声变成野鸡飞走了。那只雌野鸡飞到陈仓山北坡，被人们捕捉后变成了石鸡；那只雄的飞往东南方向去了。猎人将这段奇事禀报给秦文公，秦文公就在古陈仓修建了祭鸡台，即陈宝祠，也叫陈宝夫人祠，把这种神奇的野鸡敬奉起来。从此，每年祭祀陈宝，就成为秦国一项规模宏大的盛典。陈仓又叫宝鸡，正是从这儿来的。

---

① 《史记·楚世家》也载此事，楚昭王说"自吾先王受封，望不过江、汉"，裴骃《集解》引服虔云："谓所受王命，祀其国中山川为望"，即诸侯对其境内的山川，不亲临其境而遥祭为"望"。

　　《史记·秦本纪》正义引《录异志》，讲了一个更离奇的故事。陕西省宝鸡市南边的仓山上，有一座怒特祠，祠堂边上长着一棵梓树。传说秦文公二十七年（前739），文公派人去砍伐这棵梓树，顿时就有狂风暴雨，树上的创口随即合拢，整整砍伐一天也没有把它砍断。秦文公就增派士兵，拿着斧头的人多达四十个，还是砍不断。这时，有一个人生病了，夜里往山中赶路求医，走到大梓树附近时，听到有鬼对树神说："如果秦人披散着头发，用红线绳把树缠起来，然后再来伐你，你还有什么办法呢？"树神听了，没有说话。第二天，这个生病的人把他听到的报告给了秦文公，秦文公让伐树的人按照这个病人所说的去做，然后再伐，果然就把树伐断了。但是，就在树断了的时候，一头大青牛却从树中跑了出来，而且一声不吭，很快地跑到丰水河中。后来，这头大青牛又从丰水河中跑了出来。秦文公派兵去追击，可是他们根本就不是大青牛的对手，被大青牛顶得落下马来。落马的时候，士兵的头发披散开了。大青牛见了，害怕得一头扎进水中，再也不出来了。秦文公由此得出了大青牛怪怕髦头①的结论，就让人做了髦头一类的东西来镇慑青牛怪。现在，民间流传的风俗画"青牛障"就是从这里来的。

　　这些故事，在今人看来，有荒诞不经的情节，有人们移花接木、

---

① 《史记·秦本纪》："（文公）二十七年，伐南山大梓，丰大特。"张守节正义引《括地志》转引《录异传》："秦文公时，雍南山有大梓树，文公伐之，辄有大风雨，树生合不断。时有一人病，夜往山中，闻有鬼语树神曰：'秦若使人被发，以朱丝绕树伐汝，汝得不困耶？'树神无言。明日，病人语闻，公如其言，伐树，断。中有一青牛出，走入丰水中。其后牛出丰水中，使骑击之，不胜。有骑堕地复上，发解，牛畏之，入不出。故置髦头，汉、魏、晋因之。"

添油加醋的情况。但神话的意义在于，它在玄幻瑰奇的情节背后，存在一定的历史合理性。比如秦人天不怕，地不怕，跟天斗跟地斗跟人斗，甚至敢祭祀天地，挑战权威。这种奋斗精神，就是秦人骨子里头不信邪的开拓进取精神。他们能够在后来异军突起，群雄逐鹿之后称霸天下，跟骨子里的精神有着密切的联系。从这些故事中，我们也能看出秦人创业之艰辛。

文公在位五十年，为秦国日后的强大奠定了坚实的基础。自文公四年定都于此直到秦宪公二年徙居平阳，汧渭之会作为秦的都邑长达四十八年。秦都为什么总是迁徙？这的确是迷惑学者的大问题。从常理上说，在上古时期，国家小，人口少，国家制度简单，人们可以在部落首领的带领下趋利避害，国族游移的可能性就大。

不难发现，在秦离开西垂到雍城之间建立的几个都会，对于秦人来讲都是探索性的，都是以军事上的需要为主的。他们以向东的进攻为目的，并未认真地下定决心要把这一带长期作为都城。秦人怀着东进的企图，寻觅理想中的建都地，直到秦德公建都雍城后，才正式按都城的规模营建它，因而时至今日仍未曾在汧邑、汧渭之会发现类似雍城的大规模建筑遗址，但并不能因此而否认秦人在这些地方的都邑宫室建设。秦在建都雍城以前的都城，还处在探索阶段，后来地理环境愈来愈好。秦从越过陇山后，不断向东发展，地形越来越开阔，土地越来越肥沃、平坦，适于农业生产以及交通和文化往来。从汧河岸边，到汧渭之会，再到渭河岸边，八百里秦川，土地的开发程度越来越高。从无到有、后出转精，是事物的普遍规律，也是秦发展壮大的轨迹。秦国的霸权呼之欲出了。

春秋战国时期，诸侯混战，五霸争锋，七雄并峙。在这般强国林立的情形之下，秦国的后来居上似乎是一个奇迹，其发迹的历史值得考究。秦国的发展史，从某种意义上，也可以说是一部都城变迁史。春秋战国时期，秦国共经历过八次都城迁移①。秦德公将都城东迁至雍城后，自强不息的秦人在雍城筑起高墙，建起宫殿，韬光养晦。作为周王室附属的秦国，在这里殷实了家底，积蓄了力量，终于逐鹿中原，一统天下。因此，雍城对于秦国的意义不言而喻。那么，经历过多次迁都的秦国为什么会选择在雍城建立根基？在雍城宫殿群里，秦国统治者究竟是如何励精图治，最终得以称霸中原的？

① 秦国先后迁都至秦邑（今甘肃天水清水县附近）、汧城（今陕西陇县）、汧渭之会（今宝鸡，汧河与渭河交汇的临近区域）、平阳（今宝鸡陈仓）、雍城（今宝鸡凤翔）、泾阳（今咸阳的泾阳）、栎阳（今西安的阎良），直至公元前350年定都咸阳（今咸阳）。

迁都雍城：秦德公的野心

公元前 677 年，秦德公继位。他是秦宪公的次子、秦武公之弟、秦出子之兄。秦武公生前并没有立自己的长子白为太子，而是将白封为"平阳君"，立了自己的弟弟嘉为太子，这就是秦德公。经过先辈近百年的经营，尤其是武公在位的二十年，在秦德公即位之时，秦国

秦公镈

已有较大发展，人口约有几十万，军队的数量不下万人，国力基本与晋国不相上下。当时与秦相邻的晋国迫于周围邻国的压力，没有力量向外征伐；而楚国仍居于江汉一带，尚未北进中原；唯有齐国积极向四方开疆拓土。齐桓公于公元前 685 年即位，后任用著名政治家管仲为相，对内政进行重大改革，使齐国迅速强大起来。齐国的改革和强大，对秦国产生了极大的示范作用。晋、楚的自守，又使秦国得以有安定的环境发展生产，扩充军备，壮大势力。这些积累起的人力、物力、财力为秦德公进行国内建设，以及对戎、狄的作战奠定了坚实的

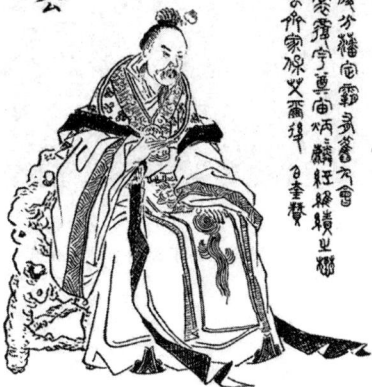

《东周列国志》中的齐桓公

左为雍城凤鸟衔环铜熏炉

右四图自上而下分别为夔凤纹瓦当、太阳纹瓦当、獾纹瓦当、云纹瓦当

基础。秦德公决心东伐扩土，第一件事便是在即位当年迁都至雍。

　　正如之前已讲到的，在此之前，秦曾数次迁都。先在西垂，又到秦邑，复又回到西垂，再越过陇山向东发展进入关中地区，决心使"子孙后世饮马于河"；襄公迁都至汧，后到汧渭之会、平阳，然后到雍城。在雍城之前，秦的都城规模都很小，都城的建制也并不完善，这与当时秦的国力有关，也与秦人不断地向东发展的状态有关。建国以来多次迁都，不断探索，这为秦人总结了宝贵的经验。雍作为都城，较之以前的几个都邑具有更为优越的条件。雍城在今天陕西凤翔一带。在这里，考古工作者发现秦人早期的宫殿具有相当的规模。凤翔的宫殿遗址是我们今天了解秦国宫殿发展史乃至中国建筑史的重要材料。

　　为什么秦德公要定都于此呢？和地理环境、文化背景都有相当的关系。首先，凤翔这个地方就非常好。它依山傍水，地理环境优越，水草丰沃，也是四通八达的所在，因而是兵家必争之地。更重要的一点是，它距离周人崛起的周原非常之近，有近水楼台之利。周人曾经在一个时段内游走于此，比如周朝的一个老祖宗古公亶父，也就是周文王的爷爷，把都城迁到岐山脚下，并借此成就他的丰功伟绩。《诗经·大雅·绵》描绘了当时的盛况："周原膴膴，堇荼如饴"，是说周原这个地方，水草太肥美了，这里的"堇荼"也就是野菜和苦菜，都长得像饴糖一样。饴糖就是麦芽糖。苦菜能长成麦芽糖一样，可见这个环境有多好。虽然有夸张的成分，但我们也能看到其中的合理性因素。周文王时期，社会稳定，百姓的幸福指数很高，他们就是发迹于岐山脚下。所以这里既是丰美的农田，也是周人发祥的文化重镇。秦人看到了这一点，于是把都城定在雍城。

雍城与大郑宫：紫禁城的原型？

秦德公 33 岁继位，享国只有两年，但他迁都雍城给秦国历史带来的影响是不小的。他还曾修筑了大郑宫，故雍都又名为大郑宫城。《括地志》云："岐州雍县南七里故雍城，秦德公大郑宫城也。"这段记载指出了雍城的地理位置，更重要的是，它索性把秦德公的雍城称为大郑宫城，这不是历史的偶然。今天考古对雍城遗址进行了非常科学、系统的发掘，发现其建筑非常高妙。

为什么这么说呢？因为雍城的建筑规划和一本书的记载有很多吻合之处，这本书就是《周礼》。《周礼》是周朝的职官制度书，传说是周公旦所作，但一般学者都认为是战国时期齐国的作品。《周礼》有六官：天、地、春、夏、秋、冬；而这六官之中，冬官亡佚了，后来人们拿另外一本书补充冬官，叫作《考工记》。《考工记》和手工业有着密切的联系，里面有一部分叫作《匠人营国》，其中记载"匠人营国，方九里，旁三门，国中九经九纬，经涂九轨，左祖右社，面朝后市，市朝一夫"。这一段话非常著名，经常被研究建筑史和古代手工业的学者引用。它说，古代匠人对建造国都有着非常明确的规划。这个规划是什么样子呢？九里见方，每个边都有三个城门，很像明清时期的北京城。什么叫"九经九纬"？古代，在织机上竖着的线叫作经，横着的线叫作纬，所以南北为经，东西为纬。这里说，都城九条经九条纬，就是有九条南北干道，九条东西干道，那就非常复杂了。所以都城就被分割成一个一个的小方格，而且要"经涂九轨"，这句话是对南北干道的宽度的明确说法，即能容下九辆车，这是非常具体的设计了。另外，"左祖右社"，"祖"指太庙，"社"指社稷坛①。太庙是列祖列宗所在，它在哪儿？在王宫的左边，古代的王宫是面南背北，所以王宫的左边也就是东面。北京天安门的左边就是劳动人民文化宫，古代叫作太庙；右边就是中山公园，古人称社稷坛。古代非常重视祖先崇拜，要敬天法祖；也非常重视社稷，也就是土神和谷神，因为对于农业民族来说土和谷太重要了，是一个国家的命脉。"面朝后市"，"朝"是官府，"市"则是集市。王宫面南背北，所以官府在南面，市集在北面。我们看明清时代的紫禁城，南面是天安门，再往前就是今天广场的位置，古代是中央官署所在。而紫禁城的北面，过了景山，就是地安门、钟鼓楼，这个地方，是古代的市所在，这都有一定的传统。而且《周礼》还交代，"市朝一夫"，什么叫"一夫"呢？指的就是一百亩，一夫之田就是一百亩田。一般认为，周朝百亩田合今天约三十亩，有一句俗话，"三十亩地一头牛，老婆孩子热炕头"，代表小农经济的理想世界。"市朝一夫"说的就是市和朝都得有百亩之大。当然，明清时期北京的市和朝早已经超过了这个面积。

　　我们在雍城遗址看到的城市规划和《匠人营国》里所描述的状貌有一致的地方。秦都雍城坐北向南，城址平面略似正方形，城墙东西长3.3千米，南北宽3.2千米。雍城遗址倒不是"九经九纬"，

---

① "祖"古文字作"且"，"社"古文字作"土"。

而是纵四横四共八条干道，将城内分为 25 个方格，各类建筑分布于
这些方格之中。城内还有三条主干道，东西向两条，南北向一条。
这条南北向干道为中轴线，把这个都城分成了左右两边。后来的北
京不也是如此吗？明清时候的北京城也是以中轴线分开，一边是大
兴县，一边是宛平县，可见这种思路一脉相承。城内由干道隔出的
小方格就好比唐王朝的"坊"，也就是老百姓住的居民区。坊之外还
有市，即商业区。不仅唐朝长安城里有东西二市，雍城中也照样有
市。考古工作者发现这个市的面积也不小，而且有密闭的墙，等于
露天经营。居民区北部是宫殿，位于中轴线上，占据了相当大的面
积，它也有左祖右社。雍城之中，宫殿、宗庙、社稷以及市场有机
结合到了一起，思路和《匠人营国》所述的一致，这说明什么呢？
中华文化源远流长，早在周代就已经奠定了它深厚的基础。

　　雍城遗址还有很多有意思的细节。

　　比如说考古学者在雍城遗址中发现过一批一批的青铜建筑构件，
是整窖出现的，数量非常大，有人推测这可能是仓库。这些青铜构
件个儿也不小，有的是曲尺状的，也就是拐弯的；有的是筒状的，
也就是直的，它们放在梁柱的不同部位。青铜构件由它的框架和铜
板构成，在铜板上有非常精美的蟠虺纹，也就是龙形的纹。上古时
代提到金，往往不指黄金，指的是青铜，青铜又有一个名称，叫作
吉金，也就是吉祥的金，是非常重要的资源，国之瑰宝。周朝为了
争夺青铜资源，还跟南方的蛮夷作战 ①。而这里，秦国地处西垂，却

---

① 比如西周青铜器过伯簋铭文说："过伯从王伐反荆，孚（俘）金，用乍（作）宗室宝尊
彝。"

（春秋）楔形龙纹铜构件　　　　　（春秋）方筒形单齿龙纹铜构件

蟠虺纹

（宋）马和之《豳风图》（局部）

在雍城用了这么多的青铜构件，可见当时宫殿富丽堂皇的程度。

　　除了青铜构件，考古学者还发现了雍城遗址中的凌室。凌室就是藏冰的仓库，当时的贵族是要藏冰的。《诗经·豳风·七月》中的"二之日凿冰冲冲，三之日纳于凌阴"非常著名，篇名中"豳风"的"豳"，指的是豳地，是周人崛起的地方①。诗句中的"二之日"相当于今天的腊月。这时候陕西这个地方天寒地冻，老百姓还要凿冰冲冲，"冲冲"是拟声词。"三之日纳于凌阴"，"三之日"就相当于今天的农历正月，正月要把凿下的冰放入冰库之中。这个凌阴就和雍城遗址的凌室完全吻合。考古发现的凌室容量很大，可储存190立方米的冰块。凌室呈现出一个漏斗形，上大下小，四面有坡，上面还有回廊，回廊上面有屋顶。人们下降到凌室之中的通道有五道门，造这么多的门是为了阻隔热气，设计得非常科学。那么古人要冰做什么呢？其实和冰现在的用途很多地方是相似的。其中一个很重要的用途，就是盛夏的时候供解暑之用。后代的书籍记载②，宋代就有很多人在寒冬腊月的时候制作冷饮，放到夏天吃。《楚辞》里也提到过，楚国很热，是需要吃冷饮的。除了解暑，冰还有很多其他用途，比如冰镇尸体。人死了，尸体很容易腐烂，怎么办呢？贵族可以在周围放冰。此外，藏冰还和信仰、巫术有着一定的联系。人们认为冰是阴性的，非常寒，所以就应该在寒冬腊月把它藏起来。物极必反，到了冬至以后天地间逐渐转暖回阳，正所谓"冬至一阳生"。到了夏天又非常热，人们就把这个冰拿出来，可以吃，也能够和外边

---

① 豳，古邑名，在今陕西旬邑、彬县一带。
② 见《事林广记》《武林旧事》《东京梦华录》等。

丙吉问牛图

的暑气进行对抗。这就使得夏至之后，能够正常地产生阴，于是"夏至一阴生"，这就是辩证法。这是古代调理阴阳的典型做法，古人认为阴阳调和才能天下太平。

　　古人的这个思路，能从很多政治家身上得到体现。汉朝有一个很著名的丞相丙吉。有一次他外出，看到长安城有人打架。打架械斗是常事，关键是这时有人伤了，有人死了，那就非常恶劣了。这个时候丞相是什么反应？丞相大人看也不看，一句话都不说。手下人非常吃惊：丙吉作为丞相，居然不过问这件事情，是不是有点过分呢？丞相的车驾接着往前走，这时丞相发现有一件事不对头：有一个人赶着牛，牛呼呼地喘着热气。丞相非常关切，下了车，问牛的主人牛走了多久了，为什么会产生这种现象。手下人就觉得丙吉前后失问，有人借此嘲笑他。可是丙吉的说法让手下人佩服。他说："刚才那个打架械斗，我可以不管，这不是我的职责，这个事是归长安令和京兆尹管的，人家有人家的差事，我越俎代庖做什么，我不能瞎掺和裹乱。而这个牛病倒了，我必须观察，为什么？丞相、太尉、御使大夫，这个级别的国之重臣，有一个职责就是调和阴阳。如果阴阳不调，天下闹了灾，天下苍生受难，那我是脱不了干系的，所以我势必要过问。"丙吉进一步解释，现在的节令才是阳春三月，少阳方生，也就是刚长出一点点阳气，不怎么热，怎么这个牛就热成这样了，喘着粗气不能拉车，这岂不就是阴阳不调吗？如果不进行关切，采取一系列的救灾措施，从而防微杜渐，后面岂不产生更恶劣的后果呀。周围人非常佩服丞相大人的高见。[①]虽然以上事件有很多情节和现代科学的情理不吻合，但是古人认识到一点，就是要道法自然。人的生命、生活、实践要符合自然节令，法于阴阳，合于术数，饮食有节，起居有常。这不也是古代医学家所提倡的吗？这种思路有着非常高的合理性，人不能和外在，尤其是自然界犯冲。应当说，中国人有着自己的深思熟虑。有这样的文化背景，去解读雍城遗址的凌室，我们就会有新的认识。除了凌室，雍城之中还有散水。散水是什么呢？宫殿非常怕雨水，雨水不排出去形成积水，会把木石结构的宫殿建筑腐蚀掉，所以这个时候势必要重视排水，散水就是宫殿四周的斜坡。雍城姚家岗遗址已经出现了宫殿的散水，说明古代宫殿设计是非常科学合理的。

　　虽然雍城宫殿已经不复存在，但是我们也能通过文献的只言片语，了解它的巍峨壮丽，这和考古资料是完全吻合的。据《史记·秦

---

① 《汉书·丙吉传》："'民斗相杀伤，长安令、京兆尹职所当禁备逐捕，岁竟丞相课其殿最，奏行赏罚而已。宰相不亲小事，非所当于道路问也。方春少阳用事，未可大热，恐牛近行，用暑故喘，此时气失节，恐有所伤害也。三公典调和阴阳，职当忧，是以问之。'掾史乃服，以吉知大体。"

本纪》记载，在秦穆公三十三年，也就是公元前 627 年，秦国刚刚打了一场败仗，就是秦晋崤之战。当时秦国想趁着晋文公刚死，给晋国一个下马威，从而称霸中原，没想到时机压根不成熟，被晋国人在崤山一带打了个伏击，秦国惨败。这个仗打完后，秦穆公只能经营西戎，和西戎搞好关系，徐而图之。公元前 626 年，戎王派重臣由余来到秦国宫殿进行考察。这时候，秦穆公就炫耀了，带着他四处参观。由余非常感慨，对着宫殿说："如果这个宫殿是鬼造的，鬼得累得够呛，如果是人造的，人得疲惫不堪。"① 这个话秦穆公不大爱听，秦穆公就反问他："我们中国（指华夏民族，他以华夏民族自居）有着礼乐文化和法度，治国理政尚且非常困难，你们蛮夷戎狄没有这一套，岂不更困难了吗？"也就是说宫殿建设是我治国理政的一部分，你不应该过分责备我。② 由余就说："恰恰是因为这个，才激化了你们的矛盾。为什么呢？在黄帝时期，进行了一定的文化创制，目的是非常好的，可是子孙后代骄奢淫逸，于是加剧了老百姓和他的离心程度，老百姓叫苦不迭，所以兵戈四起。而我们戎狄恰恰没有这一套。我们的统治者道德淳朴，老百姓也没有什么花花肠子，满脑子都是忠信，所以戎王统御臣下，就好比一个人统御自己的肢体一样，非常方便，我们没有这一套，恰恰能治理好国家。"③ 这两个思

---

① 《史记·秦本纪》："使鬼为之，则劳神矣。使人为之，亦苦民矣。"
② 《史记·秦本纪》："缪公怪之，问曰：'中国以诗书礼乐法度为政，然尚时乱，今戎夷无此，何以为治，不亦难乎？'"
③ 《史记·秦本纪》："由余笑曰：'此乃中国所以乱也。夫自上圣黄帝作为礼乐法度，身以先之，仅以小治。及其后世，日以骄淫。阻法度之威，以责督于下，下罢极，则以仁义怨望于上，上下交争怨而相篡弑，至于灭宗，皆以此类也。夫戎夷不然，上含淳德以遇其下，下怀忠信以事其上，一国之政犹一身之治，不知所以治，此真圣人之治也。'"

路，就是大国众民和小国寡民的区别，秦和蛮夷、戎狄在文化制度上的巨大差别正是来源于此。但是由余这一段话也让秦穆公的心里很不是滋味。他觉得由余是非常有才干的人，这样的能臣干吏为戎王服务岂不可惜？于是他手下有一官员内史廖出主意，说是只要做两件事情，就能把由余争取过来。第一，离间他们的君臣关系。怎么离间？拖着由余不让他走。第二，给戎王送上十六个美女。戎王成天花天酒地，不理朝政，而由余苦谏，越谏越不听。秦穆公此时则争取由余，晓以利害，"良禽择木而栖，良臣择主而事"。果然，由余看到秦穆公的贤明，对比戎王的昏聩，投奔了秦国，为秦穆公的霸业出谋划策，成为秦穆公的能臣干吏之一。通过这个故事，我们能看出秦国宫殿的巍峨，也能看出秦国统治者的高瞻远瞩。

秦德公在位时期，土地非常辽阔，它的东边已经到了黄河西岸，西边到了今天陕西中部、东部，整个关中已经为秦所有。关中地区是周人的发祥地，是政治文化中心，也是水草丰美的沃土。所谓关中，指的是四关，即东函谷关、西散关、北萧关、南武关之中。秦国在这里韬光养晦，积聚势力。

"三伏天"：秦人对历法的贡献

秦德公还干了一件事情，很有意思。德公二年（前676年），"初伏，以狗御蛊"（《史记·秦本纪》）。据说，秦德公初年，他就已经意识到这个伏天的存在了，所以他最初设立了伏天的历法，以

史伏尊铭文中
的"伏"

狗御蛊。我们今天知道三伏天非常之炎热，这个历法的知识就可以上溯到这里。农历夏至后，经小暑、大暑、立秋等节气，历时一个多月，民间称为"三伏"天。而这个"蛊"在《周礼》中被解释为巫师咒人的法术，具体方法就是在农历的五月初五日，收集毒虫百种，装入一容器中互相咬斗。活到最后的一只，被认为是最有魔力的，被巫师埋入地下，予以咒语，防止其害人。蛊在地下埋得久了，就会放出毒气。当时人们认为"三伏天"的热燥之气就是蛊所放出的毒气，故而在公元前676年，德公初次设立伏祭，在城邑四门杀狗祭祀，祛除传播疾病的暑气。他们认为狗是阳畜，可制衡阴气，所以后来又将犬埋入地下。《说文解字》对伏字的解释是从人从犬，甲骨文的意思是将人与犬埋入坑中，以卜吉利。这种仪式，古代称"作伏"。雍城秦公大墓内的棺木下，就埋有一只狗，有人认为它便是这种仪式的见证。这虽然是自原始时代就流行的巫术，但秦人从其习俗中发现了"三伏"，无疑是对天文、气象、历法的一大贡献，对农耕和人类身体健康也是有益处的。虽然这一理论有很多不合理之处，但是也可以看出古人认识自然、改造自然的勇气。

秦德公对迁都雍城非常重视，礼仪也很隆重，除占卜外，并以"牺三百牢祠鄜畤"（《史记·秦本纪》）。"鄜畤"①，是秦文公设立的，在今凤翔县南。秦德公祭祖，祀白帝，报以迁都之功。从此，秦人

---

① "鄜"是地名，在今天陕西洛川县；"畤"意为祭祀天帝的处所。鄜畤是所谓"雍五畤"（处于雍地的五个祭祀场所）之一，为秦国所创，汉代沿袭。汉雍五畤为鄜畤、密畤、上畤、下畤、北畤。

就以这周原最富庶的地区为中心，向四方扩展领土。都雍的重大意义，《史记正义》说得十分清楚："卜居雍之后，国益广大，后代子孙得东饮马于龙门之河①。"《史记·秦本纪》云：德公元年（前677年），"梁伯、芮伯来朝"。梁在今陕西韩城南，芮在今陕西大荔县境。关于芮国，其在秦宪公年间因为经历了一场政变，导致政权衰弱，当时秦宪公因为低估了芮国的实力，贸然进攻，结果反倒碰了钉子。这之后，秦国凭借着自己在西北的力量，逐渐渗入芮国的内部。到了秦德公时，才最终实现了对芮国的控制。和芮国关系的发展情势，形象地表明了秦国在秦宪公到秦德公之间国力所取得的巨大进步，说明秦的影响已达黄河西岸。芮国和梁国依附秦国的事件是秦国在秦德公年间实力大增的铁证。这种依附，意味着秦国在诸侯中的地位已经上升了一个层次，无疑是日后秦穆公实现霸业的现实基础。

自秦德公元年（前677年）至秦献公二年（前383年），秦国在雍城统治长达二百九十四年，历经十九代国君。如果说，秦以前数易其都，是为了占领岐西、争夺关中，那么迁都雍城，则是从逐鹿中原、称霸天下的目标出发的。秦王朝在雍城建都的二百九十四年，为后来统一六国奠定了基础，可以说雍城孕育了大秦王朝。后来，秦都东迁到栎阳，继而又迁至咸阳，但雍城并未废弃。秦国的一些重大典礼，如祭祀祖先，都到雍城举行。历代秦王及后妃死后，也大都葬于此地。秦以雍为都城在秦的发展历程中具有里程碑式的意

---

① 其意思是秦人在德公之后，灭掉梁芮，从而扩张到了龙门，即韩城。

义，从此以后才真正揭开了其争霸中原、称雄海内的历史画卷。作为秦国数百年艰苦创业的结果，雍城在中国古代都城史中有着特殊的地位。

第三讲　秦宫庙堂

　　纵观秦雍城的城市布局，纵四横四，左祖右社，方正而规矩，是古代城市规划理想的一个绝佳体现。城中宫殿与宗庙分居中轴线两侧，可以说共同处于中心地位，分庭抗礼。这与秦汉以来以宫殿为中心的格局大相径庭。那么，宗庙对于秦人而言，为何如此重要？宗庙及与之相应的神灵思想，还会以怎样的形态反映在城市与宫殿遗迹中呢？

雍城考古：马家庄宫殿区、姚家岗宫殿区

我们今天翻开雍城的资料，就会发现许多考古痕迹，比如著名的姚家岗宫殿区[①]、马家庄宫殿区[②]。就今天留下的痕迹来看，马家庄宫殿区的面积在六七千平方米，学者们推论，当时的规模在一万平方米以上。在这里发现的祭祀坑多达 181 个，有牛坑、羊坑、人坑，还有还没使用就被掩埋了的空坑。许多祭祀坑中的牺牲[③]排列整齐，有整个的牺牲，也有被切割的牺牲，有没有头的牺牲，还有一些牺牲两三个排成排。专家推论这个建筑就是宗庙，否则不会有这么多的祭祀坑。

秦人是相当重视宗庙的，宗庙为整个城邦，乃至秦国服务。那么，为什么那个时代那么重视宗庙呢？这和当时的思想文化有着密切的关系。《左传》成公十三年中有一句著名的话："国之大事，在祀与戎。"书中讲了这样一件事：公元前 578 年，晋和秦之间打过一场仗，史称麻隧之战。当时秦国的君主秦桓公想恢复秦穆公的霸业，于是就向强大的晋国挑战。晋国国君很聪明，朝见周王，有了周王的许可，就有了尚方宝剑，而且周王派了重臣去帮晋国打仗。其中

---

① 姚家岗宫殿区位于雍城遗址中部偏西，考古工作者发掘出凌阴（冰窖）遗址和宫殿遗址。

② 马家庄宫殿区位于雍城遗址中部偏南，考古工作者共发现建筑群遗址四处。1 号建筑群遗址应是秦公祭享祖先的宗庙。3 号建筑群遗址在 1 号建筑群遗址西侧，应是寝宫所在。2 号和 4 号建筑群遗址没有仔细公布。马家庄遗址建筑时代均属春秋中晚期，布局从东向西，构成了规模很大的宗庙宫殿区，考古工作者认为可能和"雍高寝"有关。

③ 牺牲是古人为祭祀而宰杀的牲畜。中原王朝的牺牲多为祖先崇拜宰杀，蛮夷戎狄则多为山川以及其他神灵崇拜宰杀。

有两个人，一个叫成肃公，一个叫刘康公，都是周王室的卿士，地位都很高。打这场仗之前，刘康公就发现不妙，成肃公在祭祀神灵的时候不恭敬，走形式。孔老夫子就强调，在祭祀中，一定要斋庄中正，有一颗虔诚的心，如果不想祭祀，就别祭，不要假惺惺地对待神灵 ①。可是成肃公不是这样，他怠慢神灵。对此，刘康公就讲了一番话，收在《左传》当中，大意是：人活在天地之中，许多事是命中注定的，比如你的资质、禀赋、性别、家境，人改不了——改不了的事就叫作命。古人能够乐天知命，认为头上三尺有神明，冥冥中的规律不可违背。所以，人们为了推行这些规律，就制定了礼仪和威仪，我们今天叫作规矩。人照章行事，就能够有福祉降临；如果违背规律，就可能招来灾祸。祭祀是和神灵打交道的事，国之大事就有两件：一个是祭祀，一个是打仗，而城邦的安危和这两件事密切相关。如果不打仗，整个城邦，甭管是贵族还是平民，都有可能成为别人的奴隶。祭祀则保佑着整个城邦，并且能够在战前团结人心。于是，在和神打交道的时候就有两个重要环节：一是执膰，祭神的时候一定得用祭肉；二是在打仗之前还要受脤，分割祭肉给部族成员，这样人们才可能为你效命。刘康公说成肃公违背这些事神的规则，恐怕回不来了吧。② 果不其然，成肃公最后没有善终。可见，古人很信这一套，他们认为打仗之前亵渎神灵是不吉利的事。

① 《论语·八佾》："祭如在，祭神如神在，子曰：'吾不与祭，如不祭。'"
② 《左传》成公十三年："国之大事，在祀与戎。祀有执膰，戎有受脤，神之大节也。"

后母戊鼎与天亡簋：商人和周人崇敬的神灵

那么，在古人眼中，他们所崇敬的神灵到底是谁？商代的后母戊鼎和周代的天亡簋，为我们提供了哪些历史线索呢？中国古代文化中有很多敬天法祖的因素，"敬天"指的是敬事天帝、天神，"法祖"指的是供奉祖先。商族和周族在这个问题上还有很大的分歧。根据我们今天得到的商周史知识以及出土文物信息可知，商朝人更信祖先神。在商朝人的思想里有三路神：第一路就是上帝，他们不提天，说上帝；第二路是祖先神，也即列祖列宗；第三路是自然神灵，人类在早年都会崇拜自然神灵。而这三路神中，祖先神是重中之重，非常关键。甲骨文中就有很多祭祀祖先神的记载，而且当时的人用大量的人牲和人殉讨好祖先神。所谓人牲，是拿活人当祭品。人殉，则是让活人给死去的贵族陪葬。有一件国宝级文物后母戊鼎，收藏在国家博物馆的青铜器展厅中。它特别重，有八百多千克，这么大的鼎是世界之最。它是做什么用的呢？器壁上的铭文就已经说明了问题。铭文就三个字：司母戊，或者读作"后母戊"，都能通。如果读作"司母戊"，"司"就读成祭祀的祀，商王的母亲名字叫作"戊"，"司母戊"就是祭祀商王已经死去的母亲。如果读成"后母戊"，后就是王的意思，王的母亲就是"戊"，也表示这是祭祀商王母亲的重器。可见，商朝人对祖先神的崇拜达到了什么样的地步。商朝人为什么这么重视祖先神？其实和当时的国家结构有很重要的关系。商王朝是建立在许多血缘部落的基础上的。周朝人讲过一句话"非我族类，其心必异"（《左传》成公四年），不是我族属的

后母戊鼎

后母戊鼎铭文

天亡簋

天亡簋铭文

人，他们和我们的思想认同就不一样。商朝人正是要以祖先神强化血缘集团内部的秩序。这一套东西虽然是虚妄的，但是和人间的思想、政治密切相关。

可是，随着历史的更迭，到了周人这儿就改弦更张了。周人很神奇，他把商人不重视的那个"天"给放到非常重要的地位。有一个故事，讲商朝后期的君主武乙射天。据说他准备了一个革囊，里面盛上血，叫作"天"，然后将革囊挂在高处，射这个"天"。在今天看来，这是很无聊的事情，古人这么做，说明有思想层面的因素在。事实上，这个"天"很可能是周人很重视的神。商王把"天"射掉，很可能是在诅咒周人。无独有偶，据司马迁记载，武乙后来在河渭之间"震死"，商王居然被大雷给劈死了。河渭是谁的地盘，不正是周人的地盘吗？这可能表现了商族和周族之间的矛盾。后来，周人拥有了天下，周朝统治者从方方面面寻求自己能够以一个蕞尔小邦最终拥有天下的原因。周人没有商人那么自信，他们没有因为克商成功就冲昏头脑，反而陷入深刻的恐惧和反思。有一件重要的青铜器天亡簋，讲述了一段不为人知的故事。天亡簋铭文有一半是漫漶的，但是有的文字非常清楚。专家学者认为，这是武王克商之后的一件重器。其中有一段说："丕显考文王，事喜上帝。文王监在上。""丕"是伟大的意思；"显"，显赫；"考"，指的是死去的父亲。周武王称自己的父亲"丕显考"，即"我伟大的父亲在天之灵"。这时候周文王已经死了，文王得侍奉上帝、讨上帝的欢喜，所以文王得到上帝的许可，监视着人间。这句话太重要了。在祖先神之上，周人加了一个上帝，这个上帝和天合一，周人称之为皇天上帝。《诗经·大雅·文王》说，"文王陟降，在帝左右"，陟是爬山的意思，降就是下降，"文王陟降"就是文王上天入地，做什么呢？在帝左右，侍奉天帝。所以，在周人的思想深处，皇天上帝根深蒂固，皇天上帝支配着祖先神，祖先神才能给人间降下福祉。那么上天听谁的？上天听老百姓的，周人说："民为邦本，本固邦宁。""民之所欲，天必从之。"这就要求人间的帝王、贵族一定要敬德保民，克勤克俭。我们称这样的思想为民本思想。周人在思想上就非常强大，他们拥有了天，拥有了皇天上帝。当时有一个重要的典故，就是文王受命，许多书都记载了这个故事。文王受命到底是怎么回事呢？

在目前已经公布的清华简之中，有一篇文字叫《程寤》。它成书的时间段是战国中期，这是古代已经亡佚的书。其中讲了一个故事：周文王的夫人太姒做了一个怪梦，梦见商王的庭院之中长满了棘树。自己的儿子太子发，也就是后来的周武王，就把种子种到了商庭。没想到，瞬间长出松柏棫柞四种树。太姒被这个梦惊醒，很恐惧，就找来巫师进行占卜。结果，占卜显示这不是凶梦，而是吉梦，预示着周朝要替代商朝。《程寤》中记载，当时的周文王和太子（即后来的武王）跪倒在地，接受这个吉梦①，进而声称"受商命于皇上帝"，也就是说，从皇天上帝手中接受了天命。这个天命不在商，而在周。在商族和周族的博弈当中，周族就有了更为厚重的筹码。而这些思想因素，都被秦人习得了。

---

① 清华简《程寤》："王及大（太）子发并拜吉梦。"

（清）焦秉贞 太姒图

秦公簋：秦的周文化基因

秦人在建立封地之后，不断吸收周文化的精华。小到青铜器具的使用之道，大到祭祀仪式、宫殿布局，秦人对西周的政治制度、文化传统和生产技术进行了全面学习。秦人究竟是如何以周文化为依托，建立自己的文化理念，从而巩固政权的呢？

秦人地处西垂，是周朝朝廷在两周之交分封的诸侯。当时周朝闹了大乱，秦国国君秦襄公以及晋国、郑国这些大国，扶保着平王东迁，所以秦襄公被封为诸侯。这件事情相当关键。当时，周天子

隹王元祀貞月既生朙 大姒夢見商廷隹僅逾李= 籑取周廷杍粒于昏閟= 松柏械杅【一】

忑敬告王=弗敬占咢大子發卑=名莵叔祝忑敬 王咢衞敬大姒宗丁叔大子發敬告【二】

清华大学藏战国竹简（壹）·程寤

清华简《程寤》

（春秋）秦公簋

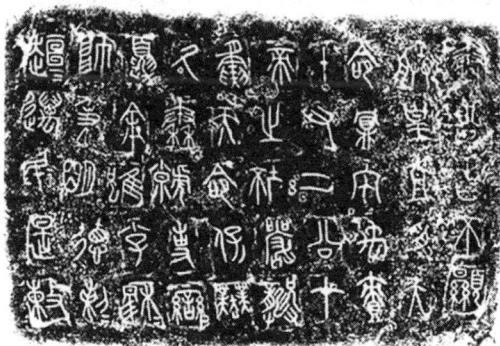

秦公簋铭文

周平王就对秦襄公说:"你拥有西土,原先我们的土地都给你,前提是你得把蛮夷戎狄给打跑。"可以肯定,秦人由此就继承了相当多的周文化因素,这是没有任何问题的。秦人也接受了敬天保民的思路,从一件重要的青铜器秦公簋中可见一斑。秦公簋有一段非常重要的铭文,说的是:"我们秦国的先祖非常不得了,接受了天命,在大禹治水的地盘上恭恭敬敬地建立了我们的国。这个时候,秦国先祖不敢懈怠,成为上帝在人间的代言人,经历了十二代君主,保有国土,敬事神灵,使得秦朝国祚延续,认认真真地对待蛮夷和华夏,希望子孙后代继续如此,才能使江山永固。"①这里特别引人注目的是秦人讲自己受天命,关键是当时的诸侯能受天命吗?当时能受天命的只有周王。按照当时的典章制度,其他诸侯只能祭祀境内的名山大川。诸侯没有能力祭天,也没这个资格,否则就是僭越。那么秦国是不是僭越呢?应该是的。当时秦国不仅留下了著名的秦公簋,还有畤②立在那里,祭祀皇天上帝。据《史记·封禅书》记载,雍城周围就有雍四畤。秦国公然祭祀皇天上帝,而且皇天上帝还有多个,这就与华夏有很大不同。但甭管怎么样,他们是在祭祀皇天上帝,就说明秦虽然是作为周朝在西边的一个诸侯国存在的,但它与齐鲁等大国不一样。齐鲁等国是华夏大宗,秦毕竟地处蛮夷,在文化上、制度上,和当时的周王室都有一定的离心倾向。秦国宗庙的情况基本如此。"敬天保民"是上古时期中华文化思想的重要构成。而在秦国,

① 秦公簋铭文:"丕显朕皇且(祖),受天命鼏宅禹迹,十又二公,在帝之坏。严,恭寅天命,保业厥秦,虩事蛮夏。"
② 畤可能是高耸的大石头,也可能是高耸的土台。畤者,峙也,就是树立起来的标志或者建筑物。

尤其是宫廷庙堂里，都有一定的体现。

小盂鼎：宗庙与朝寝合一

秦国宗庙还有一个非常好玩的特色。在西周时期，宗庙和朝寝往往是一回事，也就是说祭祀区和统治者的宫殿区是合一的。有一件非常重要的青铜器小盂鼎可以说明这个问题。

小盂鼎和大盂鼎是姊妹篇，它们在清朝就已经出土了。大盂鼎在国家博物馆，小盂鼎已经亡佚了。庆幸的是，小盂鼎的铭文流传了下来，虽然残损不清，但是许多信息也能被捕捉出来。小盂鼎和

宫 九年卫鼎

庙 九年卫鼎

大盂鼎的做器者都是盂，盂生活在周康王时期。中国历史上，西周王朝有一段盛世，叫成康之治，有"周有成康，汉有文景"之说。周康王是有道明君，盂是周康王的执政卿士，地位相当高。盂打击中原王朝的心腹之患、反叛的族群鬼方，打了大胜仗，俘虏了一大群鬼方人。之后，盂到宗庙之中献俘，小盂鼎就描述了这个凯旋的仪式。其中流露了两方面非常关键的信息。

一方面，天蒙蒙亮的时候，盂把俘虏拉到宗庙之中献俘。在审讯之后，周王下令把三个首领砍杀。之后宗庙之中又进行了燎祭[①]，讨好神灵，

---

① 燎祭指把松柏的枝条以及牺牲的肉放在一起焚烧，用这个气味能讨好皇天上帝。

（西周）大盂鼎

大盂鼎铭文

小盂鼎铭文

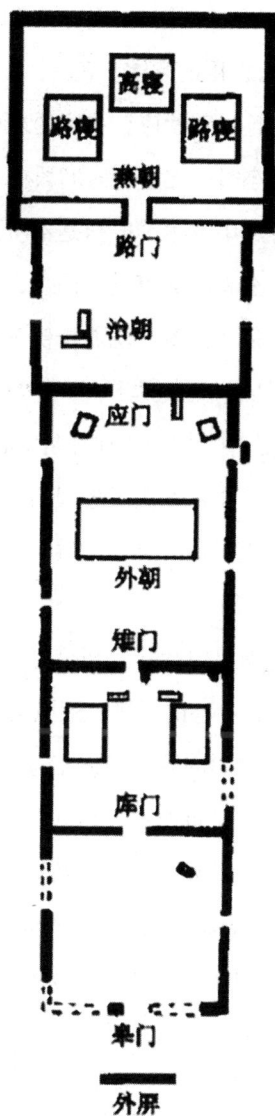

五门三朝（马家庄三号建筑群遗址）

祈求神灵一高兴就降下福祉。另一方面，盂出入了三进院落，并在天大亮的时候①进行文武群臣的宴饮。其中，三进院落基本上符合周朝的五门三朝制度。而且，宴饮应该在宫廷之中举行，从天蒙蒙亮到天大亮，也就两个多小时，在这个时间段内，一系列宫仪活动如果在不同的宫殿建筑群之中发生，应当是不可想象的。对此最好的解说，就是这个宗庙和王者的朝寝是一回事，或者两者不分家。在金文里，庙和宫基本上是一回事，既能指供奉神灵的所在，也能指统治者的居住区、生活区。尤其是上古，在夏、商、西周时期乃至春秋时代，在宫廷建筑之中，宗庙往往都是中心。

比如，今天的考古工作者发掘了鲁国的曲阜故城，发现周公庙就是曲阜故城的中心；也发掘了临淄故城，其中的桓公故台就是中心，这都是以宗庙为中心的。

然而，当历史到了秦汉时代，宗庙已经被边缘化，君主的朝寝成为中心。从宗庙到朝寝中心的过渡，雍城是一个很重要的转折点，雍城遗址的布局就很能说明问题。马家庄遗址一号建筑就是一个很典型的宗庙建筑。在这个建筑西边大约五百米的位置，就是马家庄三号建筑基址，这应是当时秦穆公或者其他君主的宫殿。这两者之间，就是中轴线，宗庙和宫殿分庭抗礼，分居于中轴线的两侧。

宗庙建筑既是城邦的守护，也是城市布局中的重要构成。我们就可以推论，雍城恰恰是中国城市发展的一个中心环节。我们再仔细考察，马家庄一号建筑基址，也就是宗庙，它大体的结构是呈

---

① 小盂鼎铭文中叫作"大采"。也有学者认为"大采三周"是指祭祀用玉。

马家庄一号建筑群遗址平面图[1]

---

[1] 出自陕西省雍城考古队《凤翔马家庄一号建筑群遗址发掘简报》,《文物》1985 年第 2 期。

"品"字形的，有五个部分：一个是北边的祖庙；一个是东边的宗庙，称为昭庙；一个是西边的宗庙，称为穆庙；还有中庭，也就是中间的天井；再往南进门的地方，就是门塾。其中的三个庙，祖庙、昭庙和穆庙呈品字，为什么会出现这种状貌呢？这又和当时的制度有密切的关系。宗庙和陵寝都有一种制度，叫昭穆制度。清朝皇帝死后不都埋在一起，有清东陵，在河北遵化，有清西陵，在河北易县，此外，在关外还有陵寝。死去的皇帝们往往一东一西地埋葬，为什么呢？我们翻阅典籍，就能找到一些思路。昭穆制度，不仅是当时宗庙和陵寝的安排，活人祭祖也常常如此。《红楼梦》第五十三回就有这样的描写，当时贾家在祭祖，"只见贾府人，分昭穆排班立定……凡从文旁之名者，贾敬为首；下则从玉者，贾珍为首，再下从草头者，贾蓉为首；左昭右穆，男东女西。"贾府祭祖都是如此，这个格局其实能上溯到周朝。在《左传》僖公二十四年有这样一个故事：当时的周天子周襄王和郑国闹掰了，他想用北方的狄国，也就是所谓蛮夷戎狄的势力打郑国。可是郑国的祖先能上溯到周宣王，他们是同姓，郑国是周襄王的本家。周襄王居然用蛮夷戎狄的力量来打自己的本家，那还得了！于是，有一个人站了出来，他叫富辰。富辰是一个有谋略的忠臣，他劝周襄王不要这么做。他说，当年周公旦就感伤于自己的弟弟管叔、蔡叔勾结商纣王的儿子武庚作乱，闹出了历史上著名的"三监之乱"，所以周公痛定思痛，发明了一个让周朝的社稷长治久安的法子，那就是分封天下。其分封的主要人选就是周人的同姓。可见周王室的基业就是建立在同姓封国的基础上的。而今天您周襄王要调动蛮夷戎狄的势力去打王室的同姓，岂不是取乱吗？这是断断不可的。但是，周襄王压根不听富辰的建议，最后闹得众叛亲离。周人分封的诸侯国，也遵循着昭穆制度。

古人为什么要这么区分呢？探索起来，我们就要借助人类学的一些资料。美国近代著名学者、文化人类学家摩尔根就摸索出一条规律，某一阶段土著部落的婚姻制度往往是族外婚，避免族内婚。今天的人们知道，族内结婚，或者说近亲结婚不可取，古人也懂得。他们从天然的角度就有了优生学的考虑。如何回避族内结婚呢？古人就意识到一点，父亲和儿子的母家不应该是一个。久而久之，周朝人形成了一个原则，叫男女辨姓。在《左传》襄公二十五年中有这样一个故事：齐国权臣崔杼有一个家臣叫东郭偃。东郭偃的姐姐东郭姜嫁给了贵族棠公，所以又叫棠姜。后来，棠公死了。东郭偃驾车拉着崔杼到棠姜家里去吊丧，没想到崔杼一眼就看上了东郭姜，想把她娶回家。这时候，东郭偃说不行，为什么呢？他讲："按照咱们周王朝的制度，男女应该分辨他们的姓族，同姓是不能结婚的。我们东郭氏能够上溯到桓公，是齐桓公的后人；您崔武子（即崔杼）是齐丁公吕伋的后人。咱们都是姜姓，怎么能结婚呢？是很不吉利的。"[1]但是，崔武子不听，果然酿成大祸。所以，古人通过一系列的制度与手段来避免同姓结婚，也是一种智慧。

---

[1]《左传》襄公二十五年："男女辨姓，今君出自丁，臣出自桓，不可。"

（秦）绳纹半圆瓦当

《秦纪》：春秋时期的秦国君主们

雍城在作都城期间，城内有若干宫殿区。其中，主要的宫殿建筑都集中在城中部以北，置于主干道附近。

姚家岗宫殿区位于雍城中部稍北的最西边。学者们认为姚家岗宫殿遗址明显偏早，当是大郑宫的所在地，或是包括大郑宫在内的建筑群。从出土的青铜建筑构件纹饰看，蟠虺纹是春秋中期早段秦国最具特色的纹饰。遗址内出土的瓦均饰细绳纹，是秦国瓦类的早期作风，而玉器纹饰和秦公一号大墓吻合。因此，姚家岗宫殿区的时代约当春秋早中期。据《史记·秦始皇本纪》引《秦纪》所载："康公享国十二年，居雍高寝。""共公享国五年，居雍高寝。""桓公享国二十七年，居雍太寝。""景公享国四十年，居雍高寝。""寝"是寝宫。这些寝宫很可能就在姚家岗宫殿区。《秦纪》是秦国官方史书，焚书坑儒时，除了这部书，六国的书都被烧掉了。此书是司马迁写《秦本纪》的基础。《秦纪》中的这些信息指向了一系列春秋时期的秦国君主。

秦康公是秦穆公的太子，公元前620年—公元前609年在位。他在位期间，秦国与晋国多次打仗，但国运不济，从秦穆公时期的西戎霸主逐渐衰落。不仅如此，楚国还跃跃欲试。《韩非子·说林上》讲了这么一个故事：秦康公命人修筑供游乐用的高台，历时三年。楚国人乐了，将要攻打齐国。秦康公手下有个明白人，叫任妄。任妄就说，饥荒之年会召来敌兵，疾病瘟疫会召来敌兵，百姓劳苦会召来敌兵，政局混乱会召来敌兵。国君建筑高台已经三年，如今楚国起兵要攻打齐国，臣怕他们打齐国是虚张声势，实际上是要袭击秦国，不如加以防备。① 于是秦康公派军防守东境，楚国就停止了行动。

秦共公是秦康公的儿子，公元前608年—公元前605年在位。共公二年（前607年），晋国大夫赵盾的手下人赵穿杀了晋灵公，因为晋灵公无道。共公三年，楚庄王带兵打到了洛阳，问周鼎有多重。共公五年，秦共公去世，其子秦桓公继位。在司马迁的流水账里，这个国君没什么作为。

秦桓公，公元前604年—公元前577年在位。据《史记·秦本纪》记载，秦桓公二十三年（前581年），秦桓公与晋厉公沿黄河结盟，后来秦国违背盟约，与翟族合谋攻伐晋国。秦桓公二十六年（前578年），晋国派遣大夫魏相赴秦国宣告绝交，率齐、鲁、宋、卫、

---

① 《韩非子·说林上》："饥召兵，疾召兵，劳召兵，乱召兵。君筑台三年，今荆人起兵将攻齐，臣恐其攻齐为声，而以袭秦为实也，不如备之。"

郑、曹、邾、滕等诸侯国讨伐秦国，秦军战败逃跑。诸侯联军追击至麻隧（今陕西泾阳），而后还师。据《左传》宣公十五年记载，晋国魏武子魏犨有一嬖妾，无子。武子刚病时，命其子魏颗将嬖妾改嫁。武子病危时，又命魏颗将嬖妾殉葬。武子死后，魏颗嫁掉嬖妾，并说："这是听从父亲头脑清醒时的吩咐。"公元前594年七月，秦桓公出兵伐晋，两军在晋地辅氏（今陕西省大荔县）恶战。晋将魏颗与秦将杜回交手，突见一老人用草编的绳子套住杜回，杜回站立不稳，摔倒在地，当场被俘，魏颗大胜。后来魏颗梦见那位老人，老人说：我是那位改嫁而未殉葬妇人的父亲。今天这样做是为了报答你。这就是"结草衔环"中结草的典故。秦桓公继位二十七年后去世，其子秦景公继位。

秦景公，秦桓公长子，公元前576年—公元前537年在位，治理秦国长达三十九年，是春秋中后期执政时间较长的国君之一。秦桓公时期，秦与晋作战屡遭失败，士气低落，上上下下惨兮兮的。因此，景公即位之初，就首先调整和晋国的关系。当时正处在第一次弭兵大会之后，所谓弭兵，就是不打仗。公元前579年，宋国受晋楚两国的夹板气，大夫华元不但与晋国执政卿栾武子是好朋友，也和楚国令尹子重交好。于是，华元奔走于晋、楚之间，以调解两国的关系，促成诸侯会盟。秦景公登基时，正当鄢陵之战结束前夕，晋、楚两国忙于停战之前的争夺。秦景公利用和晋、楚互不侵犯的时机，整顿内政，发展生产，训练军队。晋悼公即位后，晋国振兴，再次称霸，使得秦国尤为不安。景公向楚共王求援，共同伐晋。楚共王为抑制晋的南进，遂派兵驻扎在武城（今陕西省渭南市华州区东），牵制晋军。秦景公有楚军作后援，遂乘晋国发生饥荒而大举进攻，以报桓公时受晋侵犯之仇。后来，秦景公看晋国不好惹，遂转而结好于晋国。秦景公能审度形势而应变，在与晋的关系上，无论是战是和都保持主动，对秦国有利。

秦公一号大墓：殉葬制度与秦宫盛况

秦国的强盛表现在军事上，除了取得攻郑、侵宋、伐晋的胜利，还与楚国联合攻打吴国。秦公室、宗族的奢侈生活体现了秦的实力。秦景公的同母弟弟后子针非常富有。秦景公三十六年（前541年），有人诬陷后子针，后子针逃到晋国，携带的装载财物的车子有上千辆。晋平公很不解地询问后子针："你既然已经这么富有，为什么还要逃走呢？"后子针回答说："秦景公无道，我怕遭到诛杀，想等秦国改换国君再返回。"后子针设享礼① 招待晋平公，在黄河上排列船只当浮桥。每隔十里就停放一批车辆。从享礼开始到结束，后子针往返取礼物八次。后子针就占有如此之多的财富，景公及其他大臣、将军亦可想而知。秦的富有还反映在都城和陵墓的修筑上。景公是继穆公后扩修都城的又一位国君，当时雍城成为中原诸侯向往的都城。同时，景公又大规模地扩修陵园，他的秦公一号大墓为人们认识春秋时期的秦史提供了重要标尺。

古人"事死如事生"，我们能通过秦公大墓脑补当年雍城宫廷

---

① 享礼指的是使臣向朝聘国君主进献礼物。《论语·乡党》："享礼，有容色。"何晏集解引郑玄曰："享，献也。聘礼，既聘而享，用圭璧。"

秦公一号大墓

的盛况。秦公陵区位于雍城南郊的三畤原上，古称北园，最初是秦国贵族驱马引弓、纵情射猎之地。这里南临渭河，北眺雍山，位于周原的西部，土厚水深，地势平坦，是秦公理想的墓地，故而先后有23位秦君葬于此处（包括两位未享国的秦君）。考古学者在雍城遗址之南的秦公陵园先后发现各种类型的大墓葬49座，现已探明的秦公陵区东西长约12千米，南北宽近3千米，陵区的西、南、北侧均发现有宽2—7米、深2—6米的壕沟，作为其防护屏障。其中秦公一号大墓是目前发掘的先秦时期最大的墓葬。经过十年的发掘，取得了丰硕的成果，对于我们了解秦先公的墓葬建筑结构有巨大的帮助。

秦公一号大墓和其他已发现的秦公墓一样，坐西朝东，东西各有一条墓道与长方形的墓室相连，是一个中字形墓。秦公一号大墓呈长方斗形，占地面积为5334平方米，总体积达7万立方米，东墓道长156.1米，西墓道长84.5米，深达24米，有8层楼高。有人说秦公一号大墓占据了中国考古学史上的五个之最：是迄今中国发掘的最大的先秦墓葬；墓内有186具殉人，是中国自西周以来发现殉人最多的墓葬；椁室的柏木"黄肠题凑"，是中国迄今发掘周、秦时代最高等级的葬具；椁室两壁外侧的墓碑是中国墓葬史上最早的墓碑实物；尤其是大墓中出土的石磬，是中国发现的最早的刻有铭文的石磬。最珍贵的是石磬上的文字，有180多个，字体为籀文，酷似"石鼓文"，据此可推测墓主人为秦景公。

首先，大墓规格极高，反映出秦国公室的尊贵。墓中由柏木垒砌而成的框式葬具，正是古书中所言天子专用的神秘礼仪——"黄

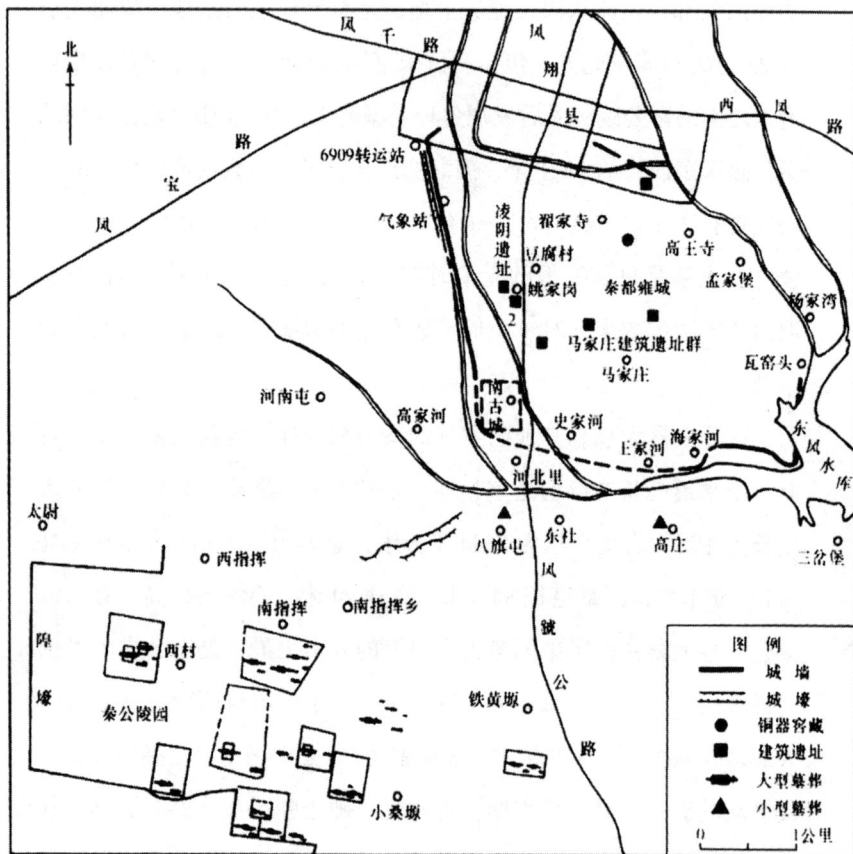

凤翔秦都雍城与秦公陵园位置示意图 [1]

---

① 采用韩伟、焦南峰《秦都雍城考古发掘综述》图一,《考古与文物》1988 年第 5、6 期。

肠题凑"。根据《汉书·霍光传》，"黄"是呈黄色的柏木，"肠"指木材的心，"题"是头或端，"凑"指木头端头集中于内侧。史书记载，古时只有天子才能够使用题凑这种葬式，所谓"天子题凑，诸侯不题凑"。尽管史书所言甚详，但近代以来从未有人见过"黄肠题凑"的葬法，考古工作者公认这座墓葬中出土的椁具无疑是我国发现"黄肠题凑"的第一个实例，也是目前发掘出的时代最早、等级最高、形制最大的葬具。尽管秦君囊括四海的野心在历史中不绝于耳，但早在迁都咸阳之前秦公就敢于在墓葬中使用天子礼仪，却有些超乎后人的想象。如此看来，后来秦公称王、始皇一统寰宇，不仅仅是时势使然。也就是说，早在雍都时代，就有秦国君主把这一远大理想悄悄掩藏在黄土之下。雍城宫廷的规格，也可见一斑。

第二，令人毛骨悚然的殉葬与人祭，也能体现宫廷的排场。大墓中主椁室周围的两层平台上，按等级依次排列着166具人殉棺。他们的下肢全部诡异地蜷曲着，这便是春秋战国时期秦人中盛行的屈肢葬。即在人刚死之时，用布带将其下肢向上卷曲捆扎，然后入棺埋葬，有人说这是婴儿在腹中的状态。这166具人殉中有箱殉者72具，匣殉者94具，地位有别。箱殉较为豪华，集中分布于紧邻椁室的中心地带，木箱大而宽厚，殉人被绳索捆绑成蜷曲的姿势，装入箱内，他们可能是身份较高的姬妾、近臣等人；匣殉分布在靠近墓室四壁的外围，装殓他们的木匣要寒酸得多，用的也只是几厘米厚的薄材，他们可能是殉葬的奴仆。除此以外还有人祭。

这种残酷的殉葬、人祭制度自殷商时期便已有之，以至秦以后都存在。直到秦朝建立之后，这种残酷血腥的人殉制度才逐渐被陶俑所代替。史载秦穆公死时殉葬者达 177 人，引起了世人的责骂，《诗经·秦风·黄鸟》就描写了秦穆公时人殉的残忍，秦国勇士殉葬时"临其穴，惴惴其栗。"①而秦公一号大墓发现的殉葬者有 186 人，充分反映出春秋战国时期秦国盛行的殉葬制度的规模。周人不尚鬼而尚文，重视人的力量，但秦文化就明显落后。秦穆公有一次和大臣们喝酒，当大家都喝醉的时候，他说："咱们君臣生时同乐，死后也要同哀呀。"奄息、仲行、鍼虎三个大臣不知是死心塌地表忠心，还是酒精上头说胡话，当场表态，同年同月同日死。说出的话泼出的水，酒醒之后也甭反悔。秦人重义轻死，就是如此。

第三，椁室仿照景公生前宫殿"前朝后寝"的布局：东部的前椁室作为他办公、议事的场所，西部的后椁室是他饮食起居之处，充分体现了"事死如事生"的观念。这也能反映雍城宫廷的一些面貌。

第四，该墓在历史上被盗将近 300 次，但墓内仍出土文物 3500 余件，包括金、玉、铜、陶、漆木等文物 600 多件。文物质地高贵，造型精美，是现实生活的反映。其中有带纹饰的金带钩、罕见的白玉戈、精巧的玉璋、透雕蟠虺花纹的玉佩、马头玉雕，以及十多件乐器石磬。在墓中还发现了一块丝织品，深灰色，质地细薄，工艺水平较高。这都反映了秦经济的发展和高度的手工艺及物质文化水平。墓中出土的铁铲、铁权等铁器十余件，工艺精美，考古学家认为是我国北方地区发现的时代最早、数量最多的一批铁器，说明秦

---

① 《诗经·秦风·黄鸟》："交交黄鸟，止于棘。谁从穆公？子车奄息。维此奄息，百夫之特。临其穴，惴惴其栗。彼苍者天，歼我良人！如可赎兮，人百其身！"

龙纹亚字形玉佩

金带钩

金啄木鸟

方形玉饰

龙纹宫灯形镂空玉佩

玉戈

秦公一号大墓出土文物

也是当时使用铁器较早的国家之一，证明了《诗经·秦风》中记载的"驷骥孔阜"是有道理的。其中出土的铁铲，经过鉴定是铸铁制品，将我国铸铁史向前推进了数百年。出土的陶制双辕牛车，说明春秋中期秦国已使用铁器和牛耕，其生产是相当发达的。

第五，棺底出土的石磬残片有30多块，共有铭文200多字，是秦景公生前所用的，为研究当时文字提供了不可多得的材料。这些残片非常珍贵，其中一块编磬上有"天子匽喜，龚桓是嗣。高阳有灵，四方以鼐"，这十六个字的意思是：天子举行宴会，作磬者是共公、桓公的继承人。秦人的祖先高阳氏在天有灵，所以国内才能繁荣安定。这一方面指出了墓主人的身份是秦国的第十四代统治者——秦景公，另一方面也说明秦先公都认为秦人是颛顼的后裔，有力地说明秦人自己对华夏族的认同。另外出土的残磬刻有铭文"溥蛮夏极事于秦，即服"，意思是说不管是少数民族还是华夏族，都迫不及待地归附秦的统治，也可谓气象宏大。

雍城宫廷是秦公旧居，一直在秦人历史上发挥着作用。秦都城迁离雍城后，雍城仍然具有重要的地位，一方面是地理位置重要，土地肥美，另一方面便是秦先公的陵墓及宗庙还在雍城。由于秦雍城建都时间长，所以先公的墓葬很多，后来即位的秦君举行重大的仪式也都到这里来进行祭祀、居住，以至于秦始皇二十二岁行冠礼时还必须到雍城。

雍城宫殿处于中国宫殿发展的过渡时期，既受到旧制度的影响，又有革新的倾向，故而在中国都城史中占有重要地位。固然说宫殿中国人生活痕迹多，宗庙中神灵牺牲痕迹多，但商周时期宗庙

秦景公墓石磬铭文

和宫殿合一，考古工作者很难把遗址中的宗庙和宫殿断然分开。而在雍城宫廷中，姚家岗宫殿区和马家庄的宗庙区判然有别，和《周礼·考工记》中"左祖右社，面朝后市"的说法，有一定的相似之处了。这对秦汉之后都城的建设具有借鉴意义。

第四讲　秦穆霸业

　　雍都，从德公营建大郑官，到穆公增修，已经成为既有殷、周形制，又有秦建筑之高大、豪放风格的都城，使关中诸国与戎、狄部落都为之惊叹。秦国国君在雍城官殿中运筹帷幄，决胜千里，使秦国势力不断壮大，甚至可以与中原强国一较高下。那么，在秦国雍城官殿中，究竟发生过怎样的故事？一代雄主秦穆公又是怎样在这里走上争霸之路的呢？

五门三朝制度：宫廷政治生活图景

　　秦穆公是"春秋五霸"①之一，他在位时期，秦国得以长足发展。在《史记》中，司马迁认为，秦穆公用名臣由余（由余本来是戎王的部下，后来投靠了秦穆公），得以开地千里，称霸西戎。②司马迁还说这一时期秦的版图基本到了黄河。③黄河是当时秦国和晋国的交界，晋国实力强的时候就争夺河西之地，把秦国口中的肉拿走，秦国

《东周列国志》中的秦穆公

也不示弱。这时，秦穆公已经拥有了黄河以西的大部分地区，可见当时秦国幅员之辽阔。

　　在雍城宫殿的马家庄遗址中，一号、二号、三号、四号建筑基址都可能和秦穆公有着重要的联系。其中二号和四号的残损程度非常之严重，但一号和三号今天保存得还比较完整。三号遗址很明显是朝寝，也就是君主的居住区。非常典型的是，这个地方有五门，也就是五进院落，可以说庭院深深。这五门可能就与当时文献记载

---

① "春秋五霸"为齐桓公、晋文公、宋襄公、秦穆公、楚庄王，此为一种广泛流传的说法，见于唐代司马贞的《史记索隐》。
② 《史记·秦本纪》："秦用由余谋伐戎王，益国十二，开地千里，遂霸西戎。"
③ 《史记·秦本纪》："是时秦地东至河。"

大门散水

花纹空心砖

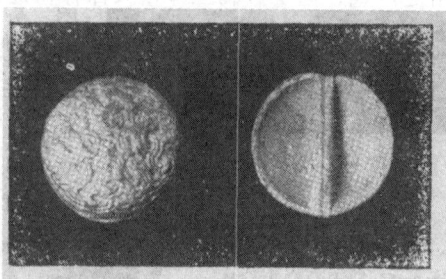

金圆泡

（此三图摘自《凤翔马家庄一号建筑遗址发掘简报》）

的五门三朝制度①有着密切的关系。北京的故宫其实是符合五门三朝制度的,在毛主席纪念堂的位置,清朝叫大清门,再往北依次为天安门、端门、午门,以及太和门(或者乾清门),古人称之为皋门、库门、雉门、应门和路门。五门之中又有三朝,哪三朝呢?外朝、治朝、燕朝。第三进院落可能就是外朝,第四进院落可能就是治朝,第五进院落则为燕朝,也就是说路门以里就是燕朝了。这是什么意思呢?古代有非常明确的说法,路门以里的燕朝,就是宫廷起居之所在。秦穆公和他的妃嫔就在这里生活。今天我们通过清宫戏中一幕一幕的生活场景,也能大致推知当时秦国宫廷的状态。而路门以外的治朝,也就是第四进院落,就是当时君主和重臣、大贵族商讨国事的地方。这个地方的意义非同小可。应门之外、库门之内,就是外朝,可能就是君主接见国人的所在。哪些场合应该接见国人呢?有三种场合:一种是询国迁,国家要迁都了,这是整个城邦的大事,势必征得国人的许可。另一种场合是询国危,当国家面临危难,尤其是异族入侵时。当时是兵农合一的制度,国人不仅享有政治权利,也负有军事上的义务。这些人平常都忙于各行各业的本职,等到有国危的时候,置于庭中,国家把兵器和甲胄发给他们。还有一种场合,就是询立君。在国君没有指派下一代储君是谁、大臣拿不定主意的时候,也要征询国人的意见。询国迁、询国危、询立君,表现出中国古代的政治智慧。这个格局就在秦国宫廷马家庄三号建筑遗址上有非常明确的体现,表现出了文献记载和考古资料的契合度。

---

① 《礼记》东汉郑玄注所称"天子诸侯皆三朝",外朝一,内朝二。又注《礼记·明堂位》曰:"天子五门,皋、库、雉、应、路。"

马家庄三号建筑是周秦时代五门三朝制度的遗存，由此也可看出秦穆公时期，秦国物力、财力的雄厚。其后的国君，也仅仅是维修或增建，城的规模都已在穆公时期奠定。

穆公的政治博弈："秦晋之好"、韩原之战和重耳流亡

秦穆公在中国历史上是一个非常著名的君主，也是头脑很清醒的人。秦穆公在位期间，列国争霸逐渐白热化。春秋一开始，先争霸的是齐桓公。齐桓公于公元前 685 年即位，到了公元前 651 年大会诸侯，树立了他的威信，这就是著名的葵丘会盟。这时候，齐国已经进行了数十年的经营，根基可谓厚实。齐国之外，还有晋国，晋献公也是比较有为的君主。尽管晋国地处蛮夷戎狄之中，环境非常险恶，但晋献公还是干了两件重要的事情，为国家发展扫清了障碍。第一件是打击蛮夷戎狄，提升华夏的威信，做得非常成功。另一件就是打击宗室。晋献公这一支本是庶出，原来的大宗被他取代了，所以他特别害怕自己的宗室架空自己，就玩命地打击公族，也就是他的同姓势力。晋国公族殆尽，君主权力得以加强。晋国如此，南方还有一个楚国，

清人绘 管仲

一度想北上称霸。但是，楚国的势力被齐桓公和管仲所遏制。此时，楚国也开疆拓土，吞并了许多小国，势力甚至达到汉水，也成为秦国的一个威胁。在这种列强争霸、蚕食小国的形势下，秦国采取的策略适当与否，是关乎国家命运的大问题。秦穆公与群臣正确分析了局势，认为齐、楚尚未对秦构成直接威胁，而晋国则为主要敌人。秦要向东发展，就必须驱逐晋在河西的势力，打开函谷道。

为此，秦穆公目标明确地做了几件事情。第一件就是结秦晋之好，成语"秦晋之好"就是从秦穆公这儿来的。公元前656年，秦向晋求婚，晋献公把自己的女儿许配给秦穆公，也就是说，秦穆公的夫人就是晋献公的女儿，秦穆公是晋献公的女婿。有这么一层关系，秦穆公就争得了大国晋国的支持，在相当大的层面上，加速了华夏化的进程。这个举措就相当不得了。当时，晋献公玩了一出"假途灭虢"，后来三十六计中还有这一计，也写成"假道伐虢"。山西南部有两个小国，一个叫虞国，一个叫虢国，虢国就是北虢。晋献公声称要去打虢国，可是晋国与虢国之间隔着虞国，所以他花重金向虞国借道。虞国国君见钱眼开，同意了晋献公的请求。可是，有一个臣子宫之奇提出了异议，他就对虞国国君说你别忘了有一句话，叫"唇亡齿寒"，嘴唇没有了，牙齿会冷啊，咱们虞国和虢国的关系就是唇亡齿寒的关系，如果虢国灭亡，咱们也得完蛋。但是，虞国国君利令智昏，对宫之奇的话置若罔闻。结果等晋国收拾完了虢国，回过头来就打虞国，虞国君臣包括大夫百里奚在内都成为俘虏。在这个时间段，晋献公要把女儿嫁到秦国，当秦国的夫人，就要派遣一群人陪同。这群人当时称为媵臣，也就是陪嫁的人，地位是比较低的，其中就有原来虞国的大夫百里奚。百里奚太聪明了，走着走着就跑了，跑到了楚国（这有点离奇）。于是，后来秦穆公迫不得已向楚国去赎百里奚。百里奚在秦国争霸过程中起到了重要作用。总之，秦晋之好，秦国走了一步好棋。

秦穆公结好晋国的第二个措施，是针对晋国的储君进行政治赌注，押的第一个政治筹码，就是公子夷吾。秦国保护夷吾回国继位。当时，晋献公的宠妃骊姬一心一意要把自己的儿子奚齐扶上君位，于是迫害太子申生，也迫害晋公子重耳、夷吾。晋献公派大夫贾华等攻打夷吾所在的屈城。城破，夷吾想要逃往外祖父家——翟国，冀芮说："重耳已逃到那里，重耳的母家就在那儿，你再去就麻烦了，一是一山不容二虎，二是你们两人都在那，如果你父亲发兵攻打，翟国抵抗不住，就会把你们两人都交出去。不如到梁国去，梁国离秦国比较近，秦是强国，梁秦关系较好，晋君去世后，可以靠秦回国继位。"夷吾于是逃到了梁国（在今陕西韩城）。梁伯礼待夷吾，并将女儿许给夷吾为妻，后来生有一男一女。为什么这些国君都这么恭敬地对待这些公子呢？是因为他们觉得这些年轻人日后会发迹。如果未来公子们成为储君，对自己的国家一定是好事。秦穆公九年（前651年），晋献公死了。夷吾派使者跑到秦国求秦穆公：您能不能把我扶上君位？上了君位之后我巩固秦晋之好，而且把河西的八个城池都给你。秦穆公当然非常高兴，并且这个时候说好话的还有一个人，就是夷吾的姐姐、晋献公的女儿、秦穆公的夫人。故此秦穆公就很高兴地扶植夷吾回到晋国当国君，这就是历史上的晋惠公。

按说，人应该讲信用，但是没想到，晋惠公恩将仇报，即位后

骊姬巧计杀申生

《东周列国志》里的骊姬之乱

做的第一件事就是反悔，不给秦国那八个城池，还杀掉了拥立自己的大臣里克。他对里克说："两代国君都被你弄死了，我估计也会死在你手上吧。干脆在你杀死我之前，我先杀了你呗。"这个夷吾用今天的话说就叫"渣男"，背信弃义，过河拆桥。所以许多人非常反感晋惠公。

正在这时，晋国又出现了灾荒，不得不向秦国借粮。消息传到秦国，宫廷之中就产生了分歧，有人说应当借给他，但是以丕豹为首的从晋国来的臣子反对。他们是在晋国混不下去了，跑到秦国避难的。丕豹就认为不能借给晋惠公，反而应该攻打他，道理很简单：这是什么人啊？借给他粮不是养虎为患吗？可是穆公非常聪明，晋惠公不仁，我秦穆公不能不义，臣民没有啥罪过啊，所以千里送粮。从雍城一直到晋都绛，送粮的帆船连成一片，史称泛舟之役，"役"是劳役的意思。这是公元前 647 年的事。

秦国这么宽宏，这样的大恩，晋惠公应该感戴吧！结果第二年，秦国发生了饥荒，派人去晋国借粮，惠公不仅不给粮食，还恩将仇报，趁秦国饥荒而攻伐，由此爆发了韩之战，以及后面的韩原之战。他没想到，秦国士气亢奋，而晋国士气萎靡。当时晋惠公自己都觉得纳闷，士气怎么这么低落，于是问贵族韩简子。韩简子实事求是，说秦国人对咱们有三次大恩：第一，你曾经去过秦国避难，是人家秦国人的恩惠；第二，你回晋国当国君，是秦人的恩惠；第三，咱们现在吃的粮食是人家秦国人的，所以咱们怎么可能理直气壮地打人家呢？晋惠公哑口无言。于是下面一场仗晋国输得毫无悬念，那就是公元前 645 年的韩原之战。

这场战争一开始就不吉利，晋惠公的马不对头，他没有用晋国的马，用的是郑国的马。当时有臣子就提出来了：你不应该用别的国家的马，它不通咱们这里的习惯，你别瞅它神情亢奋，其实外强中干，你会倒霉的。但是晋惠公不听，于是在战场上，晋惠公的马陷到泥潭之中。秦穆公一看，这不是天赐良机吗？于是追杀过来，但是晋国人也殊死抵抗，结果秦穆公中箭，反而命悬一线。但在这时，剧情逆转，来了三百位勇士救秦穆公。这是怎么回事呢？原来，原先秦穆公有一匹良马被这三百人给吃了，秦国的官员就要治罪，吃了国君的马是死罪，可是秦穆公网开一面，饶恕了这三百人。这三百人感恩戴德，在韩原之战的战场上打败了晋国人，甚至俘虏了晋惠公（这个事太惊悚，可能是古书刻意安排，突出善有善报、恶有恶报吧）。可是，当晋惠公被俘虏到秦国，麻烦又来了。秦穆公的夫人、晋惠公的姐姐穿着丧服来了，还带着她的儿女。她说："你把我的弟弟俘虏了，如果你要杀了他，我们也都不活了。她在秦穆公面前哭闹起来，于是秦穆公就放了晋惠公。这么一折腾，没过多久，晋惠公就死了。之后是谁当国君呢？就是晋惠公的儿子公子圉。事实上，公子圉也在秦国当人质。这时候，公子圉跑回了晋国，连夫人都不要了，回国继位，这就是晋怀公。甭管怎么样，这两代国君都不得人心，所以秦人不在一棵树上吊死，继续找自己的政治筹码。

秦穆公又把宝押在重耳身上。晋惠公时，秦晋交战，晋国战败，晋惠公便让太子圉去秦国做人质。秦穆公对太子圉以礼相待，并将女儿怀嬴嫁给他。晋惠公去世的消息传到秦国，太子圉为继承君位抛妻而逃，秦穆公对此十分不满，遂派使臣去楚国迎接流亡的

《东周列国志》里的重耳娶怀嬴

公子重耳。重耳到秦国后，受尽颠沛流离之苦的他受到秦穆公和夫人（重耳的姐姐）的热情礼待。穆公送给重耳五个美女，包括怀嬴在内。因为怀嬴已经是怀公妻，重耳不愿纳其为妻（再不济也不至于收别人的媳妇啊，还是我晚辈的），后在他人劝说下，以穆公另一女文嬴为妻，以怀嬴为妃，改名辰嬴。还有一段故事，古人在吃饭和祭祀之前必须要洗手，脏水要倒到一个盘中。这时候谁伺候重耳呢？就是他的夫人怀嬴。重耳的手是湿的，一不小心就将水溅到了怀嬴的身上，没想到怀嬴就火了，骂自己的丈夫重耳："秦晋是平等的国度，凭什么你往我的身上甩水，你这不是看不起我吗？"[1] 怀嬴抗议了，重耳非常聪明，知道得罪了怀嬴就是得罪了秦穆公。说不好听一点儿，怀嬴就是秦穆公的眼线，得罪了秦穆公那还得了，还有未来吗？所以他诚惶诚恐，脱掉衣服，光着膀子请罪，就像囚犯一样。这就非常过分了，按说他没做错什么。可是他非常恐惧，想获得怀嬴的谅解。可见，重耳在秦国生活得也是战战兢兢。重耳后来被秦穆公扶植回到晋国，拜宗庙，接受晋统，成为国君，也就是历史上的晋文公。晋文公即位后强化秦晋之好，这体

《东周列国志》中的百里奚

----

[1] 《左传》僖公二十三年："怒曰：秦晋匹也，何以卑我。公子惧，降服而囚。"

现了秦穆公的政治眼光。

从秦穆公时期对晋的战争看，秦都有理有节，多是晋国无理，从而又增加了秦国的威望和信誉。即使秦国战争胜利了，也不忘其和晋的根本战略，非常理智。

知人善任：百里奚和丕豹是怎么来到秦国的？

秦穆公还非常善于用人，甚至不拘一格。一个著名的例子就是百里奚。百里奚本身是虞国的臣子，虞国灭亡后成为奴隶，要跟着秦国送亲的队伍，成为媵臣，结果他不堪屈辱跑到了楚国。可是，楚国没拿百里奚当回事儿，他又成为楚国的奴隶。这时，穆公听说了百里奚是一个贤人，就想用重金到楚人那儿赎回他。但是有人却说，慢着。为什么呢？"如果您要用重金去赎一个奴隶，楚国人就会意识到他的重要性，不给怎么办，把他杀了怎么办？"秦穆公一琢磨，对哟！就问应该如何是好。那人回答说："您就以奴隶的价格五张羊皮去买他。"楚国人就把百里奚给了秦国，所以百里奚又称"五羖大夫"，羖就是羊皮。不久，百里奚当上了秦国的相，当时他已经70多岁了。百里奚又向秦穆公举荐了足智多谋的好友蹇叔，秦穆公使人以"厚币"迎接蹇叔，任命他为上大夫，与百里奚共掌国政。这个宋国贤才很快也成了穆公的得力助手。

除了百里奚，还有一个重要的臣子丕豹。晋国人丕豹很有谋略，善于带兵打仗，是一员将才。他和他的父亲丕郑本来都是晋国臣子，由于丕郑参与扶植君主的事件，结果就被晋惠公杀掉了，于是丕豹只能跑到秦国。丕豹跟晋国有深仇大恨，晋惠公就是他的大仇人，所以他就在秦穆公的面前一个劲儿地撺掇穆公攻打晋国。秦穆公很重视丕豹，但也不是没脑子的人，当时他进行了客观的分析，发现许多环节没有丕豹说的那么简单。尤其是在泛舟之役之前，丕豹建议秦穆公不要给晋国人粮食，得攻打晋国，但是秦穆公没听，表现出作为政治家的冷静。后来，韩之战的时候，秦晋已经闹翻了，并且理亏在晋，在群情愤慨的时候，秦穆公让丕豹当大将，这叫任人得法。结果，秦军将晋军打得落花流水，生擒了晋惠公，获得全胜。可见，秦穆公也是知人善任的君主。

秦穆公也干过错事，但是他知错能改。当时郑国惹怒了晋国，因为秦晋之好，晋文公就对秦穆公说一起打郑国。这时候郑国一看大事不妙，派了一个臣子烛之武去游说。这个臣子也够神的，他是用一根绳子从城上顺下来，没有去找晋国人，找了秦穆公。为什么呢？瓦解敌军。他对秦穆公讲，如果我们郑国灭亡了，对你们秦国有益那自然是好。关键是我们郑国灭亡了，对您旁边的晋国有利，对您无益，晋国人很可能翻脸不认账，您还记得晋惠公吗？您把他扶上君位，结果他渡过了黄河就翻脸，这样的事又不是没发生过！如果您保留着我们郑国，日后迎来送往，我们在东方的道路上给您服务，我是东道主。（"东道主"这个词就是从这来的，周朝官道上有各种专职服务者。）这一系列的利害关系秦穆公听明白了，就索性撤兵了。晋文公一看，同伴走了，自己也打得没意思，也走了，这场战事不了了之。这就是"烛之武退秦师"。这个秦穆公一点儿都不固执，他知过必改。

老烛武
缒城
说秦

《东周列国志》里的烛之武退秦师

秦晋崤之战：明君也曾犯错

还有一件事，也能说明这一点。公元前628年，晋文公去世，晋襄公即位，晋这个中原大国面临着丧事。而当时晋国旁边的郑国有一个贵族叫杞子，是秦国的间谍，他告诉秦国人，说自己手里拿着郑国城门的钥匙，让秦国攻打郑国。秦穆公一琢磨，说好啊，打下郑国，对晋国是一个震慑，于是想千里远征。有人说，且慢。这个人是谁呀？就是大臣蹇叔。蹇叔是非常聪明的一个人，他的岁数已经很大了。蹇叔说："劳师远征是兵家大忌，而且你面对的是晋国，你有这个实力吗？"这些话秦穆公没有听进去。他甚至对蹇叔说了一句很过分的话，说："老先生，您那个坟墓上的树已经合抱在一起了。"言下之意，你就等死得了，活一天是一天，管我的事干吗呢？结果蹇叔就说，恐怕这些将领都回不来了吧，果然一语成谶。秦国的大军出征了，走着走着，走到滑这个地方，就遇到一个郑国的商人，叫弦高。弦高这个人很聪明，看着秦国人来者不善，要打郑国，索性假传国君的意旨，说国君让他拿着牛羊来犒赏秦军。这一下，秦人就意识到，恐怕自己千里偷袭的计策，已经被郑国人知道了，那还打个什么劲啊？于是只灭了一个小国滑国，就班师了。而晋国人早就恼火了，他们面临着国君的丧事，秦人不说帮他们，还给他们重重一锤，所以就在崤山一带埋伏下重兵。这个地方一夫当关万夫莫开，秦国人走到崤山的时候，谁也没想到有埋伏，最后几乎全军覆没，只有三个将领西乞术、孟明视、白乙丙被晋国放回去了。这场仗说明秦国想称霸中原，火候尚不成熟。所以这三个将领回到

《东周列国志》里的弦高犒师

秦国之后，秦穆公没有责怪他们，反而说都是他自己的错误。今天我们看到《尚书》之中，最后一篇叫《秦誓》，据说就是秦穆公当时留下的誓词，他检讨自己的过失，说崤之战是他自己的问题，不能怪罪他人，让秦国的重臣们给他提出积极的建议。哪怕是针砭时弊，他都应当认真采纳。他表了个态度，说别人有水准，仿佛就是我自己有水准；别人优秀，就是我自己优秀；别人说的话，就如同我自己口中说出的一样；我能够容纳他人。[①]这才应当是正常的状态。

秦穆公是非常有为的君主，可是他也干过令人发指的事。尤其是在晚年，他和大臣、爱将们在酒席宴间喝得正高兴，于是就说，咱们活着的时候一起快乐，死了也要一起悲伤吧。于是等秦穆公一死，这些人通通殉葬。史载秦穆公死时殉葬者达 177 人，引起了世人的责骂。子车氏的三个儿子奄息、仲行、鍼虎，是当时秦国的三位贤臣，为秦国人所赞许。秦穆公死后，这三位贤臣，世称"三良"，一起殉葬于地下。秦穆公在雍城宫廷之中，留下了史诗，也留下了悲剧。

秦穆公治国有方，在由余归秦后，不仅促进了称霸西戎的事业，更重要的是使受中原文化影响的秦文化又受到戎人的文化影响，形成了独具特色的秦文化风格。秦人文化在穆公时期出现了巨大进步，《诗经·秦风》若干内容可能是这时间段前后的产物。

---

① 《尚书·秦誓》："人之有技，若己有之；人之彦圣，其心好之。不啻若自其口出，是能容之。"《大学》也曾引用。

第五讲　大郑秘闻

　　雍城不仅见证了秦人不容忘却的峥嵘岁月，更是秦帝国崛起的根基与保障，历史意义非凡。即便在秦国后来迁都栎阳，乃至再一次迁都咸阳之后，雍城和坐落在此的宫殿，依然在秦国的政治舞台上扮演着极其重要的角色。那么到了秦始皇统治时期，雍城大郑宫内发生过哪些秘而不宣的怪事？这座宫殿，又见证了大秦帝国怎样的繁华和沧桑？

身世之谜：秦王政是谁的孩子？

从秦德公一直到秦献公，雍城作为国都的时间长达 294 年，经历了 19 代国君。迁都到栎阳之后，这个地方并没有被废止，雍城还是一个重要的所在，为什么呢？一是因为秦人在这个地方待的时间太长，这是秦国政治的一个重镇。这里有许多贵族，也就是利益集团。另外，秦人的宗庙和陵寝都在这儿，所以它也是一个礼仪中心。

公元前 238 年，22 岁的秦始皇在故都雍城举行了冠礼[①]，这可谓秦国历史上的一件大事，秦始皇从此开始亲政，开启了他横扫六国、建立秦朝的霸业。其实，此时咸阳作为秦国的都城已经有一百多年的历史，而秦始皇依然选择在故都雍城举行

《三才图会》中的秦始皇

冠礼，足以看出雍城在秦人心中的重要性。而就在秦始皇执政期间，故都雍城大郑宫内，曾发生过一些秘而不宣的怪事，激起了轩然大波。秦王政、赵姬、嫪毐，以及吕不韦的故事，就发生在秦国的大郑宫里头。

秦始皇出生时，秦国在位的君主是秦昭襄王，他听取范雎的建议，以"远交近攻"策略为原则，竭力蚕食兼并与秦国相邻的诸侯

---

① 《史记·秦始皇本纪》："四月，上宿雍。己酉，王冠，带剑。"

吕不韦

大贾面目假父
东迁抱
债鬻士成
一豪言
争名
于朝
争利
于市
令
之驱
偿如其智

《东周列国志》中的吕不韦

国。当时，秦始皇的父亲异人并不受宠，一直作为人质被扣押在赵国。异人应该说是一个比较边缘化的秦国公子。赵国人可是恨透了秦人，为什么呀？是因为公元前260年发生过秦赵长平之战，那个纸上谈兵的赵括害得赵国40多万士卒被秦将白起坑杀，这在今天看来更觉得触目惊心。当时消息传来，赵国举国悲怆，赵国人就玩命地迫害这个秦国公子异人。秦始皇的少年时代是随着父亲在赵都邯郸度过的，受尽了欺辱。后来，吕不韦对异人伸出了橄榄枝，在他身上进行政治赌注。吕不韦曾经跟他父亲探讨过，说贩卖珠玉能得多少钱，卖地得多少钱，而如果做这种政治赌注，又有多大的利润？留下一个成语叫奇货可居。吕不韦就把宝押在了异人身上，放长线钓大鱼。当时，很可能吕不韦做过很多类似的事，都产生了作用，我们能从常理分析出这一点。

史书的记载就非常有意思了。司马迁交代，吕不韦将自己的女人赵姬送给异人的时候，赵姬就已经怀有身孕了。这里就留下了千古谜团，到底秦王政是谁的孩子？是吕不韦的子嗣，还是异人的子嗣呢？今天不少学者看来这没有疑义，他就是异人的子嗣。为什么这么说呢？大历史学家钱穆先生就曾经推论过，这事情荒诞不经。很可能是后来秦王政，也就是秦始皇得罪人得罪得太多，人们想把脏水泼给他的缘故，污蔑他的出身，把他搞臭。[1]我们分析其中的道理，就很明确：如果此时真的是吕不韦和赵姬生了秦王政的话，那这个消息是谁传出去的？知情者不过三个人，一是吕不韦，二是赵姬，三是异人，这三个人的可能性都不大。首先，这绝对是宫廷之中的丑闻，吕不韦和赵姬如果宣扬出去，那是灭门九族的死罪，他们绝对不敢。另外一种可能，是异人自己说，这孩子是吕不韦的，那这个人已经傻到家了。所以这种可能也不存在。这么分析的话，异人肯定就是秦王政的亲生父亲。当时，秦王政在赵国，赵姬也待在赵国，异人一溜烟儿地就回到了都城咸阳，找他的父亲安国君。安国君的夫人就是华阳夫人，而华阳夫人受宠而无子。这个时候，吕不韦一而再、再而三地吹风，告诉华阳夫人，说您有一个孩子叫异人，异人知道您是楚国人，所以他成天穿楚服、说楚语，特别孝顺您。其实这都是吕不韦在一手导演，华阳夫人早就不知道异人是谁了。最终，吕不韦一步步把异人扶上了君位，这就是秦庄襄王。吕不韦又花费巨额财物将赵姬和秦王政母子俩接回秦国。秦庄襄王在位三年，短命而崩。异人一死，秦王政（也就是日后的秦始皇）登基，于是大政委于赵太后，而真正和赵太后商量大事的人只有吕不韦。吕不韦权倾朝野，为秦国相邦（国），不仅如此，还网罗宾客，他的羽翼甚多。

---

[1] 钱穆：《先秦诸子系年》，商务印书馆2001年版，第567–569页。

大郑宫中的王室丑闻：私生子与后党势力

秦庄襄王去世后，吕不韦和赵姬死灰复燃，又开始私通。但随着秦王嬴政年岁渐长，吕不韦担心此事泄露后会对自己不利。于是，为摆脱赵太后的纠缠，吕不韦将门人嫪毐推荐给她。为使嫪毐顺利

五年相邦吕不韦戈

进宫，吕不韦指使人诬告嫪毐，致使嫪毐被判处腐刑，然后他又打通关节，暗中使嫪毐免受刑罚，只是拔掉胡子（亏得想得出来）。这样，在外人看来已被处以腐刑的嫪毐顺理成章地进了宫，专门服侍赵太后。没过多久，太后怀孕了，她害怕早晚要被人发觉，心里非常恐惧。她诈称有病，嫪毐用重金贿赂周边人，谎称宫中鬼物作祟，太后才得此病。于是太后便带着嫪毐以及其他侍从，迁居到雍城的大郑宫。秦王政万万没有想到母后和嫪毐的这种关系。大郑宫远离都城咸阳，本身比较僻静，又是宗庙所在，很少有人到这里来。在两年的时间里，太后就为嫪毐生下了两个儿子。为了掩人耳目，保守秘密，他们就筑起密室，把两个儿子藏在里面，加以养育。嫪毐与太后还私自商定"他日秦王死后，以其子继承王位"。[①] 可见赵太后已和秦王政离心离德。太后与嫪毐私通生子的丑事，外面似乎也

---

① 《史记·吕不韦列传》："始皇九年，有告嫪毐实非宦者，常与太后私乱，生子二人，皆匿之。与太后谋曰：'王即薨，以子为后。'"

有人知道，只是没人敢说而已。

恃宠于太后的嫪毐，并不以此为满足，他得寸进尺地让太后为他邀赏请功。太后则百依百顺，真就为她的男宠请功于秦王政，嫪毐替你侍候母亲有功，应该进行封赏。秦王政在京城咸阳日理万机，正努力摆脱相国吕不韦的控制，没有时间照顾母后，又过问不上母后的私生活，因此对母后和嫪毐的丑事，他可能一概不知。于是，秦王政奉母后之命，于公元前239年，封嫪毐为长信侯，并赐给山阳（今河南焦作市东南）地，供嫪毐居住，又把河西太原郡作为嫪毐的封国（封侯大事居然如此草率）。太后还赏赐给嫪毐许多金玉钱财，供他享受玩乐，嫪毐骤然之间成了一位名副其实的新贵。他的宫室车马，与王侯一样华贵。他常常带领一批随从，赌博、游猎，愈益恣肆，令人望而生畏，人们避而远之。嫪毐以太后为靠山，私养门客死士，结交达官贵人，势力也不断膨胀起来，家僮竟多达数千人。[1]一时间嫪毐在秦国的势力竟然发展到与相国吕不韦不相上下的地步，秦国人常把嫪毐和吕不韦相提并论。担任宫廷卫队的卫尉竭、掌管京师大权的内史肆、主管打猎的佐弋竭、中大夫令齐等一批官员，都成了嫪毐的死党，大批官员被他腐蚀。甚至司马迁交代了这样一句话"事无小大皆决于毐"[2]。这可是最要命的，类似的说法还出现在后来秦始皇焚书坑儒的时候，侯生、卢生曾经骂过秦始皇，说这个人专断，"天下之事，事无大小，皆决于上"，只有君上才能

---

[1]《史记·吕不韦列传》："嫪毐常从，赏赐甚厚，事皆决于嫪毐。嫪毐家僮数千人，诸客求宦为嫪毐舍人千余人。"
[2]《史记·秦始皇本纪》："嫪毐封为长信侯。予之山阳地，令毐居之。宫室车马衣服苑囿驰猎恣毐。事无小大皆决于毐。"

这么说，而嫪毐居然有这样的权力，可见当时秦国政治到了多么变态的程度。连六国的诸侯都说了，秦国的国政操纵在嫪毐的手中①。秦王政身边也会有一堆探子，都是太后和嫪毐的人，也就是说秦王政的一举一动都会被很快报告给太后和嫪毐，可见秦王政的行动受到了多么大的制约。甚至吕不韦的一言一行，嫪毐也都了解得一清二楚。可以说，雍城大郑宫就是后党嫪毐的老巢。

但是嫪毐怎么就自取其祸了呢？汉朝有一本书，写得非常有可读性，叫《说苑》，里头有一篇《正谏》，其中就说到，嫪毐对其他达官显贵在酒后放豪言："我是皇帝的假父（假父就是义父），你们这些出身鄙陋的人，怎么能够跟我相提并论呢？"②他多么狂啊。据说这话让秦始皇听说了，大怒，要诛杀嫪毐。可是，这个故事是汉人说的，而且有漏洞。这句话里嫪毐说是皇帝的假父，可这个时候秦王政还没有称帝，他正式用皇帝的称谓是在一统天下之后，所以这个说法就不对。更重要的是，如果嫪毐真的当着一大群人说这样的话，

蕲年宫当

① 《战国策·魏策四》："秦攻魏急。或谓魏王曰：……秦自四境之内，执法以下至于长挽者，故毕曰：'与嫪氏乎？与吕氏乎？'虽至于门闾之下，廊庙之上，犹之如是也。今王割地以赂秦，以为嫪毐功；卑体以尊秦，以因嫪毐。王以国赞嫪毐，以嫪毐胜矣。王以国赞嫪氏，太后之德王也，深于骨髓，王之交最为天下上矣。秦、魏百相交也，百相欺也。今由嫪氏善秦而交为天下上，天下孰不弃吕氏而从嫪氏？天下必舍吕氏而从嫪氏，则王之怨报矣。"
② 刘向《说苑·正谏》："（嫪）毐专国事，浸益骄奢，与侍中左右贵臣俱博饮酒醉，争言而斗，瞋目大叱曰：'吾乃皇帝之假父也，窭人子何敢乃与我亢！'"

那他太肆无忌惮了，要么他过于小瞧秦王政，要么这段话是捏造的。在今天看来，汉朝的书中往往有许多添枝加叶的情节，所以这个记载的可信度要打折扣。那么，真正使得嫪毐叛乱的到底是什么原因呢？应该说，就是那两个孩子。他怕日后这种事为秦王政所知，所以叛乱，

（秦）杜虎符

这叫作做贼心虚。当时嫪毐能操纵的就是太后，他用加盖了玉玺和太后玺的假诏书，想调咸阳的兵，攻击秦王政的行宫蕲年宫①。

关键是，咸阳的兵哪听他的呀！假诏书根本调动不了军队。军队听谁的？军队听秦王政的，有虎符才能调兵。有一个广为人知的故事叫"信陵君窃符救赵"，信陵君为了救赵国，让美人如姬去偷盗魏安僖王身边的虎符。即便冒这么大的风险，而且信陵君的人拿到了虎符，可是见到大将晋鄙时，晋鄙也不听令，因为觉得蹊跷、不符合制度。虎符拿在大将手里头，还得有朝廷的调令，符合章程才能调兵，嫪毐这个假诏书怎么能调兵呢？所以嫪毐就是自取其祸，结果，秦王政轻而易举地调兵，命相国昌平君、昌文君带领军队攻打嫪毐。嫪毐身边都是乌合之众，好些人都是混混，根本打不

---

① 二十世纪八十年代，在陕西省凤翔县长青乡孙家南头堡子壕的一处断崖上，发现了战国秦汉建筑遗迹。土层中发现瓦当"蕲年宫当"。

过正规军。而秦国的正规军都是身经百战的，尤其是京畿的卫戍部队。嫪毐一党在正规军面前，只有灰飞烟灭。但是秦王政下令，如果生擒嫪毐，赐钱百万；如果把嫪毐杀死，赐钱五十万。重赏之下必有勇夫，嫪毐一党土崩瓦解。秦王政还诛灭嫪毐三族，包括其与太后所生的两个私生子。在此事中被株连、剥去官爵、遭流放的人达4000多家。[①] 而对于赵太后，秦王政实施了软禁政策。她伤风败俗以至于此，不可再为国母。赵太后从大郑宫迁居到别处，以兵三百人守之。这一场内讧，以秦王政的完胜告终。

这个时候，秦王政的政敌还剩下吕不韦。吕不韦在公元前239年，主编了一部著名的大书《吕氏春秋》，又名《吕览》，成为先秦学术的总结著作。这部书代表了先秦杂家思想，也就是儒、墨、道、法诸家都有，而它的主导思想则是道家，主张无为而治。吕不韦希望未来的秦王朝按照这种章法操作下去。可见，他在思想上和秦王政已分庭抗礼，而秦王政根本就不买账。郭沫若先生写《十批判书》，有一篇《吕不韦与秦王政的批判》，从许多角度总结这两个人的矛盾，除了有利益纠葛，在世界观、治国方略上，也都有着尖锐的分歧。[②] 最终，两人的关系到了你死我活的地步。吕不韦因为嫪毐之乱受到了株连，所以司马迁就讲："不韦迁蜀，世传吕览。"吕不

---

① 《史记·秦始皇本纪》："王知之，令相国昌平君、昌文君发卒攻毐。战咸阳，斩首数百，皆拜爵，及宦者皆在战中，亦拜爵一级。毐等败走。即令国中：有生得毐，赐钱百万；杀之，五十万，尽得毐等。卫尉竭、内史肆、佐弋竭、中大夫令齐等二十人皆枭首。车裂以徇，灭其宗。及其舍人，轻者为鬼薪。及夺爵迁蜀四千余家，家房陵。"

② 郭沫若先生说："以上所述，可见秦始皇与吕不韦，无论在思想上与政见上，都完全立于两绝端。"郭沫若用图表表现两者的不同。见郭沫若：《十批判书》，东方出版社1996年版，第481–482页。

韦被放逐到蜀地，索性自尽了。有人说，代表相权的吕不韦是个慢毒药，而后党嫪毒是个快毒药，总之秦王政把他们都收拾了。

《会稽刻石》中的"有子而嫁，倍死不贞"

母子如何和解？

这场案件轰动一时，秦王政对案中人的种种处分随后不久便引来了一场非议，主要是围绕他对太后的处分方式。秦王政认为自己的母亲不守妇道，把她从大郑宫放逐到萯阳宫之中，而且派兵严加看管，软禁了。甚至后来他一统天下之后，巡游天下，在会稽刻石里面都留下了很多文字，提倡贞节，其实有很大

萯阳鼎[1]

---

[1] 出自周晓：《萯阳鼎跋》，《文物》1995 年第 11 期。

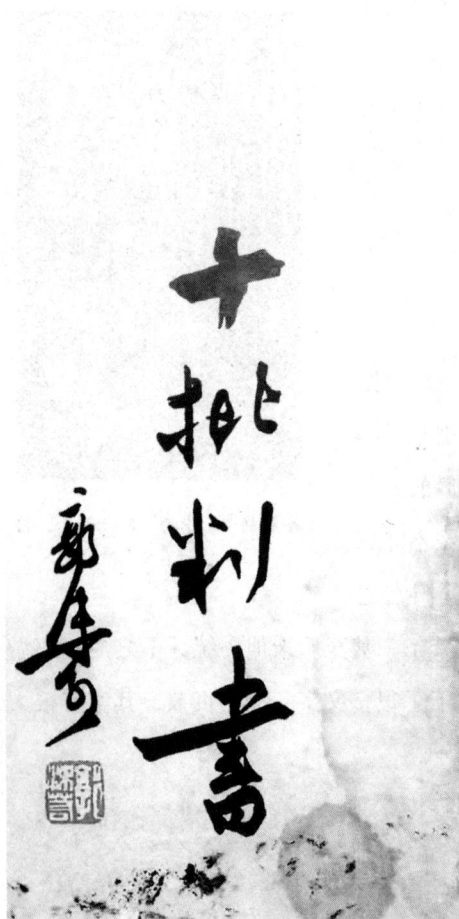

《十批判书》书影

	吕不韦	秦始皇
世界观	无　神	有　神
	变　化	不　变
	有　命	无　命
	适　欲	纵　欲
	重理智	重迷信
	平　等	阶　级
政治主张	官天下	家天下
	民本的	君本的
	哲人政治	狱吏政治
	讴歌禅让	万世一系
	君主任贤	君主极权
	裂土分封	分设郡县
一般倾向	反对秘密	极端秘密
	重儒道	轻儒道
	轻法墨	重法墨
	急学尊师	焚书坑儒
	隆礼正乐	恣威淫乐
	重　农	重　商

《十批判书》图表

莫阳鼎铭文

《东周列国志》里的茅焦进谏

的针对性，有人说这里有他母亲这件事的痕迹。而在他把母亲放逐、软禁之后，一堆臣子就觉得他做得过分了，违反母子伦理，太不孝顺了。于是有一些大臣就劝谏。秦王政对此是什么态度？来一个杀一个。又是那一篇《说苑·正谏》里记载过这样一件事，说秦王为这件事已经杀了二十七个人了。这时候，有一个人叫茅焦不怕死，他说："加我一个好不好，正好二十八个，凑二十八宿。"茅焦谏秦王政，秦王政则板着脸："你是来说服我的吗？"茅焦说："不是，我为陛下的江山社稷担忧。"这下秦王政愣了，怎么这是为他的社稷担忧啊？茅焦就讲，陛下有四种德行的亏缺，把假父嫪毐杀了叫不仁，杀了那么多劝谏之士叫不义，杀了同母的两个弟弟叫不友，放逐了母亲叫不孝，不仁、不义、不友、不孝，这样的君主谁敢投奔呢？陛下本来马上就要成功的政治理想功亏一篑了，如果他的死，能够挽回这一切，那就死得值，所以让他去死吧！^①索性，这个茅焦先生就一溜烟儿地跑向油锅。秦王政赶紧拦住他："千万别死，这说得太对了"。江山社稷是秦王政最敏感的一根神经，可见茅焦特别懂得讽谏的艺术。秦王政听了茅焦的话，就把他的母后给迎回了甘泉宫，母子和好如初。赵太后十分感念茅焦先生。《说苑》讲了这样一个很动听的故事，以中国人非常习惯的大团圆作为结局，可是真有这么好吗？

早有学者提出了，茅焦那个劝谏也不过就是骂秦始皇一顿，所

---

① 刘向《说苑·正谏》："'陛下车裂假父，有嫉妒之心；囊扑两弟，有不慈之名；迁母萯阳宫，有不孝之行；从蒺藜于谏士，有桀纣之治。今天下闻之，尽瓦解无向秦者，臣窃恐秦亡为陛下危之，所言已毕，乞行就质。'乃解衣伏质。"

以这个故事是很可疑的。但甭管怎么样，秦王政铲除了异己，清除了障碍，一步步地加强了权力。公元前230年，秦王政开始了他灭六国的进程。到了公元前221年，他建立了第一个统一的多民族的中央集权的国家，这个时候秦国不能叫秦国了，叫秦王朝。就此，大郑宫的历史封存起来了。

都城，是象征着国家权力的城市。古人对于定都之事非常重视。当时人们安土重迁，像迁都这样的大事，人们自然会更加慎重地对待。但对于秦国的国君秦献公来说，迁都似乎并不是一件难以决定的事情。公元前383年，秦献公在即位的第二年，就选择了东边的栎阳作为都城。随着新都城的修建，秦国历史上全新的宫殿也拔地而起，这就是栎阳宫。栎阳作为秦国都城的时间仅有三十余年，它只不过是一个过渡性的都城。栎阳宫廷的建筑本身也很难称得上富丽奢华。秦献公当时是出于什么考虑，决心迁都栎阳的？定都栎阳的三十余年间，栎阳宫中发生了哪些影响秦国历史进程的事件呢？

迁都栎阳：恢复穆公霸业

秦献公二年（前383年），秦国迁都栎阳，栎阳在今陕西省西安市阎良区。栎阳就此成为秦国又一个都城，持续三十四年之久，一直到公元前350年。三十四年的都城对于秦国来说，意义也很重大。因为这两代国君在秦国历史上，是翻手为云覆手为雨的，尤其是秦孝公。秦孝公在位期间，任用商鞅进行变法，对整个中国历史都产生了深远影响，而他们的政令就从栎阳发出。这个时间段，秦国的力量在稳步上升。

但是在相当长的一个时期，秦国的力量不像后人认为的那么强，尤其是在商鞅变法之前。有很长一段时间，人们是把秦国当作蛮夷对待的，其中有文化的因素，也有政治的因素。秦穆公之后，好多代君主都比较暗弱，还一度发生过剧烈的宫廷政变。司马迁在《秦本纪》中说，秦厉公、秦躁公、秦简公、秦出公那时的天下都是混乱的。[1] 而且，那时秦的旁边又有一个强邻魏国，尤其是进入战国之后，魏国越来越强，韩赵魏三家分晋，魏国在三晋之中最为壮盛。魏文侯当政时期，重用李悝、吴起、西门豹等人，推行中央集权，重视刑名，国力强盛，奠定此后长达百年的霸业。李悝做《法经》，一共有六个部分：《盗》《贼》《囚》《捕》《杂》《具》。《法经》影响了魏国的制度建设以及后世法家思想的发展，而这一套理论后来被秦人学来，其中一个很重要的传播者，就是商鞅。商鞅曾经描述过

---

① 秦孝公《求贤令》，见《史记·秦本纪》："厉、躁、简公、出子之不宁。"

《东周列国志》中的商鞅

秦国和魏国的关系，说就像人得了心腹疾病，不是魏国兼并了秦国，就是秦国吞并了魏国。①为什么要这样说呢？他说魏国的地理位置太重要了，这时魏国与秦国以黄河为界。如果魏国强盛，就会过河侵秦；如果魏国疲软，就会被东方诸国蚕食。②商鞅描绘的这一段情景，恰恰是很符合战国历史的。战国历史一上来，不就是齐魏在争霸吗？这时就有孙膑、庞涓斗智的故事，最后魏国没有斗过齐国，结果它和秦国的矛盾就越来越大。但是，此时秦国政治是很混乱的，秦国国君秦灵公死后，太子师隰（又名连）却不能继承君位。继承君位的是秦灵公的叔父、师隰的叔祖，也就是秦简公悼子。他的力量非常强，在秦国发动了宫廷政变。当时，时年十岁的师隰一看大事不妙，为防不测，逃到东边的邻国魏国，开始长达二十九年的流亡生涯。师隰正赶上魏国发奋努力、积蓄实力的阶段，他目睹了魏国国君是如何图强的。太子师隰最后能回到秦国，也是上天所赐。因为那时候，秦国照样是闹了内乱。简公悼子在位期间，没有太大的作为，秦国朝政腐败，国力羸弱，丢掉河西之地，国人一片骂声。秦简公悼子

---

① 《史记·商君列传》：“秦之与魏，譬若人之有腹心疾，非魏并秦，秦即并魏。”
② 《史记·商君列传》：“魏居领阨之西，都安邑，与秦界河，而独擅山东之利，利则西侵秦，病则东收地。”

之子秦惠公仁在位期间，秦国更是暗弱，只能自保。秦惠公仁死后，他两岁的儿子秦出公昌即位，秦国进入太后干政的混乱局面。当时秦国有一些贵族就想到了远在魏国的太子师隰，他们就发动政变，迎接师隰回国。公元前385年（秦出公二年），秦国庶长改在河西迎立公子师隰为君，是为秦献公。

秦献公把在魏国看到的文化和政策带到了秦国，想要改革图强。到了公元前384年，秦献公正式即位的当年，他推行了第一项改革，规定"止从死"，废除了秦历史上长期存在的恶制——人殉制度。第二年，秦献公迁都栎阳。

栎阳为什么能成为这个时候的秦都城呢？这道理司马迁讲得非常透彻。他在《史记·货殖列传》中，分析天下大势，讲到栎阳的地理优势："北却戎翟，东通三晋，亦多大贾。"这话信息很多，一则栎阳临近韩、魏、义渠，北边可以抵御戎翟的入侵；二则交通发达，当时在渭河以北有一条大道通往三晋，这条道路经过栎阳、临晋（大荔），渡蒲津（山西永济）到太原；三则商业也较为繁荣，有富商大贾。当然，迁都更直接的原因是对外策略上的需要。他儿子秦孝公的《求贤令》说他"镇抚边境，徙治栎阳，且欲东伐，复穆公之故地，修穆公之政令"。这是说，献公迁都的主要目的乃是接近前线，便于指挥对东方的战争，确切地说是便于与魏国争夺河西地，恢复秦穆公的霸业。旧都雍城在凤翔，对东方的战争是鞭长莫及的。在当时通信、交通、运输能力落后的情况下，把国都放在离前线太远的地方容易贻误战机，而都城离前线较近，容易对边庭的变化做出及时的反应，以争取战争的主动性。同时，对于改革者献公来说，

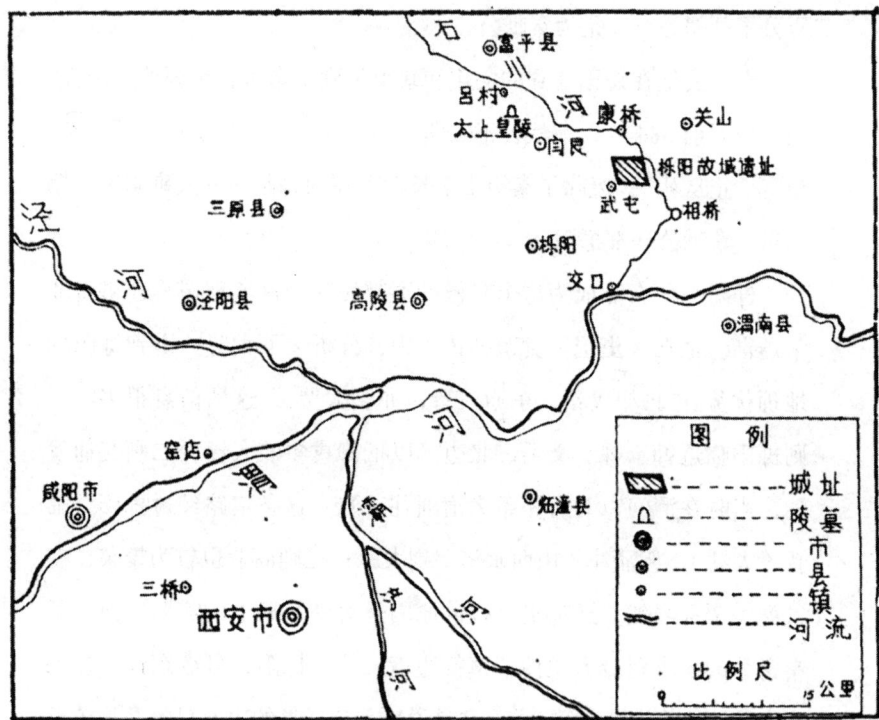

秦汉栎阳故城遗址位置图 [1]

---

① 出自《秦汉栎阳城遗址的勘探和试掘》，《考古学报》1985 年第三期。

在栎阳推行改革比在雍城更容易一些，因为雍城旧贵族势力太大，他们会给改革带来巨大阻力。而且栎阳附近有石川河，用水方便，这在古代也是作都的一个重要因素。

出于秦国政治、经济、军事情况等多方面的考虑，秦献公"城栎阳"。关于秦的史料涉及栎阳的记载很多，却并无"都""徙都"字样，但近些年的考古发掘可以证明秦确实在这里建过都。1980年陕西省眉县文化馆征集到一件铜鼎，带有铭文"栎阳高平宫金鼎"，当是栎阳城中高平宫之物，高平宫可能就是宫中之宫。今天人们发现，出土瓦当之中就有"栎"的字样，应该说和秦献公、秦孝公有相当的联系。栎阳是肯定有宫廷的。这见于《水经注》等地理书①，汉朝有一个重要的水力

陶壶刻字"栎阳"

设施叫作白渠，白渠流经栎阳城，郦道元称这一段为栎阳渠，他说这个"故城"就是栎阳宫。《括地志》也明确说这就是秦献公所造的栎阳宫。②秦孝公死了之后，他的陵墓就在栎阳周围，《水经注》又说白渠是汉朝的水利枢纽，它流经秦孝公的陵寝北边③。这也不奇怪，因为往往都城边上，就是帝王的陵墓，比如殷墟就有西北岗王陵区，

① 《水经注·沮水》："白渠东迳万年故城北，为栎阳渠，城即栎阳宫也。"
② 《括地志·雍州》："秦栎阳故宫在雍州栎阳县北三十五里，秦献公所造。"
③ 《水经注·渭水》："白渠又东迳秦孝公陵北。"

赵国都城邯郸周围有赵王大墓，像这样的现象历史上很多。所以栎阳的确是一个政治文化重镇，不仅战国时秦国人重视它，后代也重视它。楚汉相争，项羽打败了章邯，把章邯、董翳、司马欣封为异姓王，其中司马欣为塞王，而他的都城就在栎阳。更重要的是，刘邦也一度定都在栎阳。秦末项羽一把大火，将咸阳宫殿化为瓦砾。刘邦没地儿待，去哪儿呢？栎阳还能待。当时娄敬就帮助刘邦这么策划："如果您定都于关中，东方战乱，您可以把持函谷关，'一夫当关，万夫莫开'，这么好的地理位置，您干吗不用呢？"刘邦一听有道理，但是他又一琢磨："我不是关中人，我是楚国人，我手下的人也都不是关中人，我们跑关中干吗去啊？"所以他就不同意，这时谁起了关键作用呢？大政治家张良。张良的确是一个重臣，能够左右刘邦的意见。在张良的游说之下，刘邦定都关中，这时候在关中具体定都于哪儿呢？就是栎阳。司马迁在《史记·萧相国世家》中记载，当时刘邦在前线和项羽以及其他诸侯打仗，萧何坐镇关中，"何守关中，侍太子，治栎阳"。这是一个大后方，能给前线源源不断地提供补给，所以，刘邦最后才能胜出。在司马迁这三句话中，关中很明显就是指栎阳。刘邦曾"都于栎阳"，而且他的老父亲刘太公也是在栎阳死的。可见，栎阳在

栎阳高平宫金鼎

相当一段时期发挥了重要的作用。

献公改革：市场、户籍和废除人殉

秦献公"徙都栎阳"之后，进行了一系列的改革。在迁都栎阳之前，他就曾经"止从死"，之后更加大了改革的力度。比如他在公元前 378 年，"初行为市"，也就是确立了市场，发展商品生产。经济在走上坡路，才有可能有活跃的商品经济，而国家要掌控着经济，一方面要控制富商巨贾，不能影响农业，另一方面又要扶植官商，给自己创收。公元前 375 年，他"为户籍相伍"，也就是国家编制户籍，把每一个人丁编写在册。国家给农民土地，农民种了地就要服徭役、纳赋税，进而国家有了财源，也有了徭役的来源。它不仅是国家的税收保障，也是一种治安管理的途径，对于中国行政规划的意义是很重大的。这在中国经济发展史上，也是很值得记录的一笔。秦献公的改革起了重大作用，使秦的国力增强了，在向东发展中取得了重大胜利，特别是公元前 364 年对东方的战争。这一仗从公元前 366 年开始，秦出兵进攻韩魏联军，于洛阴（今陕西大荔）初战告捷。两年以后，秦又向河东进攻，在石门（今山西省运城西南）与魏军大战，斩敌六万，是秦战国时期对外战争的第一次大胜，对魏国来说是一次沉重打击。周天子也给予祝贺，并赐以"伯"的称号，提高了秦的地位。公元前 362 年，秦又夺取魏的少梁（今陕西韩城西南），俘虏了魏将公叔痤（这个公叔痤有可能是后来扶植商鞅的人），攻取了庞城（今陕西韩城市南），逼得魏国不得不在公元前

358 年"使龙贾率师筑长城于西边"。这条长城的修筑，显示魏国对秦国已从攻势转入守势。

孝公求贤：商鞅的登场

这个时候秦国打了大胜仗，应当说势如破竹，没想到发生了大事，秦献公死了。出师未捷身先死，于是把重担给了他的儿子，就是历史上的秦孝公。虽然献公时通过改革取得了一些胜利，但是由于秦国旧制依然存在，因而仍未从根本上摆脱困难的处境，河西之地还未全部收复。孝公发愤图强，立志改革，刚一即位，就颁布了著名的求贤令，说："宾客群臣，谁能给我出好主意，让秦国壮盛，你要多大官，我给你多大官，要多少采邑，我给你多少采邑。"①当时他下了决心。在这个令的鼓励之下，大政治家商鞅来了。

商鞅一度是魏国公叔痤的门客。公叔痤曾经向魏王举荐商鞅，结果魏惠王不买账。他就对魏惠王说："你如果不用商鞅，就把他杀了，千万别留着他。"然后他又神奇地告诉商鞅："你赶紧跑吧，我已经对魏王这么说了。"商鞅乐了，说："他不听你用我的话，也不会听你杀我的话。"果不其然。后来商鞅辗转来到了秦国，因为他看到了秦孝公的求贤令。他找到了一个关键的人，是个太监，叫景监，在景监的引荐下见秦孝公。当时列国礼贤下士是一个风尚。许多有谋略、有学问的人，都货卖帝王之家，出入宫廷，商鞅就成了其中一

---

① 《史记·秦本纪》："宾客群臣有能出奇计强秦者，吾且尊官，与之分土。"

分子。当然了，商鞅是其中的成功者，被拍死在沙滩上的大有人在。而商鞅见秦孝公也不是那么顺畅的。第一次见秦孝公，他给孝公讲了半天，没想到孝公恹恹欲睡。他走后，秦孝公就骂景监："你给我找的是什么人哪。大言不惭，胡说八道。"景监就转而骂商鞅，商鞅说自己给君上说的是帝道，是如何成为尧舜圣君。这个帝道指的是什么？应是道家无为而治的思想。对此，这时急于称王称霸的秦孝公当然不听了。于是商鞅央告景监，景监给了他第二次机会，又面见了秦孝公。商鞅比较幸运，秦孝公也有耐心。这一次，他面对秦孝公游说，虽然秦孝公没睡着，但是也不大满意。于是秦孝公又批评景监，景监又批评商鞅。商鞅说自己对君上所说的是儒家的王道，想让君上学习文武周公如何治国理政，但是君王恐怕也不喜欢。等第三次被召见的时候，商鞅的话触动了秦孝公。秦孝公就对景监说："商鞅这个人不错，我才发现，再让他见我一回吧。"于是两人又一次见面，话匣子就打开了。商鞅喋喋不休，秦孝公听得很带劲，甚至都离开了自己的席[①]，他离开了自己的位子还完全不知道，只顾跟商鞅欢谈，就像打了鸡血一样。这一次，景监在事后问商鞅到底对君上说了什么，让他这么兴奋。商鞅就说，这回我说的是法家的霸道，霸道是让君主称王称霸的（从中可知士人是多面手，什么理论都会，什么有用就用什么）。商鞅由此而感慨，他说秦孝公对自己说过，帝道和王道对孝公来说都是远水不解近渴。那些无为而治、儒家圣君是好，他没否认，但是他活着的时间是很短暂的。列国君主

---

① 古人是席地而坐，坐具是席或是榻。

都不是等闲之辈，此时兼并战争已经白热化，让他优哉游哉等个十年乃至百年，成为贤君圣主，他等不来呀。① 可见，富国强兵就是统治者最需要的东西。在这样的思想之下，商鞅受到了重用。商鞅奖励军功，规定秦国的贵族如果没有军功，也就是战场上没功勋，就不能列入宗室名籍。这就给一帮优哉游哉的贵族敲响了警钟，你们不可能吃香喝辣了，得先为国效命。商鞅这一套制度是从根本问题上进行改革的，肯定会遇到反对派。以商鞅为代表的改革派与以甘龙、杜挚等人为代表的反对派所进行的辩论，就发生在栎阳的宫廷之中，这场辩论关乎商鞅的命运。

当时商鞅就给秦孝公鼓劲儿，他讲了这样的话："如果您优柔寡断的话，甭管是为人处世，还是治国理政，都没有什么好结果。"② 他告诉秦孝公礼法本身不是目的，真正的目的是对老百姓好，关键在于便于行事，能够使政令上传下达。③ 所以，秦国就应该不拘一格进行改革。以甘龙为首的反对派提出异议，他说圣人不改变老百姓的习俗，天下的人才能优哉游哉。聪明的人不变法，天下才会大治。这样的话，何乐而不为呢？④ 商鞅说，聪明的统治者制定法令，对这些法令，不聪慧的人会拘泥，食古不化，那是不可救药的。而贤者进行改革，不贤的人才会拘泥于政令。⑤ 而甘龙等反对派又说，按照

---

① 《史记·商君列传》："久远，吾不能待。且贤君者，各及其身显名天下，安能邑邑待数十百年以成帝王乎？"

② 《商君书·更法》："疑行无成，疑事无功。"

③ 《商君书·更法》："法者所以爱民也，礼者所以便事也。"

④ 《商君书·更法》："圣人不易民而教，知者不变法而治。"

⑤ 《商君书·更法》："故知者作法，而愚者制焉；贤者更礼，而不肖者拘焉。"

老法子、老章程办事，就不会捅娄子。① 针对这种消极的言论，商鞅予以反驳：尧舜禹三王、夏商周三代，他们的文化是不一样的，礼法也不一样，那我们到底应该因循哪一个？而且尧舜禹汤这些帝王本身就不是一个谱系，这些人怎么可能有太多的承袭？② 进而商鞅进行概括，夏商周三代正是因为改革才能够有它的文化特色，最后称王；春秋五霸正是因为有不同的规矩，因地制宜，到什么庙念什么经，才能够有他们的基业。③ 进而他又说，统治天下不应该有一套固定的模式，因为无定法；要想对国家有利的话，也不必事事法古。④ 历史本身就有变的一面和不变的一面。不变的一面就是因循的一面，变的一面就是改革的一面，这是辩证相生。商鞅看到的是变的一面，甘龙、杜挚等反对派看到的是因循的一面，哪个对呢？客观地说，

商鞅戟，有"十三年大良造鞅戟"铭文

① 《商君书·更法》："法古无过，循礼无邪。"
② 《商君书·更法》："前世不同教，何古之法？帝王不相复，何礼之循？"
③ 《商君书·更法》："三代不同礼而王，五霸不同法而霸。"
④ 《商君书·更法》："治世不一道，便国不必法古。"

都有历史合理性。可是，放置在战国中期这个社会剧变期的话，肯定商鞅的合理性要大，所以商鞅推动了历史的发展。他的一系列现实的法令调动了人们的积极性，通过商鞅的改革，奖励军功、发展生产，一些新兴的贵族出现了。这些人立有军功，能够服务于帝王之家，他们不属于原先的势力集团，成为社会的源头活水。

栎阳城遗址：豪华的大型宫殿群

迁都栎阳之后，秦国两代国君相继开展的变法运动，给秦国落后的社会制度带去了诸多改变。在一系列改革措施的推行过程中，秦国逐渐强盛，君主权力更加集中，秦都栎阳宫殿也随之呈现出了庞大的规模和格局。变法不仅让秦国的政治、经济、生态焕然一新，还让这座年轻的秦国都城呈现出一派欣欣向荣的气象。

考古工作者在栎阳城遗址先后发现了三座古城，其中在三号古城中陆续勘探出许多所大型宫殿建筑。这些宫殿规模大、等级高，是秦都栎阳的核心宫殿，其中甚至有秦王和后妃专用的装饰豪华的浴室。浴室四壁镶嵌着精美的墙砖，地上还有地砖及排水口（很现代吧）。从布局上看，秦栎阳故城平面为长方形，东西长 2500 米，南北宽 1600 米，与《长安志》[①]栎阳故城"东西五里，南北三里"的记载基本符合。城内有两条东西并行的街道，南北直街一条道。南北各设一门，东西各设两门，街道与六门分别相通。宫殿区在城的

---

① 这是中国现存最早的古都志。北宋熙宁九年（1076）宋敏求撰，20 卷。着重记述唐代旧部，并上至汉以来长安及其附属县的情况。

《东周列国志》里的商鞅变法

中央，宫门与城的南门正对。宫殿群的东北及东南部是手工业作坊区、商业区，也是平民、商贾、手工业者的居住区。因工商业颇发达，栎阳城也是秦国的经济都会。因此，城市工商业区及居住区的用地比例较高，这和后代一致。根据前朝后市制度，宫城之北当设"市"。《史记·商君列传》载，商鞅在秦国初次变法时，法令已经制订完成，尚未公布，恐怕老百姓不相信自己，就在都城市场的南门竖起一根三丈长的木头，承诺百姓中有谁把木头搬到北门就赏给十金。人们觉得奇怪，没有人敢搬动木头。商鞅又下令说："能把木头搬到北门的赏五十金。"有一个人把木头搬到了北门，当即就赏给他五十金，以表明决不欺骗（这似乎说明原先统治者公信力差，可能经常忽悠人）。然后终于发布法令。[1]可知此"市"至少应设南门、北门。其形制可能和雍城的市大致相同，四面围以墙垣而各设一门。栎阳作为秦临时都城的地位及其在交通上的优势，使其经济得以迅速发展。献公七年"初行为市"，对商品经济的发展起了重要作用，出现了"亦多大贾"的局面。考古发掘中出现陶文"栎市"，也证实了史书的记载。从出土的陶水管道、花砖、瓦当、陶井、陶瓮看，秦都栎阳的建筑及地下设施的建筑水平是很高的，人们活得

"栎市"刻字

---

[1] 《史记·商君列传》："令既具，未布，恐民之不信，已乃立三丈之木于国都市南门，募民有能徙置北门者予十金。"

瓦当

水管道

花纹砖

挺精致。栎阳的农业经济发展也很快，《云梦秦简·仓律》记载，当时各县入谷仓，"万石一积"，而"栎阳两万石一积，咸阳十万石一积"①。很明显栎阳的农业在秦国占有重要地位。但栎邑没有豪华、宏伟的享乐设施，较雍都简朴，说明了献公、孝公克服腐化的作风。两个国君都励精图治，欲复穆公之霸业，顾不得兴修大规模的宫室，所以司马迁在《史记·商君列传》中记载，"居三年，作为筑冀阙宫庭于咸阳，秦自雍徙都之"，基本略去栎阳为都的历史。实际上是因为雍城作为秦的国都时间很长，且秦的宗庙等建筑在雍城，以至于秦始皇行冠礼时还必须到雍城去，而栎阳城存在时间很短，宫室规模也未得完备。

栎阳是秦国主要的军工生产地，秦惠文王的兵器铭文中有"栎阳工""栎阳工师"字样。工师是制造器物的"工官之长"。关于工师的职责，《吕氏春秋·季春纪》以及《云梦秦简·秦律杂抄》等篇中均有记载。《吕氏春秋》中首次提到了"物勒工名"，这是一种春秋时期开始出现的制度，指器物的制造者要把自己的名字刻在上面，以方便管理者检验产品质量。秦国的军工管理制度分为四级。从相邦、工师、丞到一个个工匠，层层负责，任何一个质量问题都可以通过兵器上刻的名字查到责任人（想跑不可能）。如今我们已经无法知道管理的细节，但秦国的法律对失职者的惩罚是非常严格的，这就是"物勒工名"的用意。栎阳后来虽然不再是秦的国都，但秦的迁都并未把冶铸兵器的手工业作坊迁走，中央在此处仍然设有工官

---

① 积是圆形库房，朱骏声《说文通训定声》："禾谷之聚曰积"。

"工师之印"

秦国铜鼻钮"工师之印"

相邦冉戈

继续制造兵器。

秦献公十一年（前 374 年），太史儋以周王朝使臣的身份至秦国，向秦献公进献谶语："周故与秦国合而别，别五百岁复合，合十七岁而霸，王出。"谶语是神秘的预言，它指出当初周孝王封秦祖非子，为秦与周的始合，因为它标志着秦纳于周王朝的麾下。至周厉王、宣王时期，秦仲被封为大夫，征伐西戎而死，这就是秦与周的始合而又别。谶语预言从秦与周之别下延五百载，秦与周将复合，意即秦将再次纳入周的麾下。复合后十七年，秦将称霸，秦国之称王者也将在这个时候出现。太史儋的谶语若以史实验之，大体上是符合的。这个谶语以阐述周、秦关系为线索，强调了这样两个方面的问题：一是秦自献公开始将日趋昌盛，以至称霸、称王。二是周王朝依然有天下共主的派头，其影响不可忽视。谶语的这两个主题显然都为秦献公所欣赏（有人猜"霸王出"是一个词，指秦始皇。但这太玄幻了，它应是说秦献公前后完成霸业）。秦献公、孝公时期的政治发展情况印证了太史儋的预言。周显王九年（前 360 年）周送胙肉予秦，是为秦与周复合的标志。此后过了十七年，到周显王二十六年（前 343 年）周天子命秦孝公为侯伯，秦始称霸。秦孝公之子秦惠王为秦国始称王之君，然其称王的条件则是在秦孝公时期已经准备好了的。秦都栎阳时期，经过献公、孝公的改革，国力日益增强，多次打败魏国，秦的发展也不再局限于河西一隅了，而是要向函谷关外发展，以至于统一全中国。

第七讲　迁都咸阳

从秦孝公十二年，也就是公元前 350 年迁都，一直到秦朝灭亡、刘邦进关，咸阳作为秦都城的时间长达 144 年。咸阳宫殿群作为秦国的政治枢纽，历经秦孝公到秦二世八代君主，见证了一系列重大历史事件；在这里秦制定了横扫六合、巩固统一、影响千秋万代的措施。最终，咸阳宫建筑群随着项羽的一把大火灰飞烟灭。说咸阳宫浓缩了秦人崛起与湮灭的历史，不为过。

孝公迁都：向东发展的必经之路

公元前 350 年，商鞅建议秦孝公迁都到咸阳。为什么选址在这儿？其实目的明摆着：战略需求。这说来话长。看当代的一些影视剧，如《大秦帝国》和《芈月传》，人们都会感受到秦人征服天下、气吞万里的气势，但那是商鞅变法以后。在商鞅变法之前，秦比较落后，中气不足。秦穆公曾经想称霸中原，但是被晋国打压，畏首畏尾。得了，没那么大本事，那就称霸西戎吧，有多少水和多少泥。国都栎阳位于关中平原中部，它的建立是出于同魏斗争的需要。魏国在战国初期是强国，魏文侯时期李悝变法，"尽地力之教"[①]，力量不可小觑。有一个家喻户晓的典故——西门豹治邺，任用西门豹的就是魏文侯。他的孙子魏惠王在战国七雄之中较早称王。魏惠王见孟子，上来就问："老爷子您大老远来我这一亩三分地，给我们带来啥利益呀？"这王多么傲慢！但傲慢背后是他富国强兵的功利心。秦国地处蛮夷，毕竟比中原强国慢半拍。秦国在秦简公七年（前 408 年）实行"初租禾"（按亩征收土地税），献公元年（前 384 年）"止从死"（废除殉葬），献公七年（前 378 年）"初行为市"（城市中有市场），献公十年（前 375 年）"为户籍相伍"（建立户口制度），这些事儿东方国家都干完了，秦国紧赶慢赶。虽然秦献公二十一年（前 364 年），与魏战于石门，大败魏军，斩首六万，周天子来贺，

---

① 《汉书·食货志》："李悝为魏文侯作尽地力之教，以为地方百里，提封九万顷，除山泽、邑居参分去一，为田六百万亩，治田勤谨则亩益三升，不勤则损亦如之。"是说调动农民种地的积极性，就能提升单位面积粮食产量。

但秦僻处雍州，中原各国的会盟让它靠边站。所以秦孝公一继位，就广施恩惠，赈济孤寡，招募战士。他在国中下令说："从前我们的祖先穆公崛起于岐、雍之间，称霸戎翟，扩地方千里之大，天子承认为霸，诸侯皆来祝贺，后人膜拜之情如滔滔江水。倒霉的是，先君之前的几代国君，出现内乱，顾不上外头，三晋乘机攻占了先君的河西之地，诸侯瞧不起秦国。先君即位，安抚边境，迁都栎阳，打算东山再起，刚有眉目，却过世了。我想到先君的遗愿，十分心痛。宾客群臣中，哪位能进献奇计使秦国强大的，我将封以高官，分给土地。"商鞅就是听说此令，一溜烟儿来到秦国，通过景监介绍求见孝公的。由于秦献公、秦孝公苦心孤诣，同魏斗争取得了一系列胜利，魏国的气焰终于被打压，栎阳的位置就显得偏北了，这里不是去函谷关的大路。秦国得找个地方——一个咽喉要道，能够对中原瞬间出击，控制水陆交通。最好的位置就是咸阳。咸阳南临渭水，自渭而下可直入黄河；著名的"咸阳古渡"①即位于此。在终南山与渭河之间就是通往函谷关②的大道——函谷道，一夫当关万夫莫开。秦国将都城迁于咸阳，可以通过函谷道对付东方诸国，又可借

① 咸阳古渡，即咸阳渡口，本为汉唐西渭桥（即便门桥）旧址。这是古长安通往西北西南的咽喉要道。秦时正式在这里架桥，即"渭水贯都，以象天汉"。这里有渭河三桥，即东渭桥、西渭桥和中渭桥。咸阳古渡的遗址在西渭桥附近，故此咸阳古渡也说的是西渭桥，唐时人们把西渭桥叫咸阳桥，见证了人们的离愁别绪。唐代王维《送元二使安西》据说就是在此为朋友饯行所作："渭城朝雨浥轻尘，客舍青青柳色新。劝君更进一杯酒，西出阳关无故人。"杜甫的《兵车行》说："车辚辚，马萧萧，行人弓箭各在腰。耶娘妻子走相送，尘埃不见咸阳桥。"
② 函谷关，位于河南省三门峡市灵宝市函谷关镇王垛村，该关西据高原，东临绝涧，南接秦岭，北塞黄河，因其地处"两京古道"，紧靠黄河岸边，关在谷中，深险如函，故称函谷关。这是中国历史上建置最早的雄关要塞。

（明）唐寅《函关雪霁图》

渭河进行漕运①。秦穆公时的"泛舟之役"就是运用渭河漕运的故事。当时秦穆公派了大量船只运载了万斛②粮食，由秦都雍城（今陕西凤翔南）出发，沿渭水，自西向东五百里水路押运，随后换成车运，到达晋都绛城。阵势极为壮观，据说运粮的白帆从秦都到晋都，八百里路途首尾相连，络绎不绝。这是中国历史上第一次有明确记载的内陆河道水上运输事件。这个行为在两三千年前是不得了的。由此，我们能看出这条路的战略意义是多么重大。定都咸阳对秦向东发展来说是极为方便的，按照清朝大学者顾祖禹《读史方舆纪要》的话就是"据天下之上游，制天下之命者也"。秦在这里"筑冀阙宫廷"（《史记·商君列传》），是个好主意。

咸阳：战略、文化与经济的三重选择

那咸阳究竟为什么要叫咸阳呢？解释起来非常有意思。古代，将水之北和山之南都称为"阳"。《三辅黄图》等文献认为，咸阳在九嵕（zōng）山南、渭水北，山水位置都是阳。另有一说，秦在这里设立了两个基层单位，一是"咸亭"，一是"阳里"。公元前350年，秦孝公将两名合一。如果是这样，咸阳的定名就和商鞅时代有密切的联系。③

---

① 秦汉时期，漕运为东西方向，漕粮通过黄河、渭河由东向西运抵长安。
② 万斛，极言容量之多。古代以十斗为一斛，南宋末年改为五斗一斛。
③ 有学者根据《史记》和在秦都咸阳出土的陶文，认为商鞅在此曾置"咸亭""阳里"，秦孝公将两名合一，取名咸阳。《史记·商君列传》："作为筑冀阙宫廷于咸阳，秦自雍徙都之。……而集小都乡邑聚为县，置令、丞，凡三十一县。"似乎早有咸阳之名。

秦人之所以迁都咸阳，除了战略地位的考虑，还因为咸阳有着得天独厚的经济和文化优势。咸阳这个位置，属于以前丰镐旧地[①]的边陲。周朝有非常了不得的礼仪文化。宗周制度、礼乐文明，在咸阳非常丰富。秦迁都于

（日）细井徇《诗经名物图解》中的"黍"

此，继承周王朝的文化遗产，就有了自己的文化基础，也有了称雄的历史合理性。著名的《诗经·王风·黍离》说"彼黍离离，彼稷之苗……知我者，谓我心忧。不知我者，谓我何求"。后代解释这首诗是"闵宗周也"，就是同情周朝的悲剧。平王东迁不久，朝中一位大夫行至西周都城镐京，即所谓宗周，满目所见，没有了都市的繁盛荣华，只有一片郁茂的黍苗尽情地生长。黍是什么呢？不是玉米，玉米是明朝才传入中国的外来物种，它指的是黄米，是当时高等级的粮食作物。秦人接手的就是这样的环境，咸阳的基础是宗周旧地，不仅是重要的文化区域，也是重要的农耕区域。关中数百里良田，掌握了它，就掌握了经济的后盾。迁都咸阳后，商鞅变法的很多内容都围绕农业展开，由土地而招揽人口。李斯《谏逐客书》说"物

---

① 丰镐遗址，在今陕西省西安市长安区。丰京和镐京一起并称为"丰镐"，是西周王朝的国都，作为西周首都沿用近三百年，又称宗周。

不产于秦，可宝者多；士不产于秦，而愿忠者众"，有了梧桐树，不怕招不来金凤凰。可以说咸阳满足了秦战略上的需要，又兼具地理环境的优势，迁都于此，正如《咸阳县志》所云："南临渭水，北倚九嵕，左挟崤函，右控巴蜀。"它的地理位置太重要了。

气吞万里的咸阳宫：象天法地、天人合一

积极进取的秦国统治者，将咸阳视作秦都的不二之选，开始在咸阳营建宫殿，并以宫廷为核心，一步步完善城市建设，逐渐形成了独具一格、恢宏磅礴的城市形态。此后秦人再未迁都，咸阳城寄托了他们开创万世伟业的雄心。从考古资料看，秦栎阳故城，平地起夯，版筑①疏松，其规划比咸阳城差得多，具有明显的临时性质。而咸阳宫随着秦国的强大而逐渐扩张，呈现出象天法地、天人合一的格局，充满了星宿、宇宙、自然的神秘意味。秦孝公最初打造咸阳都城时，重点放在了冀阙和宫廷的建设上。高矗在咸阳城中的华美宫殿，以及宫殿前的冀阙，就是秦王室威严最好的表达。那么冀阙究竟是怎样的建筑，它又为何对秦国的政治生活尤其重要呢？

《史记·商君列传》记载："作为筑冀阙宫廷于咸阳。"唐代司马贞对此进行解说：冀阙，就是魏阙。那魏阙又是什么呢？就是今天可以在古代宫殿前面门楼上看到的高大建筑，比如北京故宫午门外

---

① 版筑，我国古代修建墙体的一种技术，指筑土墙，把土夹在两块木板中间，用杵捣坚实，就成为墙。版筑技术也叫作夯筑或夯土技术，具有悠久的历史。从4000年前的龙山文化遗址可以发现，当时人们就掌握了较为成熟的夯土技术。今天可见到的临洮秦长城及汉以后的许多段长城，都是夯土版筑而成的。

光绪大婚典礼颁诏图

就有阙，左边一个，右边一个。为什么叫作冀阙呢？冀，记也，是记录的意思，"出列教令"都要记录于此。也就是说，统治集团对百姓发布的教令要在这儿公布。要么是张榜公布，要么是以其他形式公布，所以这个地方对于一个国家的政治生活非常重要。明清时代的书籍就记载过"金凤颁诏"的典故。天安门是明清两朝历代帝王"金凤颁诏"的重地，凡遇国家庆典、新帝即位、册立皇后，都需在此举行"颁诏"仪式。当时于城楼大殿前正中设立宣诏台。由礼部尚书在紫禁城太和殿奉接皇帝诏书，放在抬着的龙亭内，出午门，登上天安门城楼，然后将诏书恭放于宣诏台上，由宣诏官宣读。文武百官按等级依次排列于金水桥南，面对北方跪着恭听。宣诏完毕，官员将诏书放在一只木雕金凤的嘴里，再用黄绒绳从上系下，礼部官员托盘在下跪接，接着用龙亭将诏书抬到礼部，经黄纸誊写，分送各地，布告天下。这一过程就叫作"金凤颁诏"，用今天的话说是

I式变形葵纹瓦当

云纹瓦当

云纹瓦当

云纹瓦当

蝉形云纹瓦当

动物纹瓦当

龙纹空心砖

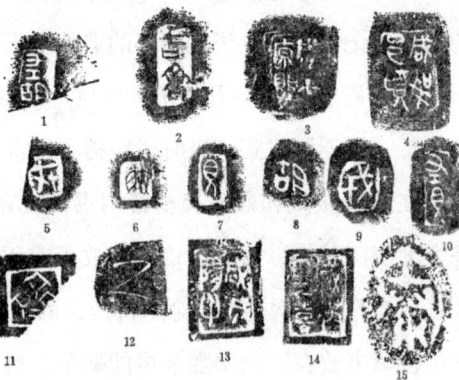

陶文

（此页图出自《秦都咸阳第一号宫殿建筑遗址简报》）

1. 铺首　　2、3. 支座和连板　　4. 合叶　　5. 三向活铰

6. 陶漏斗　　7. 陶弯头　　8. 水管道

9. 太阳纹铺地砖　　10. 筒瓦　　11. 板瓦

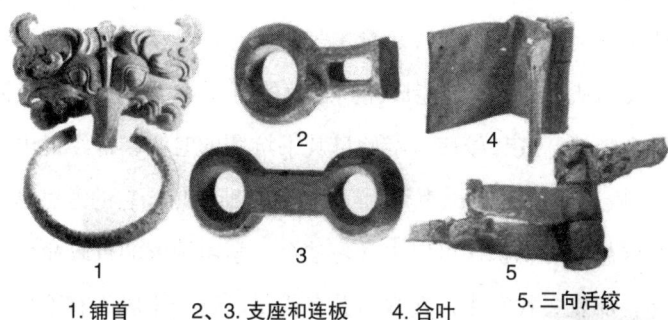

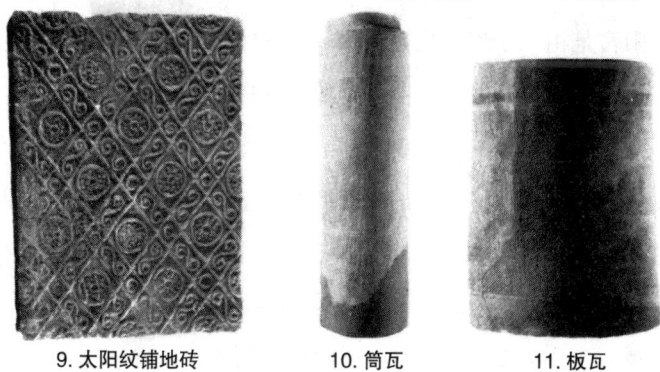

咸阳宫遗址出土的建筑构件①

———————————

① 出自《秦都咸阳第一号宫殿建筑遗址简报》。

做足了仪式感。这是明清时期的"出列教令",从它的规模不难看出皇权的至高无上。商鞅时代的秦国是否有这样的仪式,我们不得而知,但我们从冀阙的营建能体会到王权的强大。"冀阙"遗址装潢富丽,居高临下,气势雄伟。秦始皇焚书坑儒的时候,曾经提出一个说法,叫"以法为教,以吏为师",出自李斯之口。它的意思是当时的百姓要想学习知识,可以去学习法令,学习国家的行政命令;想找老师,那就去找官吏,找政府公务人员。这个手段,有不少学者认为它非常古老,能上溯到秦国更久远的时期。可见,国家对政令相当重视,冀阙就是一个缩影。

在由商鞅监修的咸阳宫城内,众多的宫殿连接在一起组成一座宫殿群,豪华瑰丽。考古工作者曾在这里发掘出大量文物,其中有壁画残片四百多片,陶文七十多种,从这些实物可以推测建都时的规模。

咸阳宫是由一个庞大的建筑群组成的,包括考古工作者发现的一、二、三号宫殿遗址等。一号宫殿遗址最有名,为土木混合结构,平面呈长方曲尺形。它是高起的楼阁建筑,对各房间的采光、排水问题做了合理安排,将各种不同用途的宫室集中到一个空间范围内,结构紧凑,布局高下错落,功能健全。在它的殿堂上、地面上,发现了很多红色的矿石,这就和文献的记载相吻合了。

有趣的是,在宫室中央有一个圆形"都柱",也就是柱子从地中心拔地而起,联通建筑物的尖端。《史记·刺客列传》中记载了荆轲刺秦王的故事。当时荆轲扮作使者,已经在殿外经过安检,因为一般人没有君主首肯,不得带寸铁上殿。秦王政及其大臣谁也没想到来的是夺命鬼，当场所有人被突如其来的刺客吓蒙了，臣下手中也无寸铁，而侍卫没有王的命令不能上殿，只能干瞪眼。秦王政被荆轲逼得团团转，幸亏他身形敏捷，"环柱走"。这个柱很可能就是高大的都柱，因为它最显眼。终于有人提示："秦王您背着剑哪！"于是秦王政抽出剑，刺中荆轲的大腿。荆轲倒下了，就举起他的匕首投击秦王，没有击中，只击中了柱子，最后被杀。柱子起到了关键的作用，在荆轲和秦王政之间充当了缓冲地带，并且替秦王政挨了一刀（也有可能荆轲的匕首戳在别的柱子上）。[①]当然，这个故事可能发生在章台宫，因为章台宫是接见藩臣的地方。但甭管怎么样，这个高大的宫殿有柱，柱就是宫殿中非常重要的起支撑作用的物件，也是宫殿气派的写照。

二号宫殿位于一号宫殿的西北，仍是以夯台为中心、土木架构为主要结构，是多层台榭建筑。以台上的宫殿为主体，依台修建有一圈回廊，东西廊下有盥洗室，可谓功能健全。其中还有插放旗杆的竖管。这里很可能是咸阳宫中处理政务的一处场所，也仪式感十足，如同故宫乾清宫。

三号宫殿位于一号宫殿的西南，南北长，东西窄，中间高，两边低，成鱼脊状。在此间出土了大量壁画，包括车马出行图、仪仗图、建筑图、麦穗图等。它勾摹的方法也非常美。它以蜃粉涂底，进行勾勒，在重点区域进行渲染，水平很高，弥补了中国美术史的空白。这是中国古代殿堂中最早的壁画，证实了史书中关于中国上

---

① 《战国策·燕策三》："荆轲废，乃引其匕首提秦王，不中，中柱。秦王复击轲，被八创。"

壁画：柳枝

壁画：倡优图

壁画：驷马一车

古时期建筑中有壁画的记载，比如西周金文中就提到"图室"。人们早就知道典籍里头有雕梁画栋，但是雕梁画栋什么样？人们不清楚，而秦国咸阳宫三号宫殿遗址大大丰富了人们的认识。

财政改革：土地税、人头税与度量衡

由于咸阳宫城选址科学合理，战略地位显著，所以它成为秦人立国后选择的一个政治中枢。这更说明了秦国的行政实力，以及国家机器的强大效率。商鞅首先在城内营筑冀阙，以后历代秦王又增建了许多宫殿，最晚到秦昭襄王时，咸阳宫已建成。咸阳宫城占地面积 3.72 平方千米（北京故宫是 0.72 平方千米），离宫别苑不计其数。《史记·秦始皇本纪》记载，秦始皇统一全国的过程中，秦国每灭掉一国，都要在咸阳塬上仿建该国的宫殿。[①] 我们也能推测，这种仿建可能早就进行了。那么，其经济后盾在哪里呢？

这是一个很大的问题，除了秦国对六国进行战争和掠夺，还有一条很重要，就是秦国自身的经济建设。秦国此时已经有了明确的户口制度，这不仅是治安的保证，也是税收的保证。秦国还进行了税收的改革。春秋秦简公时代已实行了"初租禾"，也就是对田地征收赋税。秦孝公十四年（前 348 年）实行"初为赋"，就是按人口征收赋税，这是中国历史上最早出现的人头税。[②]"赋税"二字，从此

---

① 《史记·秦始皇本纪》："秦每破诸侯，写放其宫室，作之咸阳北阪上，南临渭，自雍门以东至泾、渭，殿屋复道周阁相属。"

② "赋，敛也。"（《说文》）"赋，税也"（《广雅》），"谓土地所生，以供天子"（《书·禹贡》"厥赋惟上上错"传）。一般认为，"初为赋"是中国最早的人头税，也就是口赋。

意思不一样了。"赋"是人头税，只要活着出气儿就得交。"税"是土地税。自此之后，田租、口赋并征，若车之两轮、鸟之两翼，成为保障国家财政收入的两种主要赋税制度。"初为赋"的关键是，把游离于土地之外的商人、手工业者纳入

商鞅方升

征税范围，通过重税政策限制他们的生存和发展，并且规定"民父子兄弟同室内息者为禁"，即严格禁止父子及成年兄弟共居一室，以发展一家一户的小农经济。如果子女长大以后不分家，就要"倍其赋"。秦献公七年（前378年），秦国"初行为市"，开始对工商业进行规范管理，抽取营业税。"初行为市"与"初租禾"为秦国的国库带来大量的收入，国家的经济实力倍增。这样国家就有了充足的税源，能够统一财政，推行中央集权制度。

秦国在统一财政上进行了许多尝试。据现存的商鞅方升铭文记载，商鞅有关度量衡政令的颁行可能在孝公十八年（前344年）。统一度量衡，颁行标准器，是秦国建立起集中统一的国家财政体系的重要标志之一。在此之前，民间杂量①的使用和乡邑聚落势力的存在

---

① 战国以来度量衡制不一，民间有许多不同的方法。许慎《说文解字序》说"田畴异亩，车涂异轨，律令异法，衣冠异制，言语异声，文字异形"，虽有夸大，但在一定程度上也是实情。

相适应。贵族封君凭借世袭的租赋特权，自定"家量"①，国君无从过问。只有在决裂阡陌②，推行县制以后，才具备了统一度量衡标准的客观条件。这表现出秦国掌控经济的实力。

咸阳宫的建造，是秦国积聚实力、富国强兵的缩影。据司马迁说，变法后五年，秦人富强，周天子送来祭祀用的胙肉给秦孝公，诸侯也都祝贺，秦在与魏国的交锋中屡战屡胜。"秦地东至河"，完全占据了关中农区，关中农区的充实和扩大是秦赖以强盛的经济基础。咸阳宫的修筑，使得秦国形成一个强有力的政权中枢以出列政令，督促臣下，贯彻新法。商鞅的制度被传了下来。

贾谊《过秦论》说"秦王奋六世之余烈"，六世指的是秦始皇之前的六代秦王，秦孝公、秦惠文王、秦武王、秦昭襄王、秦孝文王、秦庄襄王。按常理，人亡政息，您都不在了，谁还听您那套哇？但有意思的是，秦惠文王时商鞅虽死而秦法未坏，这表明商鞅之法就是时代需求。秦昭襄王远交近攻开疆拓土，秦庄襄王灭东周国，历史场景波澜壮阔。虽然项羽一把火，咸阳宫已灰飞烟灭，但它见证了秦的崛起。它说明了一个道理，咸阳宫不是一天建成的，秦人得以在十年内一统华夷，是因为前代做了大量的铺垫。

---

① 家量，指大夫私家的斗斛。

② 决裂阡陌，指的是废除井田制，或者先前的宗族土地所有制，鼓励开荒置田。也有学者认为井田不是普遍制度，这里的阡陌是贵族的旧田界。

第八讲　统一气象

　　随着定都咸阳，秦国国力迅速增强，一统天下的趋势也逐渐显露出来。作为秦国政治中心的咸阳宫殿，伴随着秦国统一的步伐，直到秦始皇统一六国、大秦王朝横空出世，咸阳宫殿群已然建造得遮天蔽日，目不能及。咸阳宫的壮丽与巍峨不仅象征着皇权的至高无上，也是封建王朝中央集权的政治需要。那么，咸阳宫究竟有多大，咸阳宫的兴建与陨落又给今天的我们带来怎样的启示呢？

崛起之路：范雎的复仇

　　秦咸阳城是战国后期秦国及秦代的都城。历朝历代，都城的规划表现出国家的力量，秦更是如此。甭管是栎阳，还是雍城，都不能跟咸阳同日而语。因为前两者还有诸侯国都的特色，它们的规模和建筑水准都和咸阳不在一个水平线上。从这个角度看，咸阳宫真正体现了秦王朝气吞万里的气势。最初商鞅对咸阳城的规划就是明确的，在渭河以北相继修建了冀阙，以及咸阳宫其他建筑。自惠文王（也就是电视剧《芈月传》里芈八子的丈夫）以后，不再局限于渭河以北，在渭河南又修建兴乐宫、信宫、章台宫、甘泉宫和上林苑，特别是阿房宫，更是举世闻名。有学者统计过，咸阳宫殿群占地面积有 3.72 平方千米，这是什么概念呢？今天故宫紫禁城是 0.72 平方千米，才是咸阳宫的一个零头。更不可思议的是，整个范围以咸阳为中心，离宫上百，直径 80 余千米，人们推测还有一大批建筑尚未竣工。所以说咸阳宫建筑群带有统一气象，是名副其实的大手笔。

　　一个例子就能说明它的气势。荆轲奉燕太子丹之命刺杀秦王政时，有一个副手秦舞阳，史书记载，他 13 岁就杀人，而且不准别人瞪他，谁瞪他他就报复谁。当时，荆轲捧着樊於期的首级，秦舞阳捧着地图匣子，按照正、副使的次序前进。这时候两个人心里都是非常忐忑的。一是紧张，甭管成不成功都得死；一是被秦宫气势吓住了。荆轲心理素质很好，但秦舞阳不行。走到殿前台阶下的时候，秦舞阳脸色突变，害怕得发抖。越做贼心虚，越风声鹤唳。秦国大臣们都感到奇怪。荆轲回头朝秦舞阳笑笑，上前谢罪说："北方藩属

上林苑遗址出土文物

上林苑遗址瓦当拓片

（此页图片出自《西安市上林苑遗址一号、二号建筑发掘简报》）

蛮夷之地的粗野人，没有见过天子，所以心惊胆战。"这样把破绽给搪塞过去。从中我们能窥见咸阳宫的巍峨。后来刘邦看到未央宫的壮丽，责备萧何太铺张之时，萧何说"非壮丽无以重威"，刘邦称是。汉初凋敝都如此，秦更如此。巍峨的咸阳宫完美地营造了法家理论中君主的"势"，也就是威严感，好比站在山上的人居高临下一样。如果没有"势"，尧舜不可能治天下，桀纣也不可能危害天下。

咸阳宫殿群见证了秦一统天下的历程。秦国崛起之路上，诞生了许多雄才大略的君主，更诞生了一大批智勇双全、才华横溢的谋士将领。秦昭襄王时期，秦国已经定都咸阳，随着国力的提升，咸阳宫的规模也日渐扩大，但秦昭襄王却开心不起来。太后芈八子与几大贵族掌握着王国实质性的权力，他无法施展抱负。此时，有个人来到了秦王宫，对昭襄王献出了一个影响秦国历史走向的重要策略，为秦国一统天下奠定了基础。

这个人就是范雎。范雎命苦，他本是魏国中大夫须贾的门客，因为出使齐国的时候，言辞得体，让齐襄王刮目相看，惹娄子了。须贾怀疑他通齐卖魏，回来以后告诉相国魏齐，范雎差点儿被魏齐打死。范雎胁折齿断，但他聪明，装死。魏齐却毒辣得很，心想：没那么便宜，你不是死了吗？派人用席子把范雎卷了卷，扔在厕所里，让宾客轮番往他身上小便，也让人们看看这叛徒的下场。后来，范雎说通看守，骗过魏齐，捡了条命。范雎在朋友郑安平的帮助下，改名张禄，暗中随秦国使者王稽去了秦国。

秦国这时候很开放，李斯就说：许多物产不是秦国的，但是源源不断地输送给秦国；许多士大夫不是秦国人，但是他们愿意效忠

《东周列国志》里的荆轲刺秦

秦国①，所以秦国能网罗天下贤才。秦国的国君正是秦昭襄王，他即位已经很久了，但是，王国真正的权力却在母亲宣太后以及他舅舅穰侯魏冉和华阳君手中，宣太后才是秦国实际的主宰。秦昭襄王如同木偶一般，所以心里非常不是滋味。而范雎抓准了时机，对着秦昭襄王大喊，说国人只知道太后和穰侯，不知道陛下。这话太扎心，秦昭襄王心想这是哪位高人啊，一针见血。于是，他找到了范雎，礼贤下士，恭恭敬敬地在咸阳宫廷之中请教范雎。他问范雎："我应该怎样做，您给我指条明路。"没想到范雎倒卖上关子了，说是是是、对对对，等于没说。王又问了一遍，范雎还是唯唯诺诺。最后王急了："先生您就不想赐教了吗？"于是范雎说实话了，他说自己说的很关键，但是会离间王室骨肉，有可能死无葬身之地，所以不敢说。自己身死不足惜，可是王还是傀儡。这些话让秦昭襄王出了一身冷汗，他特别恭敬地说："我赦免您一切言行，您开诚布公。"这时范雎说出了干货：第一条，秦国的对外策略有很大的问题，劳师远征，是兵家之大忌。这很可能徒劳无功，乃至大败，所以他就建议秦昭襄王改变这种错误的做法，要远交近攻。结交远方的诸侯国，使自己不致腹背受敌，然后谁离得近就打谁。如果要这么做，秦昭襄王势必得得到王国实质的权力，于是一定要打击母亲宣太后，排斥舅舅穰侯以及华阳君集团。这样做离间骨肉，但可以让昭襄王成为真正意义上的秦国至尊。听了这个话，秦昭襄王如梦初醒，于公元前266年废太后，惩治异己贵族，拜范雎为相。

---

① 《史记·李斯列传》："夫物不产于秦，可宝者多；士不产于秦，而愿忠者众。"

《东周列国志》里的范雎出逃

范雎为人恩怨分明，掌权后开始报仇。秦昭襄王听他的话，派兵伐魏。魏王大恐，派人游说秦国，说好话，他派的人就是须贾。范雎也够逗的，穿着破衣服见须贾。须贾见到范雎大惊道："你没死啊？""啊！我没死，现在跑秦国来了，在张禄相国那混口饭吃。"须贾一听，说："我要见的就是张大人啊，快带我去。"下面一幕挺有意思，他觉得范雎穿得少，大冷天，给了他一件绨袍①。结果到了相府，范雎进去通禀，须贾左等不来右等不来，一问看门的才知道刚才进去的就是张禄大人。这下须贾全明白了，吓得要死。范雎说："本该杀你，你的绨袍救了你。滚回去告诉魏王，我要魏齐的人头，否则你们都得死。"魏王大恐，魏齐先流亡后自尽。后来赵人将魏齐的人头送到咸阳，范雎终于报仇雪恨。长平之战后，赵国惨败，杀人不眨眼的白起打算一鼓作气灭了赵。但范雎和白起有矛盾，在秦昭襄王那给白起上眼药。秦昭襄王下令，秦从赵撤军，白起十分生气。于是白起与秦昭襄王以及范雎之间的矛盾白热化，后来索性秦昭襄王把白起撤职。范雎提醒："陛下您慢着，如果白起投奔六国，是秦的灭顶之灾。"秦昭襄王琢磨过味儿来，派人撵上出了咸阳的白起，在杜亭赐自裁。范雎这个人，司马迁形容"睚眦必报"，意思是像瞪一下眼睛那样极小的过节，也要报复。这样的观念，和秦的功利合拍。

---

① 《史记·范雎列传》："须贾意哀之，留与坐饮食，曰：'范叔一寒如此哉！'乃取其一绨袍以赐之。"

《东周列国志》里的范雎辱魏使

赵武灵王卧底探秦：六英宫中的离奇故事

秦王接受了范雎的建议，秦国的国力再一次增强。这一时期的咸阳宫殿也进一步扩张，许许多多的宫观楼宇在渭水两岸拔地而起。秦国的强盛也引来了其他六国的关注。公元前299年，一位著名的君主为了打探秦国的消息竟然偷偷潜入咸阳宫中，他就是大名鼎鼎的赵武灵王。此时的他，虽然已经将王位让给了自己的孩子，但以他的身份地位真的会秘密潜入秦国吗？他到底要干吗呢？

这个离奇的故事发生在咸阳宫殿群中的六英宫。明朝人董说在《七国考》一书中记载："主父入秦，直至昭王所居六英之宫而人不觉。"主父就是在中原地区胡服骑射、组建第一支骑兵部队的赵武灵王。据司马迁记载，他在公元前299年传位于赵惠文王，自号"主父"，曾身着胡服，诈称使者来到秦都咸阳刺探情况。和秦国历史相关的文学作品里会提一个人，叫楼缓，他是赵国人，在秦当相国。有些作品描绘得很传奇，说赵武灵王扮作楼缓的随从，和宣太后及秦昭襄王攀谈，进入了秦昭襄王所居住的六英宫。当时秦昭襄王就觉得，平时楼缓牛哄哄，这时候怎么举手

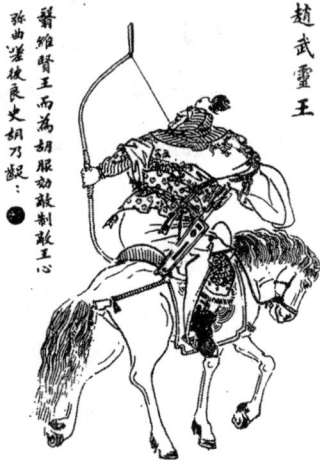

《东周列国志》中的赵武灵王

投足间，对这个随从低声下气？而这个随从丝毫没有低三下四，不对头啊，但也没深究。当楼缓告诉秦昭襄王真相时，人们大惊失色；此时"主父驰已脱关矣"，赵武灵王已经一溜烟儿离开秦国。秦宫都炸庙了：这是挑战他们的存在啊！这一类情节，许多历史学者认为不真，它太惊险刺激，不像国君所为，倒像是大侠所为。其实，战国时期，包括《战国策》在内，许多文字都是不大可靠的。有些文章出自战国纵横家之手，他们为了游说可以改编故事，可以戏剧化，乃至杜撰，所以许多情节只是文学想象。另外一点，《史记》《汉书》里头都没提到秦国有个六英宫。不见于《史记》《汉书》，怎么明朝人又知道了呢？所以带有很大的疑惑性。

咸阳宫一直是渭水北岸的主要宫殿。即使秦朝在渭南修建了阿房宫等众多建筑后，秦始皇也基本上留在咸阳宫处理国政。它见证了荆轲刺秦，也见证了公元前221年的一场影响中国历史发展的会议。为了解决重大问题，秦设立朝议制度，君臣讨论，减少偏差，当然整个秦朝也没几次。在这场宫廷会议上，最重要的议题就是国家将实行怎样的统治制度。丞相王绾建议，还是旧法子，周王朝的分封制多好，将秦的子嗣以及有功之臣，分封到各个封地成为诸侯，万事大吉。王绾的提议，一堆人随声附和，是是是，好好好，只有廷尉李斯力排众议：你这是胡闹啊，周朝是分封，最后还不崩溃，战国七雄不打得跟热窑似的？全国推广秦国本土的郡县制，君主权力上传下达，才能太平。秦始皇一听，对呀，听李斯的！这下彻底结束了古老的分封制，一个新的国家体制——专制主义中央集权制度由此开始（今天大多数中国古代史专家认为，即使使用"专制主义"或"君主专制"这样的概念，也是中性词）。"百代皆行秦政法"，之所以中国社会没有长期紊乱，中国文化绵延不绝，某种程度上和秦咸阳宫的这一次会议密切相关。

章台宫与兰池宫：秦国的代名词

除了壮丽的咸阳宫，章台宫、兰池宫等宫殿也是王者的办公区，就像清代皇帝不只在紫禁城，还在圆明园一样。章台宫在渭水之南，是汉代未央宫的前身，也是秦都咸阳的一部分。后来在汉朝的宫殿之中还有一条街道叫章台，后代甚至拿"章台"二字指代秦楼楚馆。古代诗歌作品中屡见"章台"，成为一个著名的典故。欧阳修的《蝶恋花》中就有"玉勒雕鞍游冶处，楼高不见章台路"。秦惠文王（也就是宣太后的丈夫）即位后，一度在芷阳宫内处理朝政。当时其他诸侯国家的宫殿都豪华无比，比如赵国的沙丘宫、燕国的碣石宫、齐国的琅琊宫，尤其是楚国的章华宫。有人说，各国使节到秦国，看到秦国寒酸的宫殿，不免露出一丝丝的骄傲：秦就是蛮夷，老土啊！秦惠文王受刺激了，

（清）袁江《章台走马图》

仿照楚国章华宫的式样（这主意和芈八子有关），建造了自己的章台宫。章台宫已经不在，这一说法难以考定。但章台宫是秦都咸阳在渭河南岸的主要宫室建筑之一，战国时期著名纵横家苏秦游说东方六国合纵攻秦，游说楚威王时就曾说过这样一段话："今乃欲西面而事秦，则诸侯莫不西面而朝于章台之下矣"，章台俨然已被视为秦国的象征。

楚威王去世后，其子楚怀王即位，他是著名的糊涂虫。这个楚怀王叫作熊槐，后来项羽也立过一个怀王熊心。怀王让秦国的张仪弄得晕头转向。张仪说得天花乱坠，说只要怀王和齐国断交，就给他六百里土地。怀王听得心花怒放，以为可以白得六百里土地，于是与齐国断交，断交之后找张仪要地，张仪却只给六里，说是怀王听错了。怀王恼羞成怒，大兵压境，要报复秦国，但这时秦国早就布上了口袋阵，于是楚军大败。要命的是，怀王记吃不记打。没过多久，又上了张仪等人的当。公元前299年，秦昭襄王邀请楚怀王前往武关[1]会盟，在公子子兰等人的撺掇下，楚怀王不顾屈原的劝谏，执意

《东周列国志》中的张仪

張儀

為妾婦行竊大夫名捭三
寸舌任爾縱橫

---

[1]《史记·楚世家》："会武关，面相约，结盟而去。"

前往武关，想要与秦国修复关系。等到楚怀王的车驾进入武关之后，秦昭襄王便下令封锁武关，将楚怀王扣下了，压到咸阳章台宫，只是以藩臣之礼对待他，说他没资格跟秦国君主相提并论，只能靠边站。[①]这说明章台宫在当时国家生活中的作用已经边缘化，被当作藩臣觐见的地方。

《东周列国志》中的蔺相如

历史上有名的完璧归赵的故事也发生在章台宫。赵惠文王十六年（前283年），秦国向赵国强要"和氏璧"。蔺相如奉命携璧入秦，秦昭襄王在章台宫接见蔺相如。秦王把玉璧传示美人及左右，左右皆呼万岁。蔺相如看秦王无意给赵城池，想要人，于是上前说璧有瑕疵，要指给秦王看。秦昭襄王中计，蔺相如拿着和氏璧，怒发冲冠地骂秦王："您在列观这地方见我，就是不恭敬，还把玉璧给美女看，你戏弄谁呢？[②]您别把我逼急了，否则咱们死磕，我把自己的脑袋跟和氏璧一块儿撞碎在这根柱子上！"[③]秦王被吓住了，正所谓"硬的怕横的，横的怕不要命

---

① 《史记·楚世家》："楚王（怀王）至，则闭武关，遂与西至咸阳，朝章台，如蕃臣，不与亢礼。"

② 《史记·廉颇蔺相如列传》："今臣至，大王见臣列观，礼节甚倨；得璧，传之美人，以戏弄臣。"

③ 《史记·廉颇蔺相如列传》："臣头今与璧俱碎于柱矣！"

的", 干脆斋戒五天后, 宴请赵国使者蔺相如。五天后蔺相如对秦王说: "秦国从穆公以来的二十余位君主, 都是大忽悠, 臭名昭著。我实在上当上怕了, 怕对不起赵国, 所以派人带着宝璧, 已从小路回到赵国了。"①从而完璧归赵。这里蔺相如说秦王在"列观"也就是一般的宫殿招待自己, 就是指章台宫, 蔺相如嫌规格低, 不满意。

另外一处重要的宫殿是甘泉宫。秦甘泉宫和汉甘泉宫不一样。秦甘泉宫遗址位于渭河以南, 有学者猜测就是宣太后所居之南宫, 这里曾出土秦封泥。汉甘泉宫则在咸阳北百余里的淳化县, 在汉代以前也有痕迹。据史书记载, 甘泉宫所在地是"黄帝以来祭天圜邱之处", "圜邱"就是圜丘, 北京天坛也有。据说这里是黄帝升仙的地方, 这和当时的鬼神信仰、神仙方术有关。古代重视这里, 还因为甘泉一带在古代以地势险要闻名。《战国策》中记述范雎之语: "大王之国, 北有甘泉、谷口。"甘泉山是屏障咸阳的前哨。秦在甘泉宫遗址筑林光宫, 又从甘泉至内蒙九原修直道, 以利于军备, 防范匈奴。甘泉宫遗址山高气爽, 是避暑胜地。而秦始皇到甘泉林光宫, 不仅是为了避暑, 更有威慑匈奴的安边作用。《三辅黄图》则说林光宫是秦二世建的。

甘泉宫最早修建于何时史无记载, 但最晚在宣太后（芈八子）时已经有了。秦昭襄王的母亲秦宣太后曾在甘泉宫, 凭借色相诱杀义渠戎王, 这是甘泉宫见诸史籍的最早记载。秦王政时期, 嫪毐之乱结束后, 秦王最终听从大臣建议把母亲接回咸阳, 其母赵太后就

---

① 《史记·廉颇蔺相如列传》: "相如度秦王虽斋, 决负约不偿城, 乃使其从者衣褐, 怀其璧, 从径道亡, 归璧于赵。"

居于甘泉宫。

望夷宫是秦始皇时修建的，是咸阳宫在北部的哨所。当时北边有匈奴，经常骚扰内地，秦始皇便在咸阳东北的泾水南建了望夷宫，作为瞭望哨所。其具体地理位置，据《三辅黄图》说在泾阳县界，因为北临泾水，"以望北夷，以为宫名"。秦二世就是在这座宫殿中被杀的。当时项羽入关，身为中丞相的赵高害怕秦二世归罪于己，就先下手为强，于公元前207年派他的女婿咸阳令阎乐逼杀秦二世胡亥于望夷宫。后来这座宫殿毁于项羽的一把大火。

赵高在望夷宫逼杀秦二世后，立子婴（有二世兄之子、秦始皇之弟等几种说法）为王，要子婴斋戒，以便入太庙祭祖。子婴在斋戒时，与自己的两个儿子共同商议刺杀赵高一事。到了要入太庙的时候，赵高派人去请子婴等人，子婴不去。赵高果然自己前来，子婴趁此机会在斋宫中杀了赵高，并灭了赵高三族。

信宫，后改名为极庙。极庙象征天上的天极星座。天极星即北极星，是群星所拱的最为尊贵的星。秦始皇之所以将信宫改为极庙，实质上正是采用邹衍的阴阳五行学说，把天上的星座与地上的君臣相比附，把世俗皇帝作为在天宫的代表，以表现他"德高三皇，功过五帝"，为自己的中央集权制制造理论根据。

"众星捧月"：未完成的咸阳宫建筑群

秦都咸阳由庞大的建筑群组成，是秦的政治、经济、文化、军事中心。其都城从战国时期延续到秦灭亡，特别是统一后，咸阳城

咸阳城出土石磬（有铭文"北宫乐""乐府"等）

得到了很大的发展。渭河像银河一样，东西横穿咸阳。两岸宫殿林立，与天上的星群一样，坐落于银河的两岸。咸阳宫的设计仿效天上的紫微宫。处于紫微宫最中心位置的便是北极星，天帝居北极星，是"天之枢"。人间的皇帝是天子，即天帝的儿子。皇帝在人间的居所——皇宫当然要和天帝的居所紫微宫相应，于是历代帝王不惜一切财力、物力，大修其人间的紫微宫，影响后代。渭水上还有横桥，是秦统治者为了连接咸阳都城渭水两边而修建的。以阿房宫代表营室①，天帝经过阁道，横渡天河而往来于营室、紫微宫。②史书记载，秦始皇每攻破一个诸侯国，便将其宫殿复制在咸阳宫的附近③，所以咸阳周围还有许多列国的风格，洋洋大观。从这件事看，秦始皇的雄心彰显无遗。

秦都咸阳的建筑布局，以渭河为横向轴线，以咸阳宫、阿房宫连线为竖向轴线，以两线交点横桥为中心向四周散布，形成了以咸阳宫和阿房宫为中心的都城区，四周向外扩展。不过阿房宫尚未完

①　营室为二十八宿之一，为北方玄武七宿中第六宿，像房屋的样子，故名。古人认为此宿代表建造房屋。

②　《史记·秦始皇本纪》："自阿房渡渭，属之咸阳，以象天极阁道绝汉抵营室也。"

③　《史记·秦始皇本纪》："秦每破诸侯，写放其宫室，作之咸阳北阪上。"

（秦）长剑

成，所以不得不以咸阳宫权当现实的"天极"，因而形成了以渭北区为咸阳主体规划的格局。显然，这种格局不过是权宜之策，并非始皇改造咸阳的最终方案，但谁也没料到秦朝回天乏术。

咸阳宫建筑群的意义不可小觑。一方面，建造壮丽、宏伟、威严、豪华的咸阳宫，远远超过西周的丰京、镐京和六国的都城规模，象征着封建皇权的统治和对东方六国战争的胜利，象征着人民所希望的统一事业的完成。另一方面，秦人追求完美，秦始皇"奋六世之余烈"的气魄被咸阳宫建筑群体现得淋漓尽致，表现出非壮丽无以树立威严的观念。虽然楚人一炬成了秦人的噩梦，但其建立的中央集权上传下达的制度、"执长策而御宇内"的信念被后代王朝所继承，日臻完善。

第九讲 大火之谜

　　阿房宫，是秦王修建的最为奢华的一座宫殿，有人说其奢靡程度古今不及。因此它也成了秦始皇残暴、奢靡的象征之一，而项羽一把大火既解了人们的心头之恨，又叫人抱怨，要不是他的这把大火，如今阿房宫的盛景也能让后人一览壮阔！但是史书上记载的，和诗人描绘的，却与历史考察有出入。那么号称"天下第一宫"的秦阿房宫，它的背后到底隐藏着怎样的惊人秘密？这一庞大建筑的兴废历程，与王朝命运的起伏有何关联？

阿房宫遗址考古：项羽大火烧的是哪里？

提到阿房宫，我们都会有一种印象，阿房宫雄伟壮丽，被称为"天下第一宫"，和秦王朝的命运紧密连在一起。秦始皇、秦二世敲骨吸髓，滥用民力、滥施刑罚，于是老百姓受不了了，揭竿而起，最后"楚人一炬，可怜焦土"。项羽的一把大火，偌大的宫殿化为灰烬。

（清）袁江《阿房宫图》

然而二十一世纪初，社科院考古所的专家和陕西的专家对阿房前殿遗址进行了细密的勘探，勘探面积相当之大，竟未发现一处被大火焚烧过的痕迹。那项羽一把大火烧的是什么？这时候历史学家、考古学家翻典籍，发现项羽烧的应该是咸阳宫，根本不是阿房宫，在咸阳宫也的确发现了大片被焚烧的遗迹。并且，《史记》等较早

《三才图会》中的项羽

的文献说的都是项羽火烧咸阳秦宫，并没说是阿房宫①。对此，最合理的解释就是阿房宫根本就没有建造完成，它是一个烂尾工程。

二世骄奢：阿房宫的烂尾工程

秦始皇一统天下之后，公元前212年，想建阿房宫了。但是阿房宫开工不到两年，秦始皇就崩于沙丘平台。秦始皇一死，一大部分工匠就只能从阿房宫的建造中抽调出来，给秦始皇造骊山墓。而骊山墓盖成之后，秦二世有他自己的算盘，说自己的父亲想建阿房宫，如果自己建不成的话，岂不是对不起死去的父亲，其实他只是为自己的骄奢找一个说法。这时他还要盖阿房宫，但天下已经躁动起来了。公元前209年，大泽乡起义爆发。这时候，很多重臣，包括右丞相冯去疾、左丞相李斯、将军冯劫等劝告秦二世："您不能这样做呀，建阿房宫耗费人力物力，天下的徭役已经很厉害了，老百姓很有意见了，这样做会出大乱子。"②但是秦二世非但不听，反而还责备这些重臣，说："你们这么做对得起我吗？对得起死去的先帝吗？你们这么做就是渎职。"③甚至索性把这些大臣下狱问罪，要知道在古代"将相不辱""刑不上大夫"，大贵族是不能受刑的，往往君

---

① 《史记·项羽本纪》："烧秦宫室，火三月不灭。"

② 《史记·秦始皇本纪》："右丞相去疾、左丞相斯、将军冯劫进谏曰：'关东群盗并起，秦发兵诛击，所杀亡甚众，然犹不止。盗多，皆以戍、漕、转、作事苦，赋税大也。请且止阿房宫作者，减省四边戍转。'"

③ 《史记·秦始皇本纪》："今朕即位，二年之间，群盗并起，君不能禁，又欲罢先帝之所为，是上毋以报先帝，次不为朕尽忠力，何以在位！"

主一句话，这些人就很知趣地去自裁了。右丞相冯去疾和将军冯劫意识到这一点就自杀了。李斯没有自杀，但他最后也被腰斩。虽然几个劝谏的臣子死了，但是历史的发展也根本不允许秦二世胡来了，建阿房宫的事被抛在了脑后。这一点司马迁交代得非常好，说"阿房宫未成"，如果盖成的话，他会选一个更好的名字来形容阿房宫。[①]

《阿房宫赋》：文学家的历史狂想

那么究竟是谁把阿房宫和项羽的一把大火联系起来，将"楚人一炬，可怜焦土"塑造成为我们耳熟能详的常识呢？

这个人就是唐代的大文学家杜牧。杜牧的《阿房宫赋》立意深远，文采斐然，精彩绝艳，一气呵成，问世之后立即受到当时士人的大力追捧，且经久不衰。在一千一百年后的今天，仍然有着极强的影响力。然而，世人对这篇文章往往存在着诸多误解，它也给我们今天了解真实的秦王朝带来了种种障碍，留下了诸多

杜牧

---

① 《史记·秦始皇本纪》："阿房宫未成，成，欲更择令名名之。作宫阿房，故天下谓之阿房宫。"

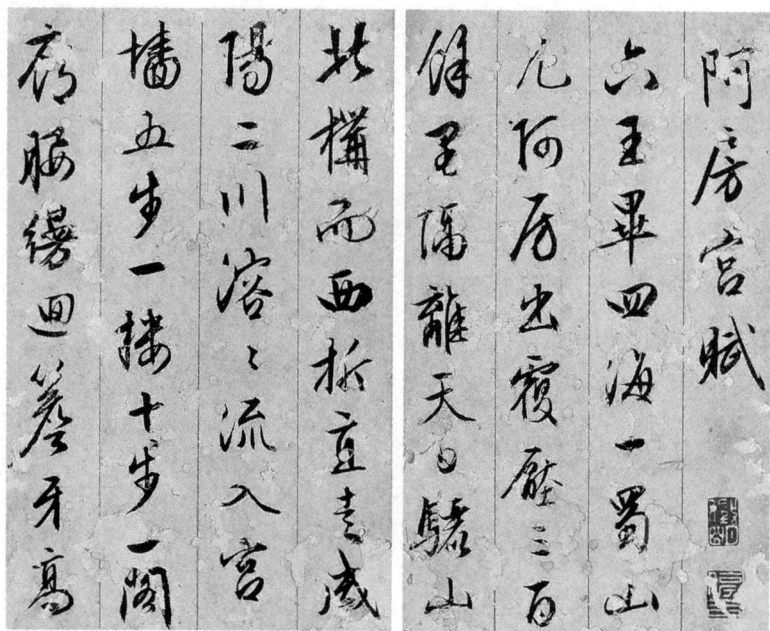

（明）文徵明书法《阿房宫赋》（局部）

疑团。这篇旷世之作，究竟是一部怎样的作品，它到底要表达什么？杜牧在这篇文章中极尽笔墨描写的阿房宫，以及在其中上演的穷奢极欲的情形，究竟是否是真相？《阿房宫赋》之所以名垂青史，又是在哪些背景的推动下实现的呢？

当时杜牧写完《阿房宫赋》，它很快就随着唐王朝文人特定的渠道流传开来。唐王朝文学家盛出，那个时代有很多文学家通过特定的途径来传播他们的诗歌或其他文学作品。比如我们熟知的著名文学家白居易就是典型，白居易曾经拿着自己的名帖找到当时士人领袖、著名的文化人顾况。顾况看到白居易的名字，说你这个名字太狂气了：长安的物价这么高，白居哪能容易呢？但是当顾况看到白居易的诗"野火烧不尽，春风吹又生"，就又说能写出这么好的句子，在长安完全可以居住下去。所以，白居易的诗就名传天下了。①可见，唐朝有这样特定的渠道，使得文学家的作品迅速地流传开来。杜牧的作品《阿房宫赋》一完成，就在士人之中传诵了。公元828年，杜牧参加唐朝科举考试，考进士科。有一句话叫"三十老明经，五十少进士"，说的是人三十岁的时候中明经科都算岁数大了，但五十岁时中进士科还算年轻的。这个时候，杜牧参加进士科的消息就被一个人关注了，这个人的名字叫吴武陵。

吴武陵和柳宗元有着密切的来往。唐晚期，朝政腐败，内有朋党之争、宦官专权，外有藩镇割据，所以山雨欲来风满楼，改革的大臣纷纷受到了迫害乃至株连。当时受到株连的有一系列官员，就

---

① 《唐才子传》卷第六《白居易》："有句如此，居天下亦不难。老夫前言戏之尔。"

包括我们熟悉的刘禹锡和柳宗元。柳宗元被贬到了湖南南部的永州，同时被贬到永州的还有得罪了朝中权相李吉甫的吴武陵。两人在永州有四年的友好关系。后来朝廷的风向变了，赦免官员，吴武陵在赦免名单之内，但是柳宗元就没有这么幸运了。吴武陵回到朝廷，一度奔走相告，告诉人们柳宗元是忠臣，他对朝廷来说非常有价值，不能让他久居于边地。刚有眉目，没想到噩耗传来，柳宗元已经在南方的柳州逝世。这是让吴武陵痛心不已的一件事。

到了公元 828 年，吴武陵已经是太学博士了，是当时的士人领袖。他看到了杜牧的《阿房宫赋》，觉得这篇文章辞采清壮，写得很好，得为这个作者做点什么。于是他拿着这篇赋，找到了科举考试的主考、礼部侍郎崔郾。据《新唐书·吴武陵传》记载，一群官员在长安周围的长乐给主考崔郾饯行。在这个盛会上，吴武陵掏出了《阿房宫赋》给崔郾看，并当着那么多人朗声宣读。《阿房宫赋》内容非常深刻，而吴武陵抑扬顿挫的朗读，也征服了在场的听众，所以举座皆惊。这个时候，吴武陵就问主考崔郾一个问题：这么好的青年，这么好的文章，的确是有王佐之才，您能不能把他点成第一名？崔郾怎么说？第一名有人了！啊？还没考呢，居然就有人了。吴武陵接着问：第二名呢？有人了。吴武陵一直问到第五名，才没有人。他索性趁热打铁，说您干脆就把杜牧点成第五名吧。如果您不答应我，这篇文章我拿走，言下之意，咱们以后也不来往了。果不其然，杜牧以第五名进士及第。这是正史的记载，《吴武陵传》说这个文字是吴武陵当众宣读，说明此事是所有人觉得情理之中的，当时人见怪不怪。按现在的话，这叫走后门，是违纪的行为，但是唐人不以为意。所以，士人们热衷于进行考前活动，纷纷把自己平时的诗作，通过一系列的人脉送达主考大人面前，唐朝人称之为行卷。而这种现象在后代就是舞弊，比如到了宋代，就出现了许多防范考试舞弊的措施，进行科举考试要锁院，把整个考场锁起来，不允许和外界交流；并且当时为了防止有记号卷子，避免对笔迹，还有誊抄的做法。唐朝的统治者不想通过一考定终身，想了解士人平素的文化水准，所以有这种现象。但是这种现象存在合理性的同时，也有它巨大的弊病。大家都能想见，什么样的人才能够行卷呢？绝对不可能是白丁，他们不具备这样的人脉，所以一定是社会上层。杜牧的家世就相当了得，京兆杜氏是名门望族，杜牧的远祖是三国时期著名的将领杜预，《三国演义》里就有"荐杜预老将献新谋"。杜牧的祖父也不得了，正是唐王朝的宰相杜佑，杜牧拥有显赫的家庭背景和良好的教育经历，所以他的《阿房宫赋》完成之后，他才能通过一系列人脉走上了历史舞台。

可见是历史条件推上了一个佼佼者。《阿房宫赋》之所以在士人中快速传播，除了文字优美，洋洋洒洒，气势磅礴，最重要的原因是它的思想性。借古喻今的做法在古人的政论文中很常见。它在说历史，也是说现实；明面上说的是暴秦，实际上说的是李唐王朝。尤其是在文章末尾，他已经点明了历史背景："秦人不暇自哀而后人哀之，后人哀之而不鉴之，亦使后人而复哀后人也！"我们知道唐晚期的政局已经江河日下，朝廷财政匮乏，内有宦官专权、朋党之争，外有藩镇割据，而且皇帝又短寿，哪一方势力对唐王朝来说都是潜在的隐患。杜牧所在的唐敬宗、唐文宗年间，朝廷大兴土木，老百

高剑父《火烧阿房宫》

姓敢怒不敢言。这种现象被杜牧所捕捉，以委婉的方式直言极谏，针砭时弊，其中有多少是史实，又有多少是唐代人基于时局的构想？可谓真真假假。但这篇文字影响太大，它使得秦始皇对百姓敲骨吸髓、追求声色犬马，以及项羽一把大火烧了阿房宫的内容家喻户晓。可事实真的如此吗？

杜牧《阿房宫赋》，描写说阿房宫"覆压三百余里，隔离天日""五步一楼，十步一阁，廊腰缦回，檐牙高啄，各抱地势，钩心斗角""长桥卧波，未云何龙？复道行空，不霁何虹？高低冥迷，不知西东"，这里无疑有文学夸张。

秦始皇于公元前212年开始在龙首原西侧建造"朝宫"，南接西周国都丰、镐遗址，北到渭河，与秦都城的咸阳宫隔岸相望。从现已发现的宫殿遗址来看，前殿阿房的土台经考古勘查，实际范围是东西1300米，南北420米，残高在现地面以上7—9米。现存前殿广场长70米，宽50米，广场南沿有四条雨路向南延伸。前殿中轴线直抵终南山对面的两峰之间，两峰上各立一阙。这个台非常大，据说可以走车马。自北宋变为农田，至近代，台上除了耕地，甚至还有四个村子。台上中间是"可以坐万人"的前殿主体殿堂，人们推测它的通面阔约有200米，通进深大概也在50米左右。主殿左右还有许多配殿，后面还有供休息起居的寝殿。这样即便规模不小，但也不可能"覆压三百余里，隔离天日"。"五步一楼，十步一阁"所指的绝不可能只是一个前殿。这是杜牧在想象。"长桥卧波，未云何龙？复道行空，不霁何虹？"的确，秦宫殿区从咸阳宫蜿蜒而来，一直南过渭水，出现长桥是可能的，宫殿和宫殿之间会有空中的复道，保证往来畅通，但是这不是前殿阿房宫，而是整个秦宫殿区，否则也不可能三百余里。杜牧熟读典籍，在这里展开了精彩的想象。

更让人狐疑的是，杜牧写得声情并茂，说秦始皇很贪婪，也很好色，"歌台上的歌女歌声响亮而充满暖意，有如春光融和；舞殿上的舞女由于舞袖飘拂而充满寒意，有如风雨凄凉……宫妃们打开了梳妆的镜子，宛若明亮的星星晶莹闪烁；宫妃们在梳理晨妆的发髻，好似乌青的云朵纷纷扰扰；宫妃们抛弃的胭脂水在渭水涨起一层油脂；宫中焚烧椒、兰制香料的烟霭斜斜上升，横绕空际；宫车驶过，好似雷霆突然震响，辘辘的车声越听越远，无影无踪，不知道它去到什么地方。每一片肌肤，每一种容颜，都美丽娇媚得无以复加。宫妃们久久地站着，远远地探视，盼望着皇帝来临。有的宫女竟整整三十六年没能见到皇帝"①。仿佛秦宫的美人杜牧都曾看见一样。事实上，这里有个问题得澄清。秦王政是不是那么贪婪好色？如果不是，杜牧的说法就是不实之词。《史记》的确说秦始皇一统六国之前，就曾经把六国宫殿按照一定形制仿制到秦宫廷中，规模很大，遍及泾河渭河。② 既然如此，六国宫人也会来到秦宫廷，并且六国的珍玩财富大量输送到秦国，自是情理之中。李斯曾经写过著名的《谏逐客书》，也说过"物不产于秦，可宝者多。士不产于秦，而愿忠者

---

① 杜牧《阿房宫赋》："歌台暖响，春光融融，舞殿冷袖，风雨凄凄……明星荧荧，开妆镜也，绿云扰扰，梳晓鬟也，渭流涨腻，弃脂水也，烟斜雾横，焚椒兰也，雷霆乍惊，宫车过也，辘辘远听，杳不知其所之也。"

② 《史记·秦始皇本纪》："秦每破诸侯，写放其宫室，作之咸阳北阪上，南临渭，自雍门以东至泾、渭，殿屋复道周阁相属。所得诸侯美人钟鼓，以充入之。"《后汉书·皇后本纪》："秦并天下，多自骄大，宫备七国。"

众"。这说明相当一个时期秦人的吸引力很大，财富和人才资源都源源不断地输送到秦地。

问题是，这些现象是客观存在的，但和秦始皇本人的性格爱好还是有很大距离。很多迹象表明，秦始皇是千古一帝，他把整个秦王朝的安危看作生命线，把王朝的建设与国家机器的运转当作毕生最重要的工作。说他是工作狂，一点儿也不过分。那么秦宫殿的修建，意义就比较复杂。其中有秦始皇个人穷奢极欲的一面，但是也有秦政权建设的一面，而后者往往是人们容易忽略的内容。比如秦始皇统一后的第二年（前220年）开始修筑"驰道"，开始了他的巡狩事业。巡狩的目的也不只是个人巡游和追寻长生不老药，而是有着"示疆威，服海内"的政治目的与军事目的，从前220年到前210年，十年中秦始皇先后五次巡狩，足迹所至，达到了秦王朝版图中的大部分地区，北到今天的秦皇岛，南到江浙、两湖地区，东到山东沿海，并封禅泰山，祭天告成，在许多地方留下了称颂其统一功绩的刻石。公元前210年，秦始皇最后一次巡游，南下云梦（在今湖北），沿长江东至会稽，在西返咸阳途中崩于沙丘（今河北邢台附近）。这样的行为明显就有政权建设的一面。同理，在一统天下之后，秦始皇把众多人口迁徙到关中，也是出于政治规划。随着秦王朝的政治建设，首都咸阳人口急剧增加，渭河以北地区受泾、渭二水的限制，地少人稠。秦始皇嫌咸阳人口众多，先王宫廷狭小，于是就在渭河以南上林苑中建造新朝宫①，其前殿为阿房，就应该视为

---

① 《史记·秦始皇本纪》："吾闻周文王都丰，武王都镐。丰镐之间，帝王之都也。乃营作朝宫渭南上林苑中。"

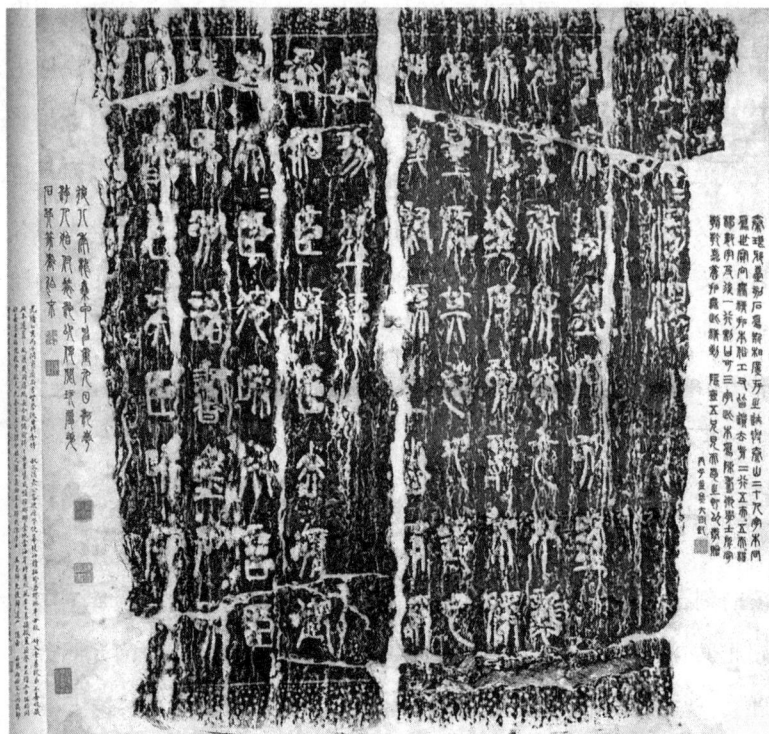

琅琊台刻石拓本

秦王朝城市规划的一部分。以阿房前殿为代表的新朝宫，是秦王朝气象的标志，与秦始皇的好大喜功、帝王气魄有关，但说这完全是出于秦始皇的贪婪，也非确论。毕竟古代制度家国同构，彻底扼杀政权建设中"国"的因素，是不客观的。

最令人不可思议的是，杜牧很确凿地说："六王毕，四海一，蜀山兀，阿房出。覆压三百余里，隔离天日……"竟然"楚人一炬，可怜焦土"。值得玩味的是，杜牧的《赤壁》说"东风不与周郎便，铜雀春深锁二乔"，然而赤壁之战发生于公元208年，曹操的铜雀台则修建于公元210年，杜牧的确是穿越了。

秦始皇与秦王朝，都是饱受争议的。秦人奋六世之余烈，在短短十年内一统天下，也在短短十五年内土崩瓦解。他们留下了后世行之有效的中央集权制度，又恰恰因为不爱民力操之过急，激化了许多完全可以避免的社会矛盾。汉承秦制，总结秦亡汉兴的历史教训的同时，也把脏水泼给秦人，秦始皇的性格、为人、治国方式乃至他的身世，都相当程度上被污名化。

《阿房宫赋》里秦始皇是"取之尽锱铢，而用之如泥沙"的独夫民贼，甚至骄奢、暴虐、好色，六国美女"有不得见者三十六年"，杜牧如数家珍。这样的观念，反映了后代士大夫眼中的秦始皇形象。但是，这和典籍文献与出土材料中表现的秦始皇还有一定距离。

封泥：解密秦王朝官僚系统

二十世纪九十年代末期，秦封泥在汉长安城遗址桂宫北墙外今

左丞相封泥

右丞相封泥

中厩丞印

中羞丞印

郡左邸印

宦者承印

都船丞印

橘印

秦封泥

相家巷出土，引起了考古文物学者的广泛重视。相家巷地处渭河南岸，秦代这里当属都城咸阳渭南宫区，是皇帝居住办公之地，有学者认为这里是秦始皇新都的"极庙"，即秦二世时期的秦始皇庙，用来供奉全国各地贡品。这里正位于渭水之北的咸阳宫与上林苑内新朝宫之间。秦始皇统一中国后，大建咸阳宫，其中一处名章台宫，据说秦始皇曾在这里"躬操文墨，昼断狱，夜理书"。于是，中央各机关、全国各郡县的奏章就向这里源源汇集。一本奏章就是一捆竹简，作为当时的一种保密措施，上奏官员要将竹简捆好，并糊上泥团，再在泥上盖上自己的官印，然后放在火上烧烤，促其干硬。奏章被送到章台，值守吏要呈送秦始皇亲自验查，封泥完好，确未被奸人私拆偷阅，才敲掉泥封以便御览。这就是封泥。秦封泥以十字界格为典型特征，字体婉转生动，学者们认为和李斯等人统一文字有着密切的关系，也有人称之为"斯篆"。封泥的印面，大量出现的是秦王朝官名地名，补充了《汉书·百官公卿表》《汉书·地理志》等文献的遗漏，意义相当重大，使得秦王朝官僚系统的运转和王朝自上而下的垂直管理模式得以浮出水面。

秦王朝上至左右丞相，下至郡县官吏的奏章皆由皇帝亲览，封泥大量被扔到垃圾坑，也就是考古学所说的灰坑中，似乎还能看到焚烧的痕迹，很可能是连同竹简一起焚烧。《汉书·刑法志》

帝 皇 始 秦

《三才图会》中的秦始皇像

说秦始皇"躬操文墨，昼断狱，夜理书"，《史记》也说他每天要看120斤重的竹简公文，否则不睡觉。有学者依据现在已经看到的秦汉简牍，测量大小与平均重量，以及每支简写多少字，考虑脱水与否，看秦始皇一天到底要读多少文字。秦始皇一天的阅读量竟然在二三十万字①。即便打半价，也是十几万字。这和各种封泥汇总在相家巷的情况是吻合的。秦始皇是工作狂，这与他的性格密切相关。《史记·秦始皇本纪》载尉缭说："秦王为人蜂准，长目，鸷鸟膺，豺声。"经过郭沫若先生《十批判书》的阐释，这位不可一世的帝王，在肉体上和精神上都受过摧残：他幼时是一个得了软骨症的孩子，时常患着支气管炎，所以他长大了，别人说他胸部和鸷鸟一样，声音和豺狼一样。尉缭的形容应当是有根据的，但是否有汉代人对秦始皇的丑化，我们不得而知。如果郭沫若先生据尉缭的形容进行的推论不错的话，那么秦始皇早年在赵国和父亲一起做人质的履历就对他的性格产生了消极的影响。有学者依据秦陵的殉葬坑出土的人骨进行复原（这些人骨很可能属于被秦二世胡亥坑杀的秦宗室，这与司马迁的记载吻合），发现他们生前状貌魁梧，和郭老所说的秦始皇状貌不大一致。事实上，如果尉缭所说是真，那么秦始皇本应魁梧挺拔。但弗洛伊德学说就能解释尉缭所说的这一现象，儿童早年的心理阴影会对日后的人生发展起消极作用，秦始皇在早年受的折磨不仅给他的肌体更给他的性格带来影响。秦王朝能够吞并天下，

---

① 邢义田：《汉代简牍的体积、重量和使用——以"中研院"史语所藏居延汉简为例》，见《地不爱宝——汉代的简牍》，中华书局2011年版。王子今：《秦始皇的阅读速度》，载《博览群书》2008年第1期。段清波：《真实的秦始皇》，载《西部大开发》2019年第6期。

是秦王政的雄才伟略，也和他狡诈多疑的性格关系密切。就此而言，秦始皇"事无大小皆决于上"的权力欲望以及疑心病，要远远大于他的食色之性；在他的日常生活中，工作的时间占据绝大多数；他在统一后进行的五次巡狩，远离关中的咸阳宫、新朝宫，不大可能带着女眷。所以《阿房宫赋》描写的许多情节，是禁不住推敲的。

从前 212 年阿房宫开始营建，到前 210 年秦始皇死，气势宏伟的阿房宫，他无福消受。前 209 年大泽乡起义，敲响了秦灭亡的丧钟；秦王朝费尽力气镇压陈胜吴广，但再也无力消灭刘邦项羽。公元前 206 年秦亡，项羽一把大火烧掉咸阳宫，秦人的江山社稷连同城市规划一起，都成为明日黄花。

第十讲　大秦兴衰

　　在阿房宫的建筑构想中，体现了许多秦王朝独特的政治色彩。"五"和"六"两个数字，在阿房宫的建筑面积上有着巧妙的体现，与大秦帝国的治国思想紧密相连。那么，秦国的治国理政思想从何得来？又秉承了怎样的规律？这样一个空前的帝国，为什么会经历二世而亡？直到秦亡都未能建成的阿房宫究竟隐藏着怎样的秦朝密码呢？

阿房宫前殿：设计中的"五德终始说"

关于阿房宫的名称，读音应该是阿（ē）房（páng）宫，还是阿（ē）房（fáng）宫，以及到底怎么解释，学者们莫衷一是，留下了许多的疑窦。但司马迁在《史记·秦始皇本纪》里曾经明确交代，阿房宫并未建成。今天看来，阿房宫被誉为"天下第一宫"，成为秦帝国的符号之一，和秦万里长城、秦直道、秦始皇陵并称为"秦始皇的四大工程"。它们是中国首次统一的标志性建筑，也是我们中华民族发展史上的实物标识。

今天所说的阿房宫，有广义和狭义之分。狭义上就是指阿房前殿，但从广义的角度说，就应当指朝宫。渭水隔绝了南北，北边是咸阳宫，南边就是朝宫，也有学者叫新朝宫。按照《史记·秦始皇本纪》的说法，秦始皇在公元前212年，在渭水之南的上林苑中建造了阿房宫。阿房宫的面积是比较大的，它的周围又有阁道，通过阁道连接了阿房宫以及南山，也就是终南山。终南山的两座峰居然成为阿房宫的阙楼。往北已经到了渭水，又通过复道联系了渭水北边的咸阳宫。[1]这条连接咸阳城与阿房宫的复道，如同银河中连接营室星[2]的阁道，使前殿阿房及朝宫其他部分与南山、渭河及渭河之北

---

[1] 《史记·秦始皇本纪》："始皇以为咸阳人多，先王之宫廷小……乃营作朝宫渭南上林苑中。先作前殿阿房……周驰为阁道，自殿下直抵南山。表南山之颠以为阙。为复道，自阿房渡渭，属之咸阳，以象天极阁道绝汉抵营室也。"

[2] 营室星，又叫定星。十月之交，定星昏中而正，宜定方位，造宫室。《诗经·鄘风·定之方中》："定之方中，作于楚宫。揆之以日，作于楚室。"定星在夏历十月十五至十一月初，黄昏时分出现在正南天空，与北极星相对应，就可准确测定南北方位。

的咸阳城连接而成一个规模巨大、气势恢宏的整体空间，象征了君临天下大一统皇帝的至高无上与王朝疆域的浩瀚无垠。

阿房宫在《史记》中只是前殿，但在很多人的思维中作为一个宫殿群出现，拥有祭祀天神的上天台和祭祀土地之神的祭地坛。在中国古代的思想中，天神地祇是保佑江山社稷的重要神灵。天的崇拜非常重要，只有皇帝才能祭天，天子就是上天之子，通过祭天论证的是君主执政的合理性，但另一方面，天对天子又形成种种制约，使其不能为所欲为。社稷，古人拿它来指江山。其中，社指的是土神崇拜。"社"字从土从示，从示就和宗教祭祀有关系，从土说明祭祀的是土神。稷指的是谷神，有人说是谷物的泛称。对于农业民族来说，社和稷都是至关重要的，只有社稷安稳，江山才能太平。祭祀土地神是中华民族发源于黄土高原源远流长的农耕文化的体现。除此之外还有其他宫殿，比如比较重要的兰池宫。这个兰池宫在哪里？今天学者们莫衷一是，甚至有学者认为，可能因为渭水改道，兰池宫已经跑到了渭水底下，这都是有可能的。兰池宫是秦始皇的

兰池宫当

一座寝宫，有人叫它仙岛，因为建筑在兰池之畔而命名。秦始皇非常迷信，和众多帝王一样，到晚年非常怕死，所以屡屡求仙。他派徐福东渡，但是没有找到仙方仙药和长生不老之术，索性自己建造了一个模拟的仙境，就是兰池宫。兰池是挖出来的池，用挖出来的土堆成山，

象征蓬莱仙境。这种堆土成山造仙境的做法，在中国古代皇家园林建筑中有着深远的影响。此外还有一个特别奇特的建筑，就是磁石门。所谓磁石，就是民间所说的吸铁石，小朋友都爱玩。它有一定的磁性。相传当时秦始皇建造宫殿，用磁石为门，可是到底干吗用呢？有人说这是中国古代很早的安检设施，如果刺客带着利刃，由于强大的磁场，就会把刺客吸拢过来，同时可以向四面八方来朝见秦王的其他民族人士显示宫门的神奇作用，让他们心生畏惧。但是有学者认为这种说法很荒谬。为什么呢？因为磁石非常脆，不可能找到整版的磁石，如果是整版的，很容易碎成小块，如果是小块，镶嵌在门上，又有很大的问题，小块同方向的磁场，相互排斥，很难起到吸附的作用。而且人距离磁场越远，它的吸附力就越差。总之，这个磁石门不可能像人们想象的那样，一下子就把刺客给吸附过来。在典籍之中，磁石是一种很重要的药材，有安神的作用，走肾经。它有一定的药用价值。由此也能推知，它很可能有民间信仰方面的作用。磁石门很神奇，给今天的人们带来遐想。

当然，在考古发掘中，最为引人瞩目的还是阿房宫前殿。阿房宫前殿现如今仅存的只有一座巨大的长方形夯土台基，由北向南呈缓坡状，东西长约1300米，南北宽约420米，最高处达9米，夯土台基的面积为54.1万平方米，是中国目前已知最大的夯土建筑台基。这个面积就能说明当时它的规模排场。54万（多）平方米，是怎样的一个概念？北京故宫博物院是72万平方米，也就是说大半个故宫只相当于一个阿房前殿。《史记》记载了这样一段话，成为今天研究阿房宫最重要的一段资料："先作前殿阿房，东西五百步，南北五十丈，上可以坐万人，下可以建五丈旗。"这里记载了阿房前殿的规模，这个规模中有好些数字，值得认真思考，也有好些现象值得深入研究。

首先这里突出的数字是五，"东西五百步"，"南北五十丈"，两句的单位为什么不统一成丈或者步？其实有很大学问。有学者认为"五百步""五十丈""五丈旗"，与战国时兴起的五行学说密切相关，"五"象征了五行中的"土"，从而象征了"东、西、南、北、中"大地五方之"中央"的地位，正与这座象征"天下之中"的帝王宫殿正殿的地位相匹配。而且，从一到九这九个数中，五居于中央，这是阳数之中，而古代天子往往就拥有中央的意识，比如北京故宫就有非常典型的中轴线意识。另外，还有一些数字与"六"相关，应当是秦人刻意为之。秦朝基本上是六尺为一步，秦汉一尺相当于今天的 0.23 米（今天一尺是 0.33 米），六尺为步，应该是 1.38 米。这样，按照司马迁的描述，前殿东西五百步，是 3000 尺，也就是 300 丈，合今天 690 米；南北五十丈，合今天 115 米。人们惊奇地发现，这个长和宽的比例非常重要，是六比一[1]，为什么要强调这个数字呢？因为在秦国人的文化中，六这个数字很独特，完全符合秦王朝的典章制度。这里就涉及一个重要的思想流派——阴阳家，阴阳家提出了一个重要的观点——"五德终始说"。司马迁在《史记·孟子荀卿列传》中曾经交代过一个人，就是邹衍。邹衍是战国晚期人，阴阳家，玩阴阳五行，在列国特别受人青睐。对此，司马迁就抱不

---

[1]　王贵祥：《消逝的辉煌——部分见于史料记载的中国古代建筑复原研究》，清华大学出版社，2017 年，第 9–14 页。

平了，他说孔孟在周游列国的时候受人冷眼，但是没想到这个邹先生特别受君主青睐，据说梁惠王在见邹先生之前亲自到郊外迎接，执宾主之礼，但他见孟子时，直接就问老先生你大老远地来，给我们国家带来什么利益呀，多么傲慢！[①]大名鼎鼎的平原君赵胜，见到邹衍为之撤席[②]，为什么如此？邹先生最重要的学说就是"五德终始"，即由五行"木、火、金、土、水"所代表的五种德性周而复始地循环流转、相生相克，王朝更替也应该符合这一流转生克规律，用这种学说来探索一个王朝执政的合理性根据。历史开了一个大玩笑，邹衍当时在列国受君主青睐，但是他的书没有传下来。而孔孟坐了冷板凳，孔孟的书却传了下来。可见历史是公正的，历史也是冷峻的。

"水德"：秦的治国理念

邹衍的文字，学者认为比较确信的，应当是《吕氏春秋》的《应同》篇。《吕氏春秋》是吕不韦率领门客编的著作，按现在的说法是百科全书，里边就有阴阳家的内容。当时邹衍及其门徒是这样认为的：在轩辕黄帝的时候，土气胜，出现许多虫子，所以黄帝是土德，用土来论证自己执政的合理性，即以土德王；夏禹的时候，到了秋天、冬天，居然草木不凋零。大禹时木气盛，所以夏朝是木

---

① 《史记·孟子荀卿列传》："其游诸侯见尊礼如此，岂与仲尼菜色陈蔡，孟轲困于齐梁同乎哉！"

② 《史记·孟子荀卿列传》："适赵，平原君侧行撤席。"大概意思就是侧过身子，表示不敢与之并列，并以衣袖拂去座席上的灰尘，以示礼敬。

德，以木德王，以木德来论证执政的合理性；到了商朝时，商汤看到水中有金，金气盛，商汤以金德王；到了周武王时，在周人的社坛上，有赤乌衔丹书，赤乌和丹书都是红颜色的，所以周朝是火德，以火德王；那么他下了一个结论，代火者必将是水。五德相克，一德克一德。①而这个说法被写入《吕氏春秋》中，启迪了秦始皇下一步的政治构划。秦始皇一统天下之后，也认为自己是水德。②他进行了大刀阔斧的政治建设，其中一条就是以水德王，用水来宣示皇权。司马迁明确地记载了秦王朝许多与水德相应的现象，比如修改了历法，夏商周三代的历法，据说夏朝是以正月为岁首，就是现在的农历；商朝以十二月为岁首；到了周朝，以十一月为岁首，而秦以十月为岁首，这是水德的规定。③不仅如此，袍服冠带都用黑色，在现代一些影视剧中演秦王朝上朝的情景，官员们穿得花花绿绿，实际上与《史记》的描绘相违背。有历史学家就指出，秦的朝堂之上定是黑压压一片。秦始皇认为六与他的德行有着密切的联系，因而非常重视六这个数，比如说秦的兵符、帽子，用的都是六寸，而秦的车，两个车轴之间的距离应当是六尺。秦始皇把河水，也就是黄河叫作德水，代表水德。水德的政治建设就这样建立起来了。④五和六

---

① 《吕氏春秋·应同》："代火者必将水，天且先见水气胜。"

② 《史记·秦始皇本纪》："始皇推终始五德之传，以为周得火德，秦代周德，从所不胜，方今水德之始。"

③ 《史记·历书》中记载，夏正以正月，殷正以十二月，周正以十一月。秦始皇时期以十月为岁首，汉高祖、文帝、景帝在位的许多年都沿用秦制，直到汉武帝时才更改了历法。

④ 《史记·秦始皇本纪》："改年始，朝贺皆自十月朔；衣服旄旌节旗皆上黑；数以六为纪，符、法冠皆六寸，而舆六尺，六尺为步，乘六马；更名河曰德水，以为水德之始。""分天下以为三十六郡……金人十二，重各千石，置廷宫中。"

两个数字的应用，表现出皇权的至高无上，渗透了水德的精神。阿房宫这座旷古未有的伟大建筑，将秦人最为关注的两种思想——天下之中的观念与秦王朝的"水德"巧妙地结合在一起。

秦国采用水德治理天下，这在一定程度上遵循了某种规律。司马迁曾说，水德是刚毅戾深、刻薄寡恩的，没有什么温情，所以治国理政的精神就以法来确立。①秦国和法家有着密切的联系，这个历史可以上溯到商鞅时期。商鞅变法给秦国做出了巨大的贡献，甚至商鞅死而秦法未坏，就说明这场变法非常彻底。商鞅变法是秦一统天下的保障，但这是今天的历史学家的看法，在古人眼中，商鞅却往往是一个不大好的形象。司马迁这么形容商鞅，他刻薄寡恩，不为人所称道，干了很多缺德事，突出了他的阴险。②司马迁曾经说商鞅"刑公子虔"，公子虔是秦孝公的哥哥、秦惠文王的老师。秦惠文王在太子位上曾经犯律，商鞅不能处罚太子，只能处罚他的老师公子虔。后来公子虔还不收敛，商鞅索性对他施以肉刑。公子虔能不恨他吗？这样商鞅在秦国背上恶名是咎由自取、理所当然的。商鞅变法时间长达十年，在秦国产生了显著的成效，原先一些说新法不好的人也改变了态度，从敌视变为拥护。作为变法的主持者，理应对此持肯定态度，对原先的反对派给予宽容。然而商鞅却并非这样，他把自己思想中知变通达的理性完全抛到脑后，而表现出极度

---

① 《史记·秦始皇本纪》："刚毅戾深，事皆决于法，刻削毋仁恩和义，然后合五德之数。于是急法，久者不赦。"
② 《史记·商君列传》："商君，其天资刻薄人也。""刑公子虔，欺魏将卬，不师赵良之言，亦足发明商君之少恩矣。"

的狭隘和暴戾。当出现一些一开始批评他的法令，后来又来说他好的人（也就是人们说他好）时，他非常霸道，毫无道理地说："此皆乱化之民也。"商鞅下令把他们都迁走，从此后，老百姓谁也不敢议论他的政令了。在《新序》一书中，还记载了他有一次下达死刑命令，将七百余人赶到渭河边上去处死。① 商鞅坚信的法家理论认为，只有这样才足以使民畏惧，这七百余人的集体屠杀正是他向民众示威的活动（这是不是汉代人故意丑化他呢？也未可知）。当时商鞅曾经在赵良面前炫耀过自己的功劳："你看我比古代秦国那个五羖大夫如何？"② 赵良说不能这么比，五羖大夫以德服人，可是您做不到啊。赵良劝商鞅急流勇退，否则后果会非常惨。可是商鞅根本就不听，结果历史开了一个大玩笑，商鞅最终作茧自缚，被自己的反对派往死里整。那个时候，秦惠文王也就是公子驷的人得志了，商鞅在秦国待不下去了。他去投店，店家都不敢收留。最后，惠文王对商鞅处以车裂之刑。③ 实际上车裂的是商鞅的尸身，商鞅以一种悲凉的方式离开了这个世界。

法家文化传统：成败皆系于此

刻薄寡恩的商鞅代表了法家文化，这种文化不仅是商鞅的特色，

---

① 《全汉文·卷四十·新序论》："内刻刀锯之刑，外深铁钺之诛。步过六尺者有罚，弃灰于道者被刑。一日临渭而论囚七百余人，渭水尽赤。"
② 《史记·商君列传》："子观我治秦也，孰与五羖大夫贤？"
③ 《史记·商君列传》："秦发兵攻商君，杀之于郑黾池。秦惠王车裂商君以徇，曰：'莫如商鞅反者！'遂灭商君之家。"

应该说也是整个秦国的特色。秦国和其他国家有着巨大的区别，钱穆先生写《国史大纲》，就敏锐地指出一点，春秋时期有十二诸侯，其中好多都已经淹没在历史的长河中了，只有秦国和楚国异军突起，为什么？因为这两个国家受宗法分封制的影响极小，没有太多礼乐教化的色彩。在旧制度中，他们并不是中心的诸侯国，而是边缘化的诸侯国，文化稍弱也欠缺束缚。在新的时期，却能轻装上阵，是因为他们的羁绊比较少。①钱穆先生的这个说法非常有道理。秦文化尚功利的色彩非常之浓重，法家思想能立竿见影地满足秦人的需求。甚至不只是法家，当时功利性的很多思想在秦国都有市场，比如墨家。墨家的始祖墨翟主张兼爱非攻、尚贤尚同，而墨子的门徒在秦惠文王那受到青睐。②为什么如此？墨家提倡的很多做法和儒家不一样。儒家有很强的理想主义色彩，带有宗法血缘的温情脉脉，认为社会是丰富多彩的，不同的事物在天底下生存，各有各的生存空间，只要它们

秦始皇诏文权（铭文为："廿六年，皇帝尽并兼天下诸侯，黔首大安，立号为皇帝，乃诏丞相状绾，法度量则不壹歉疑者，皆明壹之。"）

① 钱穆：《国史大纲》，商务印书馆 2000 年版，第 117 页。
② 《吕氏春秋·去私》记载："墨者有钜子腹䵍，居秦。其子杀人，秦惠王曰：'先生之年长矣，非有他子也；寡人已令吏弗诛矣，先生之以此听寡人也。'腹䵍对曰：'墨者之法曰："杀人者死，伤人者刑。"此所以禁杀伤人也。夫禁杀伤人者，天下之大义也。王虽为之赐，而令吏弗诛，腹䵍不可不行墨者之法。'不许惠王，而遂杀之。"

多样地统一，不打起来，社会没有乱，矛盾可以存在。这就是和而不同，是儒家的境界，也是孔子的理想世界。而墨家有像苦行僧一样的纪律，尤其是他们提出了尚同的思想，在社会上消除矛盾。墨家认为不应尚"和"而应尚"同"，所以墨家的措施和后来秦始皇的许多措施是一样的。秦始皇在一统天下之后，推行郡县、书同文字、通西南夷、统一货币度量衡等。反观这些措施，不就是"同"吗？《汉书·百官公卿表》等文献记载，六国时就有博士，秦延续这个制度，诸子、诗赋、术数、方伎诸门类皆设立博士。但卢生、侯生曾说秦始皇把博士摆在那里当聋子耳朵，自己独断专行[①]。这样和博士官设立的初衷背离，不是儒家的和，而是墨家的同。

秦始皇延续了秦王朝的一贯作风，在统一六国之后，仍以一种简单粗暴的方式处理各项事务。秦始皇急于求成的统治方式，在历史上产生了消极影响。秦人忽视道德教化的重要作用，他们的发祥地远在西部的甘陇地区，从其建国伊始就处于同戎狄斗争的严酷环境

（秦）陶武士俑

[①] 《史记·秦始皇本纪》："博士虽七十人，特备员弗用。"

中，后来又在同东方六国的战争中发展壮大，再加上商鞅、韩非等法家人物的深刻影响，就形成了重视"力""威""耕""战"和倡导"以法为教""以吏为师"的法家文化传统。秦始皇以武力完成统一六国的大业后，通过强化皇权和"焚书坑儒"进一步强化了这一传统。虽然秦朝建立后儒家学者以博士身份进入咸阳的宫廷，稍稍扩大了儒学的影响，但并没有从根本上改变法家思想作为主流意识形态的局面。《史记·秦始皇本纪》记载了秦始皇三十四年，博士官儒生淳于越批评秦始皇的郡县制，受到丞相李斯的猛烈抨击。[①] 于是李斯焚书的建议被秦始皇采纳：一是只保留秦国的史书，其他则烧掉。[②] 二是儒家经典文献首当其冲，只有博士官的书保留了下来。[③] 三是民间不许引用儒家文献说事，否则杀头暴尸。[④] 四是官吏如果办事不力，治渎职罪。[⑤] 五是只有医药占卜种植书不烧，向公务人员学习法律是可以的。[⑥]

法家遵循人性本恶的观点，认为人与人之间根本不存在温情的联系，只有建立在赤裸裸的利害关系基础上的交换关系，所以没必

---

① 《史记·秦始皇本纪》："五帝不相复，三代不相袭，各以治，非其相反，时变异也。今陛下创大业，建万世之功，固非愚儒所知，且越言乃三代之事，何足法也？异时诸侯并争，厚招游学。今天下已定，法令出一，百姓当家则力农工，士则学习法令辟禁。今诸生不师今而学古，以非当世，惑乱黔首。丞相臣斯昧死言：古者天下散乱，莫之能一，是以诸侯并作，语皆道古以害今，饰虚言以乱实，人善其所私学，以非上之所建立。"

② 《史记·秦始皇本纪》："史官非《秦纪》皆烧之。"

③ 《史记·秦始皇本纪》："非博士官所职，天下敢有藏《诗》《书》、百家语者，悉诣守、尉杂烧之。"

④ 《史记·秦始皇本纪》："有敢偶语《诗》《书》者弃市，以古非今者族。"

⑤ 《史记·秦始皇本纪》："吏见知不举者与同罪。令下三十日不烧，黥为城旦。"

⑥ 《史记·秦始皇本纪》："所不去者，医药卜筮种树之书。若欲有学法令，以吏为师。"

兼六
國混
一興
圖

《东周列国志》里的秦并六国

要和，同就可以了。但深受其害的恰恰就是这一理念的笃信者秦始皇。有一个故事，就能说明秦王朝多么冷酷。据说当时秦始皇幸梁山宫（在今天陕西的乾县）避暑，看到丞相的车骑甚重，心生不快。而这个消息，就由他身边的太监走漏给了丞相（是不是李斯？说不好）。丞相非常害怕，于是减损车骑。这个事情被秦始皇看到了之后，他不但没有高兴，反而勃然大怒："你们这些太监，居然把我的想法泄露出去①，那还得了？"他问到底是谁泄露出去的，没有人回答，结果所有人被统统杀掉。②这个故事反映出，秦政权已经成为一个冷冰冰的政治机器。它刻薄寡恩，以纯利害关系规范臣子与民众，必然斩断臣民对这个皇朝的道德和感情。以"自我利益"作为衡量与君王关系的唯一标准，不谋求群体和谐，发展到极端，就必然会走到"人与之为怨，家与之为仇"的地步。秦人的这种文化缺陷，既奠定了其成功的基础，也埋下了其灭亡的种子。

矛盾重重：秦王朝短命而亡

随着秦帝国大厦的倾覆，阿房宫也随之陨落。秦始皇一心想建的新朝宫、一心谋划的阿房宫，也成为彻头彻尾的烂尾工程，成为历史的一大遗憾。在秦之后，又一个大一统王朝在中国大地上崛起。汉朝与秦二世而亡不同，它存在四百余年，是中国最强盛的朝代之一。但是汉朝建立之初，却是满目疮痍，百废待兴。社会非常疲软，

---

① 《史记·秦始皇本纪》："此中人泄吾语。"
② 《史记·秦始皇本纪》："诏捕诸时在旁者，皆杀之。"

（南宋）赵伯驹《汉宫图》局部

穷得叮当响。然而在这样的条件下，一座宏伟的建筑却正在悄然崛起，这就是享有盛名的未央宫。对于未央宫的修建，萧何对刘邦说得非常明确，这个钱花得对，应当花，今天刘邦不再是沛县的亭长，而是贵有四海的帝王，贵有四海的帝王应该四海为家，如果宫殿建立得不雄壮，谁听你的，哪里有威信啊？不仅要盖，还要盖好，让后代无以复加。[①]刘邦点头。于是汉朝皇帝在汉初恶劣的经济环境下，咬着牙勒紧裤腰带建立了长乐宫、未央宫。未央宫的恢弘壮丽不在阿房宫之下，并且成为中国历史上存在时间最久的宫殿。那么汉朝为什么能够在一片废墟之中建起未央宫，而秦却未能在盛世繁华中建成阿房宫呢？这是一个很有意思的话题。

其中重要的原因之一，是汉王朝比秦王朝能够调和社会矛盾。阿房宫的修建实际上是一个烂尾工程。其中的道理不难理解，这么庞大的建筑，绝非片刻可以完成的，它需要整个国家的经济实力作为后盾；而即便有雄厚的经济实力，执政者也需要小心翼翼，如"治大国若烹小鲜"一样仔细（小鱼能在锅里翻来翻去吗？不怕它碎呀？），不仅不能激化社会矛盾，还需要让整个社会拥护国家的政策，这样才能长治久安。但在"水德"指导下秦政已经成为苛政，秦始皇统治时期，大规模地兴建宫殿和陵墓，以及筑长城，修驰道，对匈奴和南越用兵，耗费了大量的人力和财力，极大地加重了人民的徭役和赋税负担。处于社会下层的广大百姓，尤其是东方六国的民众经不起秦王朝的敲骨吸髓。元代张养浩《潼关怀古》中总结

---

① 《史记·高祖本纪》："天下方未定，故可因遂就宫室。且夫天子以四海为家，非壮丽无以重威，且无令后世有以加也。"

的"伤心秦汉经行处,宫阙万间都做了土。兴,百姓苦;亡,百姓苦",正是当时秦朝百姓内心的真实写照。从前212年谋划建设阿房宫,到前210年秦始皇驾崩,大量的工匠投入到秦始皇陵寝的修建中。前209年大泽乡起义,秦王朝山雨欲来风满楼。前206年秦亡。以阿房宫为代表的新朝宫,也被人们看作秦代苛政的缩影。从这个角度看,以阿房宫为代表的建筑群与秦的命运捆绑在一起。

从另外一方面看,这也并不纯是统治者一己之私使然,而是秦王朝统治者急于求成的表现。中央集权推进过快,大大超出了东方六国贵族与民众的许可度;而且秦统治者带有极大的优越感,对六国施以政治强压而完全无视其呼声。这就不只是阶级矛盾这么简单了,而是秦王朝版图内秦人与非秦人、秦政权与反秦势力、郡县制度与反郡县制度的较量。

秦王朝的政治建设,显现了一个非常有趣的现象,就是它的方向是对的,中央集权和郡县制度的方向没错,但是他们没想到,郡县制度的推行并不长久,马上就出现了陈胜吴广起义,之后是刘邦项羽之争。为什么会这样?因为水德是刻薄寡恩的,他觉得没有必要顾及老百姓的心理,于是冷冰冰地推行秦王朝制度建设即可。事实上,秦统治者完成了统一,并不意味着秦王朝就是铁板一块;秦在统一之后迅速推行郡县制,却没有让郡县制度深入人心。郡县制度的方向固然是正确的,但是它对谁有利?在秦代,是对老百姓有利吗?好像不是。更大的得利者是秦始皇,是秦二世,是朝廷。不容忽视的一点是,人们的思想本身就带有顽固性,当时许多人脑海

号皇始建立郡县

《东周列国志》里的秦始皇推行郡县制

之中的理想世界，还是分封制的。① 在秦始皇一统中国的时候，李斯就和很多臣子辩论过，到底是分封好还是郡县好。当时真理掌握在少数人手中，李斯的建议被秦始皇所推行，不行分封，行的是郡县。但是通过这个故事也能看出，分封在许多人甚至是秦朝重臣的眼中，是一个重要的理想制度，他们认为实行分封制度才能给百姓带来福祉。这一点秦始皇没有太多思考。因而，秦王朝只是强行推行郡县制度，并没有很好地宣传它、让东方民众从情理上接受它；更没有给六国贵族怀柔安抚、对东方民众施以惠政，让人们拥护它（也就是忽略了思想工作）。在秦统治者推广郡县的同时，逆向的离心力始终存在。专家指出，秦封泥所见郡县分布，大致呈一西一东的哑铃状，西边以关中之县为主，这是秦朝的政治、经济中心与大后方所在；东边以黄淮中下游豫、鲁、皖、苏多县为主，这是"苦秦久矣"的黔首随陈涉揭竿而起的地区。这样的分布很值得玩味，它表明东方黄淮下游地带就是反秦力量最为集中的区域，一堆加急文书像雪片一样飞到咸阳宫中。秦王朝费九牛二虎之力平息了陈胜、吴广起义，但无力阻挡刘邦、项羽的势力，说明秦人的力量在六国反秦力量面前是很有限的，冷冰冰的秦制不足以化解当时的社会矛盾。

秦的教训在汉代人眼中看得更清晰。秦王朝的教训摆在面前，汉家执政者有意地缓解社会矛盾。这样，一方面表现出新朝气象的

---

① 钱穆先生说："始皇既卒，赵高用事。天下解体，怨望日甚。封建之残念，战国之余影，尚留存于人民之脑际。于是戍卒一呼，山东响应，为古代封建政体作反动，而秦遂以亡。"见钱穆：《秦汉史》，生活·读书·新知三联书店2005年版，第35页。

长乐宫、未央宫能够大规模营建起来，另外一方面汉家天子又小心翼翼地处理着各种各样的矛盾。

未央东阁瓦砚

首先，整个社会休养生息，奉行无为而治。有一个著名的典故就是萧规曹随。当汉惠帝责备曹参丞相不如萧何的时候，曹参说垂衣拱手就行，多一事不如少一事，"遵而勿失"不也很好嘛。于是发展生产、招抚流亡、免奴为庶、减轻田租，打下了汉家盛世的基础，也为汉代宫殿建设提供了强大的保障。

其次，汉人在政治建设上也更遵循规律，懂得循序渐进，尽可能减少强力推行郡县制的矛盾。刘邦清晰地意识到，汉家的制度建设势必要考虑到两方面：一方面是拉拢当时一切可以拉拢的力量，不惜代价分化、瓦解敌人；另一方面是有利于君主集中权力。于是刘邦分封了一系列要冲地带的异姓诸侯，认可其在势力范围内的合理性。专家指出，刘邦建立汉家帝业，必须"承秦"并且尊重东方社会之俗。这是历史对刘邦的苛刻要求，也是汉初实行郡国并行制的深层背景。①

---

① 陈苏镇先生指出："在东西文化尚未充分融合、战国时代的文化布局仍然存在的情况下，刘邦建立汉家帝业，一方面必须'承秦'，包括承秦之制，另一方面又必须尊重东方社会之习俗，特别是楚、齐、赵人之俗。这是历史对刘邦的苛刻要求，也是汉初实行郡国并行制的深层背景。"见陈苏镇：《汉代政治与〈春秋〉学》，中国广播电视出版社 2001 年版，第79 页。

这样的做法在古代很正常，往往中原王朝的统治者对自己势力不及的地区，会采取怀柔政策，即保留原有的政治机构，并任命原部落首领直接管理当地百姓，有利于维护社会秩序的稳定。当然"异姓则异德"，分封异姓诸侯的做法是权宜之计，正如柳宗元《封建论》所说，"盖非不欲去之也，势不可也"。这一点刘邦心知肚明。

"异姓则异德"是明摆着的，当王朝的力量强大到一定程度，痛下决心鱼死网破之时，异姓诸侯就成为最高统治者打击的对象。汉高祖十一年（前196年）十月，淮南王英布起兵反汉；由于他英勇善战，气焰旺盛，刘邦不得不亲自出征。刘邦打完英布回到故里时作了一首《大风歌》："大风起兮云飞扬，威加海内兮归故乡，安得猛士兮守四方。"刘邦希望猛士给自己守四方，关键是哪里来的那么多猛士呀？异姓诸侯纷纷叛乱，刘邦最终把他们逐一剪灭，然后大封同姓诸侯。刘邦曾经杀了一匹白马，对天盟誓，告诉臣子敢有异姓称王的人，天下同击之。但注意，刘家的同姓王他只分封了一级，这与周朝的分封完全不同。周朝分封，是"天子—诸侯—卿大夫—士"，但是刘邦的分封，只是"天子—诸侯"。诸侯的儿子中，太子以后是诸侯，庶子就什么都不是

（清）姚文瀚《历代帝王像》中的刘邦

了，诸侯的下边是郡县。所以，《隋书·地理志》就说，刘邦这场改革没有从实质上改变秦朝的郡县制度。[①]刘邦的白马之盟可以视作刘姓宗亲打击异姓割据势力的关键一步；而从分封异姓诸侯到分封同姓诸侯的嬗变，也说明以刘邦为代表的刘姓宗亲逐渐能够成功驾驭地方秩序，平息异姓诸侯叛乱、剪除诸吕与对匈奴斗争都说明了这一点。这较之秦楚之际的政治乱局，也明显前进了一步。后来汉景帝采用"削藩"的手段，直接夺取王国所属的支郡，虽然引发了吴楚七国之乱，但朝廷得以在三个月内平叛，一个重要的原因，就是郡国并行制做到了"郡县之制，无改于秦"。到了汉武帝时期，汉武帝采纳主父偃的推恩令，把王国大蛋糕分成小块，小块的土地还不是诸侯的，诸侯只能在土地上拥有衣食租税之权，土地的实际所有权归郡，郡隶属于中央，这样从根本上解决了王国问题。郡县制度方向没错，但如何让天下苍生接受认可，却比制度设计本身要复杂得多。从刘邦建汉，公元前202年一统天下，一直到公元前135年汉武帝亲政，已经过了六七十年之久，郡县制度才在中华大地上为老百姓所接受，这就是汉家天子的远见卓识。反过来看，秦王朝推行郡县制明显操之过急，且措施不得法。

从阿房宫开工到秦灭亡只有短短几年，本以为这些建筑可以万代传承，但它们随着秦亡而崩溃，说明宫殿建设远比王朝秩序维系要简单。阿房宫与秦王朝已经远去，但其中的教训，值得今人深刻地总结，认真地吸取。

---

① 《隋书·地理志》："汉高祖……矫秦皇之失策，封建王侯，并跨州连邑，有逾古典，而郡县之制，无改于秦。"

下篇 汉

第十一讲 汉并天下

未央宫是中国历史上存在时间最久的宫殿，这座华美的宫殿见证了大汉王朝的兴衰荣辱，也让我们得以窥探汉朝那段光辉的历史。它的名字和长乐宫放在一起，就是"长乐未央"，这是刚刚从秦的苛政中走出来的汉人对于和平喜乐的美好企盼。刚刚建立的汉朝民生凋敝、百废待兴，而就是在这样窘迫的情况下，大汉王朝开始了未央宫的修建。它有着令刘邦都震惊的华美壮丽，威震四方。在这里，刘邦从一片混沌中规范了朝仪，丝绸之路的开创者也开启了他们的伟大征程。

萧何:"开国第一侯"

汉代的主要宫殿分三大区,即长乐宫区、未央宫区和建章宫区。其中长乐宫、未央宫始建于高祖七年(前200年),未央宫的城墙则是汉惠帝时期修筑的。长乐宫建筑在秦兴乐宫的旧址上,未央宫建筑在秦章台宫的旧址上,一东一西。在未央宫刚刚开工时,东墙外就已经有了储备兵器的武库和贮存粮食的太仓。惠帝时,又建起了藏冰的凌室。汉惠帝即位后,未央宫成为汉王朝最主要的宫殿。它是中国历史上存在时间最长的宫殿,从汉代投入使用一直持续到唐末战乱;不仅如此,它也是利用率最高的宫殿。在后世人的诗词中,未央宫俨然已经成为汉宫的代名词。

未央宫的第一期工程,包括东阙、北阙、前殿以及武库、太仓,其中前殿最为壮丽。据史书记载,未央宫四面建宫门各一,唯东门和北门有阙。"阙"就是宫廷前面两个用于眺望的门楼。当时北阙是用来接见臣民的,士民上书可以走北阙;而诸侯来朝则入东阙。汉初封了许多同姓诸侯,按照朝廷的礼法,他们隔几年就要到京师去朝觐,向皇帝述报近况。

汉高祖刘邦在公元前202年一统天下,这个时候他可谓接手了秦的烂摊子。当时项羽一把大火,基本把秦咸阳的宫殿烧得精光,那刘邦住到了哪里呢?他住到了栎阳。栎阳是秦以前的宫殿,在商鞅变法之前,秦献公、秦孝公都居于栎阳,后来才从栎阳迁到了咸阳。刘邦让自己的亲信萧何建造新的宫殿,于是萧何担任了未央宫建筑的设计者、实施者。

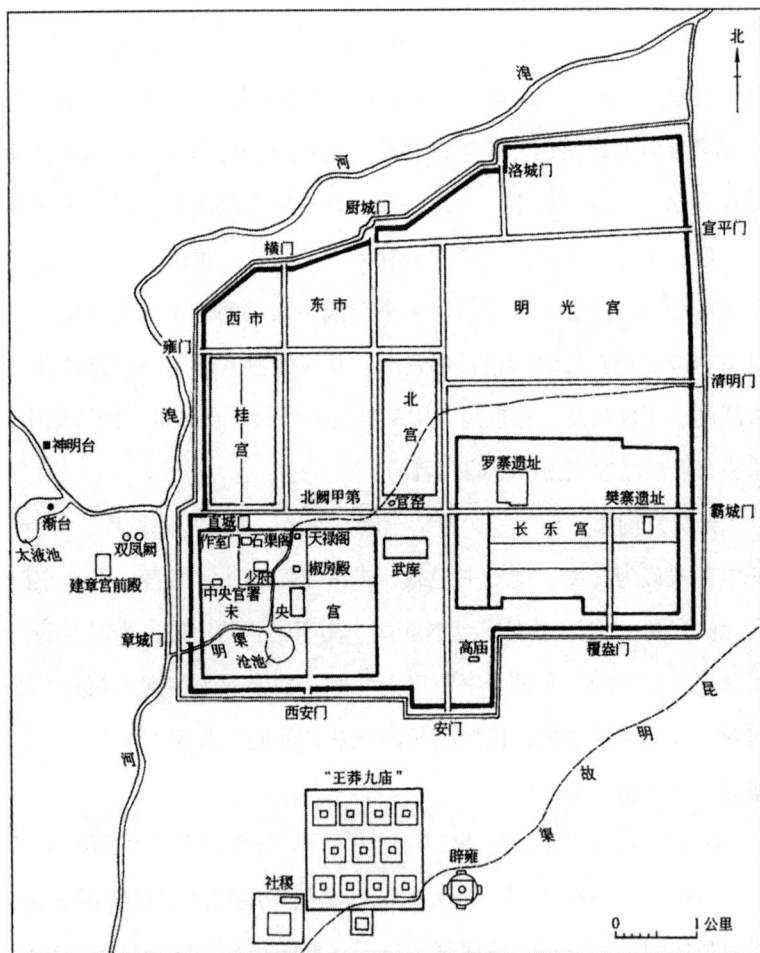

汉长安城遗址平面图 ①

---

① 出自中国社会科学院考古研究所:《中国考古学·秦汉卷》,中国社会科学出版社 2010 年版。

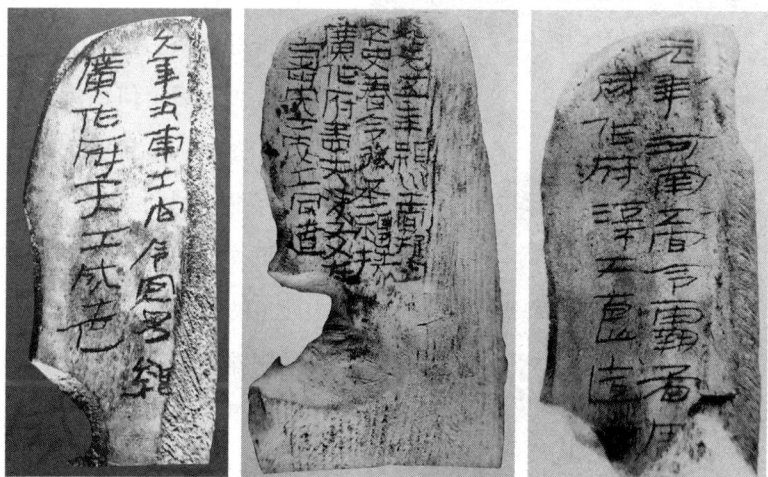

未央宫遗址骨签（和汉代武器档案库相关）

萧何在汉代历史上相当有名。提到刘邦，就势必要提到他的臣僚萧何。汉初的朝堂充满了布衣卿相，萧何出身为沛县的小吏，韩信是花儿乞丐，樊哙则是个屠夫。萧何在刘邦起兵的过程中是主要的策划者和组织者，立有汗马之功。刘邦攻占咸阳后，他劝刘邦不要满足于当前的胜利，应当安抚民心，从而有了著名的"约法三章"，体现了基层县吏的良好素质。正是由于在进入咸阳之后萧何积极收取律令、图书、文献档案并细心地保藏，刘邦才能"具知天下厄塞、户口多少、强弱之处、民所疾苦"，在初创帝业的艰难时期，对天下大势了如指掌，并迅速采取措施占领要塞、镇抚百姓。此外，在楚汉战争中，由于萧何的举荐，韩信才得到了重用，

（元末明初）《萧何月下追韩信》梅瓶

有了我们熟知的垓下之战。也正是由于萧何留守关中，将关中治理得井井有条，刘邦才能解除后顾之忧，在后方建立起稳固的基地。

西汉建立后，刘邦论功行赏，定萧何为首功。刘邦认为萧何位列众卿之首，是"开国第一侯"，食邑万户。但有人不服气，认为萧何是文墨小吏，而他们冲锋陷阵、出生入死，功劳都比萧何大。这

时刘邦用猎人与猎狗的譬喻来替萧何辩解，他说打猎的时候追杀动物的是猎狗，而发出指令、指出动物所在的是猎人。现在在座的诸位能捉到动物，这是猎狗的功劳①；至于萧何，他是"发踪指示"的有功之人。群臣听了，都不敢说话。后来又有人说，曹参跟随皇帝南征北战，身受战伤，攻城略地，功劳最多，应排第一。刘邦由于已经压过大家一次，不好再说什么。此时关内侯鄂君出来支持刘邦："在楚汉战争中，陛下多次溃败，全靠萧何从关中派出军队来补充。不仅是士兵，就是军粮也全靠萧何调度，才保证了供应。这些都是创立汉家、流传后世的大功劳，怎么能把像曹参等人一时的战功列在万世之功的前面呢！依臣之见，萧何应排第一，曹参第二。"刘邦非常高兴，不仅隆重封赏萧何，而且赐他"入朝不趋""剑履上殿"的特权，也就是见皇帝不必小碎步往前跑，进入宫殿没必要脱鞋卸剑。"趋"显示出臣下对君上的尊敬，上殿不带剑、不着履则是为了安全与卫生考虑。所以荆轲刺秦王的时候，除了秦始皇身上带了一把剑，臣子的剑全留在殿外，导致行刺之事发生时群臣都束手无策。这两样是《史记》和《汉书》中

萧何

---

① 《史记·萧相国世家》："诸君知猎乎？……夫猎，追杀兽兔者，狗也；而发踪指示兽处者，人也。今诸君徒能得走兽耳，功狗也。"

对萧何特权的描述。后来《三国志·魏志·武帝纪》里写皇上赏赐曹操，说其特权和萧何基本是一致的^①，但另外还多出来"赞拜不名"一条，即皇帝对曹操不能直呼其名，要称官职、称字，表示客气。司马迁在写萧何和曹参传记的时候也不直呼其名，而使用《萧相国世家》《曹相国世家》，表现出这两位相国拥有与众不同的地位。

"长乐未央"：天子威仪的建立

萧何在汉朝建立后，主持了汉王朝的各项制度建设。一方面，他在秦律的基础上加以完善，制定了汉律，也即《九章律》——这就是人们所说的"汉承秦制"，对汉代乃至于中国封建时代法律制度的建设产生了很大的影响；另一方面，萧何还落实了具体的礼仪，未央宫的修建就是突出表现。

竣工后汉高祖刘邦来视察，见宫阙规模巨大，排场铺张，很是生气，训斥萧何说："现在天下大乱，打了好几年仗还不知道天下能不能稳定，为什么把宫殿造得这么铺张？"萧何回答说："天下大局就要定了，所以要就势造宫殿。四海之内都是天子您的家业，宫殿不搞这么大气魄、不这么华丽，怎么能表现出这种威风来？而且还得让后代没法超过才行！"^②刘邦听了之后非常赞同，从此由栎阳迁居长安。可见未央宫这座壮丽的宫殿极大地烘托出宫廷礼仪的威

---

① 《三国志·魏志·武帝纪》："天子命公赞拜不名，入朝不趋，剑履上殿，如萧何故事。"
② 《史记·高祖本纪》："天下方未定，故可因遂就宫室，且夫天子以四海为家，非壮丽无以重威，且无令后世有以加也。"

慑力。

这件事与叔孙通确立礼仪规矩一样，都使汉高祖刘邦感受到皇帝的威仪。《史记·高祖本纪》记载，曾经目睹秦始皇盛大出行场面的刘邦，感慨道："嗟乎，大丈夫当如此也！"刘邦初入长安，没有朝仪，群臣、诸侯见皇帝便显无礼，或争功吵闹，或醉酒乱喊，有的甚至拔剑击柱，令刘邦感到厌烦并忧虑：身边这群人怎么这么没素质啊，他们还知道自己是谁吗？在征得刘邦同意后，博士叔孙通就率弟子制定了一套朝仪。搬到长乐宫的那一年^①，在群臣、诸侯间有个朝会，朝仪便依叔孙通所定而行。天尚未亮，皇帝还没出来的时候，参加朝会的人就依次进前殿门。廷中悬旗设兵，一片森然。武官和诸侯依次排列在西方，面朝东；文官和丞相依次排列在东方，面朝西。肃静之中，皇帝辇出。百官旋即传警^②，山呼万岁，引群臣、诸侯依次向皇帝奉贺。势大气聚，无不震恐。礼毕，群臣、诸侯无不倾身而伏。接着刘邦赐宴，凡陪皇帝进餐的人，一改从前的放肆，尽是含胸俯首。给皇帝敬酒，便恭敬而起，目光仰视。行止动静，有尊卑高下之度。这一场下来，刘邦完全感受了皇帝的威风，感慨地说："吾乃今日知为皇帝之贵也！"意思是我今天才算是知道当皇帝的尊贵了（暴发户心理，和秦始皇肯定不同）！朝廷乃至整个国家

---

① 《史记·张丞相列传》："秦时本以十月为岁首"，这个时候沿用秦制，所以在十月举行朝会。

② 《史记·刘敬叔孙通列传》："汉七年，长乐宫成，诸侯群臣皆朝十月。仪：先平明，谒者治礼，引以次入殿门。廷中陈车骑步卒卫宫，设兵张旗志。传言趋。殿下郎中侠陛，陛数百人。功臣列侯诸将军军吏以次陈西方，东向；文官丞相以下陈东方，西向。大行设九宾，胪传。于是皇帝辇出房，百官执职传警。"传警是一种仪节，帝王车驾启行时，左右侍者传声，以示警清道，叫作传警。

有了章法，社会治理才能够按照统治者的意愿，顺理成章地开展下去。刘邦于是任命叔孙通为奉常，赐其黄金五百斤。

未央宫位于长乐宫的西侧面，所以未央宫又称为"西宫"，长乐宫又称为"东宫"。长乐宫所取之意是"长久快乐"，未央宫所取之意为"未尽"或"无边无际"。汉高祖刘邦，从泗水亭长、小吏而登上皇帝宝座，享受到至尊至贵之乐，自然是踌躇满志。《史记·高祖本纪》记载了一个著名的故事。当时刘邦定天下之后，宴饮群臣，并邀请了自己已被尊奉为太上皇的父亲。这个时候，刘邦突然想起了自己年轻时候的一件事，于是"奉玉卮为太上皇寿"，举起玉杯给他父亲敬酒，并说："我年轻时不喜欢下地劳动，所以常被您训斥，说我不如哥哥刘仲懂得经营。您看我和刘仲到底谁创下的基业大？"[1]这是刘邦和刘太公开玩笑。听到这番话，"殿上群臣皆称万岁，大笑为乐"。显然，刘邦是希冀这样养尊处优的帝王生活永远"乐"下去的。这一愿望，在他居住宫殿的命名含义上得到反映。他先是修葺秦"兴乐宫"而改名"长乐宫"，后又兴建"未央宫"，两宫连成一片，宫名相联成义——"长乐未央"，即永乐不尽之谓。这在汉代瓦当文字中表现得尤为明显，如"长生未央""长乐未央""长乐未央延年永寿昌"等，反映了汉代人追求长生不老、延年益寿的社会思潮。

---

[1] 《史记·高祖本纪》："始大人常以臣亡赖，不能治产业，不如仲力。今某之业所就孰与仲多？"

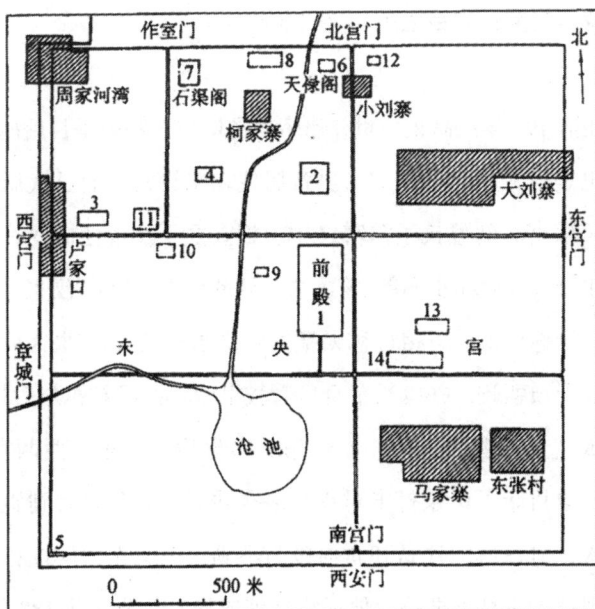

1. 前殿建筑遗址
2. 椒房殿建筑遗址
3. 中央官署建筑遗址
4. 少府建筑遗址

5. 宫城西南角楼建筑遗址
6. 天禄阁建筑遗址
7. 石渠阁建筑遗址
8 ～ 14. 第 8 ～ 14 号建筑遗址

汉长安城未央宫遗址勘探平面图①

"长乐未央"瓦当

"长生无极"瓦当

① 出自中国社会科学院考古研究所:《中国考古学·秦汉卷》,中国社会科学出版社 2010 年版。

东、西两宫制度：刘吕之争

公元前 195 年汉高祖去世，惠帝刘盈即位。刘盈是吕后所生，即位之后也是吕太后把持大权。惠帝居住在未央宫，而吕太后居住在东边的长乐宫。刘盈长于深宫之中、妇人之手，生性懦弱，优柔寡断，跟在母亲身后亦步亦趋。《汉书·外戚传上》曰："汉兴，因秦之称号，帝母称皇太后，祖母称太皇太后，適称皇后。"皇太后、太皇太后不仅干预朝政，并以长辈身份管教皇帝。西汉君权与后权并存，从而形成"人主皆居未央，而长乐常奉母后"的东、西两宫制度。汉惠帝刘盈目睹了母亲打击对头是多么残忍，尤其是看到她怎么整治戚夫人，对吕后的残暴和骄横极为不满，但又无力反抗；加之朝中大权都被太后吕雉把持，他最终忧郁成病，于公元前 188 年病死，年仅 23 岁。于是吕后立少帝刘恭（刘盈之子）并临朝称制。四年后，少帝被废，吕后又立恒山王刘弘为帝。

吕后临朝期间，极力培植吕家势力，削除刘家势力，又让自己的兄弟做了各地的藩王。此外，她还对刘邦的功臣宿将、刘氏宗亲极力拉拢，其中有的人非常聪明，目光长远，他们知道当时吕后权倾朝野不能与之争锋，但是等吕后有朝一日撒手人寰，那个时候天下还应是刘家的。刘邦晚年，有感于异姓王的叛乱，曾杀白马而盟，如果有异姓称王，天下应当共击之。此时吕台、吕产、吕

吕后

禄、吕通都封了王，其中吕禄、吕产统领禁军。按照汉朝的制度，禁军分为南北军，南军掌管宫廷治安，北军掌管京师治安。这两支部队当时都归吕禄、吕产管辖，吕家势力不断膨胀，刘邦白马之盟中"非刘不王"的限制已被打破。

公元前 180 年，吕后因病去世。吕氏的诸侯王害怕刘氏迫害，跑到吕禄家中秘密讨论造反之事，意欲夺取刘汉政权。根据《史记·齐悼惠王世家》的记载，这次密谋的消息传到了齐王刘襄那里。为了保卫刘氏的江山，他决定联合刘氏宗室与高祖大臣共同起兵讨伐诸吕。吕禄、吕产独揽兵权，太尉周勃挟持吕禄友人郦寄之父郦商，从而逼郦寄劝吕禄交出兵权。郦寄说："您既然带赵王印，应该去封地。如今统军驻守长安，就会被人所猜疑，祸患甚大。不如把军队交给太尉，就可高枕无忧，世世代代

《三才图会》中的汉文帝

《三才图会》中的汉武帝

当赵王。"吕禄完全相信郦寄，于是交出兵权（竟然这么顺利，足见吕氏集团不是铁板一块），周勃得以入主禁军北军。此时不知吕禄已离开北军的吕产，进入未央宫，正准备作乱（也是个愣头青）。朱虚侯刘章进入未央宫门，见到吕产在宫中作乱，马上进攻吕产，吕

产败走。此时狂风大作，吕产党羽恐慌，不敢恋战，刘章在郎中府的厕所中将吕产杀死。随后其他吕姓势力很快就被周勃等臣子铲除，吕氏集团宣告覆灭，统治大权又回到刘氏集团手中①。公元前179年，刘邦的儿子、忠厚老成的皇子刘恒入主未央宫，象征着天下复归刘姓，是为汉文帝。从此之后，西汉皇帝就一直居住在未央宫中。

未央宫——丝绸之路的东方起点

到了汉武帝建元二年（前139年），张骞在未央宫中领取了汉武帝的旨意出使西域。这一行动的起因是汉武帝想让张骞去找大月氏，这个大月氏和匈奴是世仇，汉武帝意图借力断匈奴右臂。汉武帝刘彻初即位时，张骞在朝廷担任"郎"，也就是皇帝的侍从官，平时主要陪着汉武帝玩耍。据史书记载，他"为人强力，宽大信人"，受到汉武帝的赏识。当时皇帝有感于权力旁落，外有三公尤其是丞相掣肘，内又受制于祖母窦太后，就把身边的侍从当作心腹。后来汉武帝在这一班人的基础上组建了"中朝"（也叫"内朝"，文献中"内""中"相通），架空了丞相，对中国古代政治产生了深远影响。张骞出使西域非常不容易，司马迁将之称为"凿空之举"。所谓"凿空"，就是开通的意思，德国地理历史学家李希霍芬称这条由张骞开通的重要道路为"丝绸之路"。十三年之后，元朔三年，也即公元前126年，张骞回到长安城时，他也是在未央宫向汉武帝讲述了外面的

---

① 《史记·齐悼惠王世家》："城阳景王（刘）章，齐悼惠王子，以朱虚侯与大臣共诛诸吕，而（刘）章身首先斩相国吕王产于未央宫。"

敦煌莫高窟壁画《张骞出使西域图》（唐代人附会到佛教故事上）

新世界，带来了西域各国大量的人文地理知识。有人说未央宫可谓丝绸之路的东方起点，这话应该不错。

"伊霍之事"：海昏侯刘贺短暂的皇帝生涯

汉武帝之后，汉朝迎来了一段太平盛世，史称"昭宣中兴"。然而昭宣中兴之间，出现过一个短暂的混乱时期。公元前 74 年，汉昭帝病逝，没有儿子。霍光奉皇太后诏令，迎接昌邑王刘贺为帝，这就是汉朝的第九位皇帝。刘贺在位不到一月即被废，霍光等人向太后上奏，所奏刘贺的主要罪状是居丧"亡悲哀之心"。刘贺守丧不仅不哀，还饮酒作乐，这严重违背了居丧礼制。除了这一条，刘贺还表现得非常贪婪，向四方征调物资。在这一背景下，霍光做出了一件相当少见的事，把皇帝废掉。他做出这一决定也经历了复杂的心理斗争。《汉书·霍光金日磾传》中有着详细的记载：霍光烦恼之下，单独向所亲信的旧部、大司农田延年征求对策。田延年对霍光建议道，可以效仿商代贤相伊尹的做法。伊尹辅佐过商代几代帝王，包括商汤，以及商汤的孙子

《三才图会》中的霍光

太甲。这个太甲不成才，行淫乱，不管民生，所以伊尹一怒之下放逐太甲于桐宫；后来太甲改过自新，伊尹又把大权还给太甲王，这

在历史上传为佳话。①霍光深以为然，于是就这么做了。成语"伊霍之事"指的就是此事。

霍光命田延年与车骑将军张安世一同暗中策划废黜刘贺。在召开未央宫会议前，担任丞相的杨敞便被私下告知此事，杨敞听完惊恐万分，难以名状——废帝应是灭门九族的事情。但是杨敞的妻子——她也是司马迁的女儿——却颇有胆识，劝丈夫说："国家大事，岂能犹豫不决。大将军已有成议，你也应当速战速决，否则必然大难临头。"生性怯懦的杨敞，最后由他的妻子代为回答"同意大将军计划"，而内心依旧惶然，于同年惊惧得病而逝。不久，霍光便召集丞相、御史、将军、列侯、中二千石②、大夫、博士在未央宫开会，商定为国家社稷废黜刘贺一事。霍光一开口便宣布废掉刘贺："昌邑王行昏乱，恐危社稷，如何？"大臣们皆"惊愕失色，莫敢发言，但唯唯而已"。这个时候，帮霍光说话的就是田延年。他说，今天这个事情事出突然，你们不能犹豫。如果谁要不同意，那你就甭想出去了。威胁之下，群臣附议，说大将军做得对③。

会议结束后，皇太后车驾到了未央宫的承明殿，霍光率群臣面见太后，陈述了臣子们的意见。皇太后同意，下令废除了刘贺帝位（皇太后上官氏，其实是霍光外孙女，年纪轻轻就守寡了）。霍光取

---

① 《史记·殷本纪》："帝太甲既立三年，不明，暴虐，不遵汤法，乱德，于是伊尹放之于桐宫。伊尹摄行政当国，以朝诸侯。帝太甲居桐宫三年，悔过自责，反善，于是伊尹乃迎帝太甲而授之政。帝太甲修德，诸侯咸归殷，百姓以宁。"

② 中二千石，是汉代官吏秩禄等级，中即为在中央任职，中二千石即为在中央实得二千石，月俸一百八十斛，一岁共得二千一百六十斛。

③ 《汉书·霍光金日磾传》："万姓之命在于将军，唯大将军令。"

海昏侯墓出土青铜雁鱼灯

海昏侯墓出土鹿形青铜镇

下昌邑王的玺印和绶带，并将昌邑王送出未央宫，临别前他还对刘贺说："我宁可辜负您，也不敢辜负社稷啊！"①（说得冠冕堂皇）刘贺的昌邑国也被废，降为山阳郡。汉宣帝即位后，在元康三年（前63年）封刘贺为海昏侯。"海昏"是什么意思呢？有历史学家认为这是对刘贺的一种批评，也有人认为这只是一个地名。2015年入选中国十大考古新发现的海昏侯墓就是刘贺的墓地，这座墓地是中国发现的面积最大、保存最好、内涵最丰富的汉代列侯等级墓葬。

　　到了西汉晚期，一个奇葩人物王莽的出现改写了历史。王莽是一个备受争议的历史人物，他在位时间不长，却推行了很多政策。他性格狂躁，刚愎自用，不切实际，这些特征注定了改革的失败。王莽改制，建立新朝，仍沿用未央宫。《汉书·元后传》记载王莽曾经派安阳侯王舜向自己的姑姑王政君索要神器传国玉玺。王政君是汉元帝皇后、汉成帝生母。当时王舜索要甚急，气得王政君破口大骂，但王舜说王莽一定要拿到玉玺。王政君无奈之下，将传国玉玺取出，砸到地上给王舜，为此传国玉玺还崩碎了一角。王莽得到玉玺后非常高兴，竟然还在未央宫渐台为姑母王政君置酒设宴，大肆庆祝。后来，人们把这个玉玺上被摔掉的那块用黄金补上了，所以这块玉玺叫"金镶玉玺"。

　　随着王莽改制的彻底失败，社会危机不断加剧，农民起义爆发，形成了赤眉军及绿林军大规模的反抗。《汉书·王莽传》记载，地皇四年（公元23年），王莽在南郊举行哭天大典，这是一种极其荒唐

---

① 《汉书·霍光金日磾传》："臣宁负王，不敢负社稷！"

的行为，古往今来罕见。这件事情的起因是一个叫崔发的人对王莽说，《周礼》及《春秋左氏传》中讲，国有大灾，就要用哭来压制[1]。因此《易》说"先号咷而后笑"，也就是把人聚集在一起，先哭后笑，所以我们应该哭天以求救。王莽自知无力回天，六神无主，便率群臣至长安南郊，向上天申述其受符命的一堆歪理，说："如果皇天选定了自己，那为什么不剿灭反对自己的人？假如自己哪里做错了，那就希望上天降下雷霆诛灭自己。"[2]据说王莽"因搏心大哭，气尽，伏而叩头"，又作"告天策""自陈功劳，千余言"（绝对是戏精）。有趣的是，当时如果有儒生或老百姓跟着一起大哭的，王莽就为他们设"飨粥"[3]，甚至还给"甚悲哀及能诵策文者"授以郎官，总数达五千余人之多（吃瓜群众看乐子不嫌事大）。今天看，这五千多人纯粹是起哄的，根本于事无补，仅仅是愚蠢的闹剧。

王莽终究气数已尽，这一年，绿林军已经打进长安，他只能仓皇应战。长安城里的百姓也已经恨透了王莽，据说当时有人就在长安城中点着了火，这把大火一下烧到了未央宫，而且烧掉了王莽的宣室殿。王莽逃往渐台，怀里还抱着符命[4]、威斗[5]。王莽的随从千余

---

① 用某种事物镇压不祥，就是古代的厌胜术。

② 《汉书·王莽传》："皇天既命授臣莽，何不殄灭众贼？即令臣莽非是，愿下雷霆诛臣莽！"

③ "飨"的古文字为两人对食的状态，本义是众人相聚宴饮，引申为以酒食款待人，或者为请人享用。

④ 符命是上天预示帝王受命的符兆。

⑤ 王莽信奉天人感应，命人铸造的如北斗一样的铜器，与王莽形影不离，出行时有司命背负威斗在其车驾前行进，在宫中也让司命拿着威斗围着他转，象征时辰变化不断围绕北极星旋转，因为在古人观念中皇帝与北极星合一。这是原始人的模拟巫术，即人们笃信彼此相似或者相关的事物，实际就是同一事物。于是把相似的事物当作代用品，用来求福或者破坏，来实现趋利避害的目的。

人被杀，他本人也在混乱中为商地人杜吴所杀，首级被人砍下；数十个军士争相杀王莽，还分裂了王莽的尸体。百姓们把王莽的首级"共提击之，或切食其舌"。人混到这个地步，古今少有。

这之后，绿林军之中的将领刘秀取得了胜利的果实，定都洛阳，建立东汉，西京黯淡了下来。

两汉之间的战乱对未央宫来说是一个巨大的灾难，但是未央宫却没有完全毁灭。在中国历史上，未央宫是使用时间最长久的一个宫殿，它从萧何率人修建开始，一直到唐末，堪称罕见。虽然今天未央宫已经成为波涛汹涌的历史长河中的一朵浪花，但是它承载的历史信息太重要了。未央宫是皇帝所居的宫殿群，是汉代政治的枢轴，在此上演了一幕幕兴衰成败。其中折射出的历史经验教训，发人深省。

第十二讲　宣室殿

　　"夫宣室者，先帝之正处也，非法度之政不得入焉。"宣室殿的地位太重要了，它是皇帝的正室，是皇帝接见重臣、商讨国家军机要事的所在。它如同众星捧月一般，居于前殿最高处，能鸟瞰其他建筑。宏伟肃穆，令观者心生敬畏。时间倒退回西汉时期，宣室殿的名字与著名学者贾谊联系在了一起。那么，在宣室殿中，贾谊与汉文帝之间究竟有着怎样的对话？除此之外，宣室殿中还发生过哪些故事？

"天子宣室"：隆重之所

未央宫是西汉主要宫殿遗址之一，亦称"西宫"。宣室殿在未央宫中的位置众说不一，有人说它在前殿的正室，有人说它在前殿之侧。这一建筑非比寻常。为什么这样说呢？《说文解字》里头讲"宣，天子宣室也"，它指的就是汉代天子的宣室殿。"宣"有"大"的意思，且"宣"的古音和"宽"接近，所以有宽敞、明亮的意思在。清代大儒朱骏声的《说文通训定声》认为，"宣室"就是大室，"宣"与"宽"略同。西周的青铜器虢季子白盘铭文中，提到周王在"宣榭"中接见得胜归来的虢季子白，"宣榭"或与"宣室"相关，这应当是一个隆重的地方。

唐代大才子王勃的《滕王阁序》说："怀帝阍而不见，奉宣室以何年"，表达了自己想接近朝廷、为国效力但出头无门的郁闷。其中，"帝阍"指的是天庭中上帝的门官，这里是用了屈原《离骚》的典故[1]；而"宣室"指的是未央宫的宣室殿，这是用了汉代人的典故。可见宣室殿在后代人眼中已成为汉家朝廷的代名词。

在中国文化中，王权在整个社会中处于枢轴地位，宣室殿的地位与中国古代文化的特色是吻合的。孔子曾说，如果统治者能用"德"统治天下的话，那么别人就会像众星环绕北极星一样围绕着他。[2]大家看到过日晷，日晷的指针指向哪里？有人说东，有人说西，

---

[1] 《楚辞·离骚》："吾令帝阍开关兮，倚阊阖而望予。"说的是希望天庭外看门的人给自己开门，但是这个人不搭理自己。

[2] 《论语·为政》："为政以德，譬如北辰，居其所而众星共之。"

日晷

其实应该是正北。日晷指针的无限延长线方向就是北极星，就是孔子说的北辰；北极星被认为是天帝所居之处。整个宇宙就像一个大伞一样，围绕着你的站立点与北辰星的连线在运转。最典型的是北斗七星，古人观察北斗七星的斗柄，就能看出四季的变化。斗柄指东，天下皆春；斗柄指南，天下皆夏；斗柄指西，天下皆秋；斗柄指北，天下皆冬。古人通过这样巧妙的宇宙观，把东西南北和春夏秋冬衔接了起来。天上有上帝，人间有帝王。这里孔子用北极星的比喻，说明为政以德的执政者，在政治上形成了像北辰星一样众星捧月的格局。

由于中国古代的王权有着这般重要的地位，在整个宫殿的设计中也是被人们着重突出的。一般认为，宣室殿居于前殿最高处，能鸟瞰其他建筑，如同阁楼，又称宣室阁。它是皇帝斋戒与退朝后生活起居的地方，也是召见重臣的所在。宣室殿今天已然湮灭，但是人们能从典籍记载与考古资料中搜罗到蛛丝马迹。宣室殿巨大的空间按照"前堂后室"的原则设计，它既有寝室，也有办理政务以及宴会娱乐等的厅堂。考古发现，未央宫前殿建立在龙首山上，地势比较突出。未央宫前殿的遗址非常辽阔，按照地势可以分为南、中、北三座宫殿，有人说中国古代宫殿的三大殿制度由此开始并确立，后来的故宫三大殿也是依此而设计的。从设计者的角度来看，这样的逻辑顺理成章：未央宫前殿的南部宫殿是举行大朝、婚丧、即位等大典之用，即"前堂"所在地；北部宫殿可能是皇帝的"后室"，即皇帝居住的场所；中部宫殿或许就是"宣室殿"之故址，其位置比较高，是相当重要的朝堂——"内朝"所在地，主要用于皇帝亲自处理较重大的事务和规模较小的召见，具有一定礼仪和象征意义。这种推测带有很大的合理性。皇帝处理政务的区域处于宫廷之中的枢轴地位，居于宫廷中轴线上的最突出位置，明清故宫的太和殿也是如此。

有趣的是，根据一些文献的记载，"宣室"似乎商代就有了，如《淮南子·本经训》说："（周）武王甲卒三千，破纣牧野，杀之于宣室，天下宁定，百姓和集。"但是，这一记载并不可靠，因为这一段历史在《史记·殷本纪》中有不同的说法："甲子日，纣兵败。纣走入，登鹿台，衣其宝玉衣，赴火而死。"从这段话中可以看出，商纣王死在鹿台，不是宣室。为什么两部书的记载会出现这样的差异呢？究其原因，《淮南子》一书是汉初黄老思想的集大成之作，系淮南王刘安组织门客编纂而成，其中许多语汇应当是汉朝的。在"法古"的思想指引下，汉代人积极地借助历史信息建构古代历史，历史现象也亦真亦幻。《本经训》中出现的"宣室"一词，也应该是化用未央宫宣室殿而来。尽管如此，从中我们也可以看出"宣室"在汉代人的眼中确实有着极高的地位。

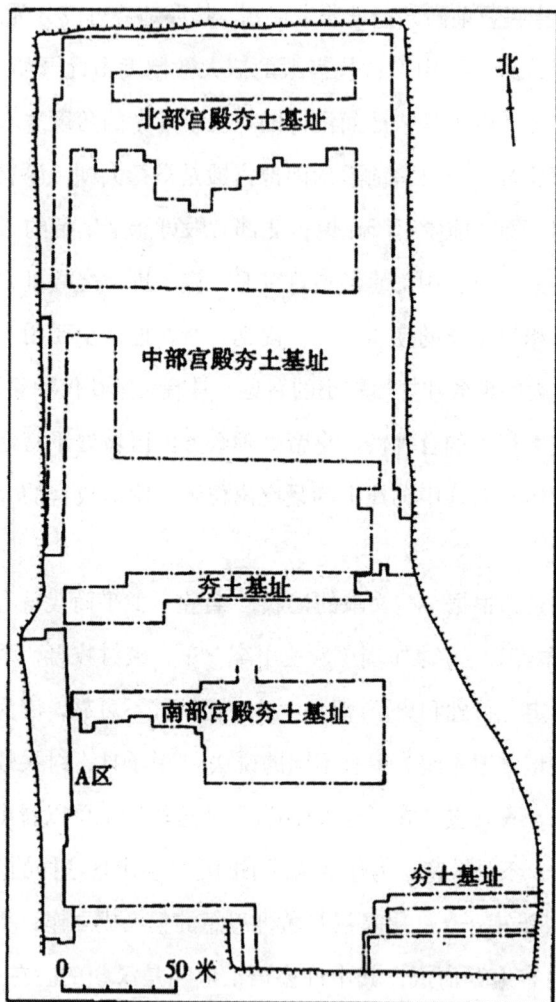

汉长安城未央宫前殿遗址勘探平面图 [①]

---

① 出自中国社会科学院考古研究所：《中国考古学·秦汉卷》，中国社会科学出版社 2010 年版。

"宣室求贤访逐臣"：失落的贾谊

宣室殿的名字，出现在李商隐所作的《贾生》一诗中，为人所熟知。诗写道："宣室求贤访逐臣，贾生才调更无伦。可怜夜半虚前席，不问苍生问鬼神。"李商隐在这首诗中吟咏汉孝文帝在宣室殿召见贾谊之事，极具讽刺意味。汉文帝是贤君，但是此次访贤却没有胸怀家国天下，也不关心百姓苍生，而是要问"鬼神"这些虚无缥缈之事。求贤心切、虚心求教，秉烛夜话，却问了这样一个毫无现实意义的问题，这对贾谊来讲，是悲哀，是比贬谪更让人难以承受的侮辱。诗人托古讽今，直指当时的统治者不能真正地重视人才，并自叹其身世飘零，怀才不遇，感慨深沉。

贾谊是汉代学者，有着高明的政治主张，是著名的政论家，其《过秦论》一文更是笔扫千军，备受后人称赞。他生于公元前 200 年，也就是刘邦修建未央宫的时候；卒于公元前 168 年，也就是汉文帝执政时期。只活了 33 岁。贾谊 18 岁时，就以博学与文采出众而闻名于世。汉文帝登基后，曾经做过李斯学生的廷尉吴公向他举荐了贾谊，说贾谊年少才高，通晓诸子百家之书，精擅诗书文章。文帝因而非常器重贾谊，召他担任博士一职，不

《古圣贤像传略》中的贾谊

久又升为太中大夫。年轻有为的贾谊，深受汉文帝的宠信。但为什么后来皇帝把贾谊边缘化了呢？其中有两个原因。

第一是贾谊才高，受人嫉妒。此时执政的大臣多是刘邦留下来的功臣宿将，他们皆是行伍出身，文化不高。司马迁记载，文帝每有诏令要大家商议时，诸位老先生都不知道要说什么，只有贾谊知道，而且还能提炼得非常到位；人们不仅惊叹于贾谊的才华，而且认为贾谊说的就是自己内心所想的东西[①]。但是，这样的机会越多，越招人嫉妒。他们认为贾谊的言论锋芒毕露，特别是贾谊向汉文帝提出的一些改革主张还侵犯了他们的利益，因而视贾谊为"眼中钉"。这样的现象古往今来都很常见。

至于究竟是谁在皇帝面前说了贾谊的坏话，有不同的说法。司马迁认为，诋毁贾谊的是当时两个重臣，一个是太尉周勃，另一个是将军灌婴。读汉代历史会发现，这两个人物太不得了了。周勃安刘，剪除诸吕，对汉家立有大功；灌婴则是和刘邦一起打天下的将军。但这两个人地位太高，和贾谊也不是同一辈的人，他们和贾谊结下这么大的梁子的可能性并不大。另一种说法来自汉代应劭的《风俗通义》，它提到在汉文帝面前说贾谊坏话的人是邓通——这个人在《史

灌婴

[①] 《史记·屈原贾生列传》："诸老先生不能言，贾生尽为之对，人人各如其意所欲出。诸生于是乃以为能，不及也。"

记》中是被放在《佞幸列传》里头讲的。汉文帝有一个巨大的短板，就是好鬼神。他有一天做梦，梦见自己登天，但是使劲扒拉，还是上不去。最后是谁帮他登上去的呢？是一个头上裹着黄色头巾的人，一个黄头郎。皇上醒来之后回忆黄头郎的样子，记得他不仅裹着头巾，衣服的腰带还系在后边，这就很独特。没想到，皇帝有一天在未央宫的渐台附近还真就看到了这么一个人。皇帝大惊失色，于是把这个人叫到近前，仔细询问。这个人长得非常俊俏，皇帝问他叫什么，他就说自己叫邓通。"邓"的繁体字是"鄧"，直接"印证"了汉文帝登天的梦。皇帝非常高兴，"邓通"不就是"登通"吗？自己登天一定能够成功。于是，邓通就成为皇帝身边的佞臣。皇帝极其宠爱他，一堆人都得巴结邓通才能接近皇帝，其气焰已经至此。但是，邓通得罪了太子刘启，也就是后来的汉景帝（邓通用嘴给汉文帝吸脓，太子刘启居然做不到）。过了些年，汉文帝驾崩，景帝登基，邓通的好日子也就到头了。汉景帝搜罗邓通的罪状，发现他竟然在疆域之外铸钱，这是叛国大罪啊。邓通直接被投入大狱。司马迁描绘邓通，说他"无他能"，也就是没有别的能力，只有很强的妒忌心，不能看着其他人受皇帝的青睐，只能自己一个劲儿地去拍皇上的马屁。[1] 从司马迁的这一番评论来看，邓通说贾谊坏话的可能性还是很大的。那为什么《史记》要说是灌婴和周勃说了贾谊的坏话呢？历史学家吕思勉写《秦汉史》时认为，这很可能是因为汉文帝在汉代人眼中是明君，所以司马迁要极力维护汉文帝的形象，于是

---

[1] 《史记·佞幸列传》："然邓通无他能，不能有所荐士，独自谨其身以媚上而已。"

就把这个佞幸给回避掉了，不提邓通。[①]

　　总之，贾谊在这个时候受人馋毁，皇帝逐渐疏远了他，将他贬谪到南方当长沙王太傅。王勃、李商隐等人咏叹贾谊的故事，实际上也都是对自己才高过人而壮志难酬命运的控诉。尤其是李商隐，他生活在山雨欲来风满楼的晚唐，皇帝昏庸，宦官当权，朋党之争，财政匮乏，朝政腐败，藩镇割据，一团乌烟瘴气。很不幸，李商隐被卷入了牛李党争，受到双方的排挤，最终和贾谊一样怀才不遇。牛李党争在唐代历史上不可忽视，基本上是你上台我拆台。牛党代表人物令狐楚、令狐绹父子本是李商隐的靠山，对他有知遇之恩，和他中进士有着密切的关系；但另一方面，李商隐娶了李党人物王茂源的女儿做夫人，这就犯了大忌讳。虽然李商隐不觉得有什么——人们都青睐我，这是我才高八斗啊。但是在党争的旋涡中，李商隐就是猪八戒照镜子，里外不是人。尤其是令狐父子，他们认为李商隐是个忘恩负义的叛徒。这样在夹缝中生存，李商隐的诗文不可能没有吐槽话，以反映内心的憋屈。于是他借凭吊贾谊来抒发不满，也借讽刺汉文帝求贤不知贤，表达对晚唐社会现实的失望——晚唐统治者也像汉文帝，貌似开明，实则做做样子而已。

　　第二个原因更加关键：贾谊的知识结构是儒生的，这和汉初遵循的黄老道家不符。虽然贾谊的思想中夹杂了一些法家的东西，但其核心还是儒家。他提出改正朔、易服色、定官名、兴礼乐等建议，

[①]　吕思勉先生说："案《史》《汉》皆但云贾生为绛、灌之属所毁而已，不云为邓通所诉也，岂所谓为贤者讳耶？""文、景之致治，盖时会为之，王仲任治期之论（见《论衡》）信不诬矣。"吕思勉：《秦汉史》，上海古籍出版社 2005 年版，第 72、73 页。

245 I 第十二讲 宣室殿

还提议汉家应实行土德，从历法、典章制度、朝仪，到国家的教化，全都要改弦更张。这些大有为的政策，与汉初清静无为的官方意识不吻合。儒家理论不仅声势浩大，耗费资财，而且与刘邦、文景、窦太后的爱好相抵触。刘邦很轻视儒生，他出身亭长，自身文化素养不高，不大可能进行大规模的制度文化创制。《史记·郦生陆贾列传》有个故事很生动，说陆贾经常在刘邦面前称说《诗》《书》，刘邦听了之后大骂，说老子马上打天下，《诗》《书》有个什么用！[1] 陆贾反驳，说了一大段话很有道理。他说："居马上得之，宁可以马上治之乎？"这是刘邦的短板，打天下他豁得出去，光脚的不怕穿鞋的，反而斗过了项羽等贵族；但治天下他没法子，胸无点墨。陆贾用商汤、周武王以及夫差、智伯与秦王政正反两方面的经验来劝说刘邦文武并用，逆取顺守，指出靠文治而不是武功才是治国理政的正道。[2] 还有最扎心的话：秦的教训就摆在你的面前，如果秦朝皇帝做得很好，深得民心，还有你刘邦什么事儿啊？[3] 刘邦听了这番话，当然不高兴，但脸上也露出了惭愧的神色。前文也讲到，儒生叔孙通为刘邦制礼作乐，在宫廷中山呼万岁的时候，刘邦才体会到皇帝的尊贵，这说明统治者还是需要这一套的。

不过，汉初民生疲敝，按照贾谊的《治安策》所说是社会问题一个接着一个，国家只能推行清静无为的黄老之术。我们怎么解释无为呢？黄老之术是无为，不是不作为，而是让人不妄为，顺其自

---

[1] 《史记·郦生陆贾列传》："乃公居马上而得之，安事《诗》《书》！"

[2] 《史记·郦生陆贾列传》："且汤武逆取而以顺守之，文武并用，长久之术也。昔者吴王夫差、智伯极武而亡；秦任刑法不变，卒灭赵氏。"其中，赵氏为秦之氏。

[3] 《史记·郦生陆贾列传》："乡使秦已并天下，行仁义，法先圣，陛下安得而有之？"

然而为。秦始皇滥用民力、敲骨吸髓、置天下苍生于不顾就是妄为；而四肢不动，思虑不用，这是不作为，想天下大治，门儿都没有①。无为是顺应规律而为，不是不作为。所以刘邦、惠帝、吕太后、文景几代统治者推行了轻徭薄赋、招抚流亡、免奴为庶、减轻田租的做法，能不折腾就不折腾。

也正是因为"无为"，汉初没有对秦代的政治制度完全颠覆，很大程度上继承了秦制，只是有些增益，有些减损。比如汉初的"约法三章"就是对秦制的减损：刘邦进入咸阳废除秦朝的严刑苛法，召集关中"诸县父老、豪杰"，宣布"与父老约法三章耳：杀人者死，伤人及盗抵罪"，并表示"余悉除去秦法"。但《汉书·刑法志》又指出"三章之法不足以御奸"，于是相国萧何"捃摭秦法，取其宜于时者，作律九章"。关于萧何《九章律》的来源，可追溯到战国时期的魏国改革家李悝制订的《法经》六篇，即盗法、贼法、囚法、捕法、杂法、具法；然后由秦商鞅改法为律（这一说法还有争议）；萧何取秦法六律，又补充了户律（户口管理、婚姻制度和赋税征收）、兴律（主要规定征发徭役、城防守备）和厩律（主要规定牛马畜牧和驿传②方面），合为九篇，成《九章律》，即一般所说的汉律。这就意味着汉家制度的根基是秦制，执政者在其基础上减损，多一事不如少一事。但贾谊并不赞成这种做法。他认为汉家天子应当独有

---

① 《淮南子·修务训》："或曰：'无为者，寂然无声，漠然不动，引之不来，推之不往。如此者，乃得道之像。'吾以为不然。""自天子以下至于庶人，四肢不动，思虑不用，事治求澹者，未之闻也。"

② 驿传即驿站，是我国历代供官员往来和递送公文用的交通机构，清末举办邮局后始废除。

气魄，摆脱秦的束缚形成自己的文化制度，表现汉家独特的历史特点。因此，贾谊等人就主张用"土德"代替秦的"水德"。

战国秦汉时期流行的五德终始说，把各个朝代与金木水火土分别对应。这种比附是机械的，今天看很荒谬，但它也表明了古代哲人试图从历史更迭中探索社会演进的客观规律，而没有把历史的动力归因于神，这也是一种朴素唯物主义的观点。但是秦朝所行的水德和我们平时的认识有些不同。我们一般说"上善若水"，这其实是道家思想中的水；五德终始中的水，强调"刚毅戾深""刻削毋仁恩和义"。秦始皇觉得自己既然是时代精神的代表，那么就可以为所欲为，真正地按照水德的刻薄特点行事，这就是秦代制度文化的理论背景。

陈胜、吴广揭竿而起，曾经强大无比的秦王朝竟然迅速地土崩瓦解了。贾谊总结出的结论是，民为国家及君主之本，与民为敌，迟早要亡。这样的论述与《尚书》里的天命民心之说相通。但是贾谊也没有放弃五德终始的说法。据《史记·屈原贾生列传》记载，贾谊曾建议汉朝用土德来代替秦之水德。并且，土德"和平用均，中正无私"，讲究人情味，能容纳各家学说，以此取代秦之"刚毅戾深"的水德，也很符合历史的需要。与贾谊同时，鲁人公孙臣也上书文帝建议以土德王。但是，这种意见当时并没有被汉文帝采纳。皇帝采纳的是丞相张苍的意见，"推以为今水德"，即仍沿用秦之水德。而"土德"是什么时候成为历史现实的呢？那还是要到汉武帝的时候。汉武帝行大有为之政，需要论证自己"大有为"的合理性。也就是说，贾谊生活的时期汉家还没有大规模的制度文化建设，尚未推行大有为之政。虽然贾谊有先见之明，但是生不逢时，的确点儿背。

政治主张不同，贾谊也就受到了排挤。许多人屡次造谣中伤贾谊，说他"年少初学，专欲擅权，纷乱诸事"（这和"大有为"之政合拍），批评他野心大，不知深浅，瞎捣乱，使得汉文帝对贾谊产生了怀疑，对贾谊的建议也不再予以采纳；并且汉文帝还将贾谊派到长沙去做长沙王的太傅。李商隐诗"宣室求贤访逐臣"中的"逐臣"指的就是这个。直到一年后，汉文帝想起贾谊，才将他召回长安。这样的机会实属不易。贾谊奉命来到宫中，孝文帝正在虔诚地祈求神的护佑，于是就在宣室殿接见了贾谊。前面讲过，宣室殿也是皇帝进行斋戒的重要场所。根据《史记·屈原贾生列传》记载，当时皇帝刚举行过祭祀典礼，坐在宣室殿中，对鬼神之事非常有感触，便很随意地向贾谊询问鬼神的事情。贾谊侃侃而谈，详细地解释了其中的道理。在贾谊的滔滔不绝中，汉文帝越听越着迷。为了能够听得更清楚，坐在席子上的文帝不断地移动身子，朝贾谊面前靠近。古人席地而坐，就是跪坐，需要有席或者榻，隋唐时期才用椅子垂足坐。二人一直聊到深夜。文帝感觉受益匪浅，说："我很久没见贾谊了，自认为超过了他。但现在看来还是不如他啊！"[1]

这里面，其实可以琢磨出很多言外之音。皇帝为什么这么说？第一，皇帝是故意把贾谊调到南方的，想让贾谊磨一磨棱角，此时

---

[1] 《史记·屈原贾生列传》："贾生征见。孝文帝方受釐，坐宣室。上因感鬼神事，而问鬼神之本。贾生因具道所以然之状。至夜半，文帝前席。既罢，曰：'吾久不见贾生，自以为过之，今不及也。'"

这番话有批评贾谊锋芒毕露的成分在；第二，皇帝认为自己的水准超过贾谊了，说明皇帝把贾谊当作一个参照系去比，可见贾谊的确学问太大，或者说皇帝都这么觉得。

后来，汉文帝任命贾谊为自己最宠爱的小儿子梁怀王[①]刘揖的太傅，不料梁怀王坠马没命了。这个突发事故让贾谊深自歉疚，觉得对不起朝廷，对不起皇帝，不久就抑郁而死，年仅 33 岁。司马迁非常同情他，给屈原、贾谊合写了一篇传，认为他们都是有抱负的失意之人，后世并称为"屈贾"。毛泽东主席也曾写过一首关于贾谊的七言绝句，名为《贾谊》："贾生才调世无伦，哭泣情怀吊屈文。梁王堕马寻常事，何用哀伤付一生。"毛主席除了与李商隐一同慨叹贾谊的悲惨命运，还表达了对贾谊的欣赏、痛惜及对贾生之死价值的反思，风格更为通达。

后来，"宣室前席"这一典故，用来表达受皇帝召见，或是抒发怀才不遇的感情。不过李商隐有一点其实错怪了，汉初几个帝王都非常迷信鬼神，文帝、景帝、武帝无一例外。宣室本来也是帝王求神的地方，那时文帝正在"受釐"，也就是接受祭余之肉，因此话题自然会从鬼神说起。从这个故事可以看出，宣室是一个很庄严肃穆的地方，《礼记·曲礼上》说"斋戒以告鬼神"，君王参加有关鬼神祭祀的活动都要沐浴斋戒以净身心。自从周公、孔子以来，中国人就有"敬德保民""敬鬼神而远之"的传统。孔子主张"未能事人，焉能事鬼""未知生，焉知死"，虽然不是无神论者，但是也有很大

---

① 汉初郡国并行，采纳郡县制度同时也把同姓诸侯分封为王。刘揖为文帝少子，立为梁王，都睢阳（在今河南商丘）。

的唯物主义倾向。天神地祇、山川日月的自然神，是儒家文化不违背的，只不过不处于思想信仰的中枢地位。汉文帝在宣室中的祭祀活动，可能与此有关。

董偃：被终止的宣室酒宴

宣室殿的重要地位，也能从窦太主的宠臣董偃身上看出来。武帝有一个姑母叫窦太主，封号为馆陶长公主，是窦太后的女儿、汉景帝的姐姐。汉景帝时，窦太主想把女儿嫁给太子刘荣，刘荣之母栗姬善妒，因窦太主多次给景帝进献美女故而心有芥蒂，便拒绝此事。窦太主回到未央宫，抱起年仅四岁的胶东王刘彻，问："孩子，你想讨媳妇吗？"窦太主随即指着位列左右的百名宫女，胶东王都说不好。长公主指着自己的女儿问："阿娇好吗？"胶东王笑着说："好啊，如果能得阿娇做妻子，我就造一个金屋子给她住。"这就是妇孺皆知的成语"金屋藏娇"。窦太主后来与刘彻生母王氏联合，使汉景帝废刘荣为临江王，改立刘彻为太子，成就了彪炳史册的汉武帝。窦太主是汉武帝的姑母兼岳母，与汉武帝关系极为亲近。

窦太主的丈夫叫陈午，陈午很早就死了。在武帝时，窦太主已五十多岁。有一个叫董偃的十三岁少年，因为跟随

《古圣贤像传略》中的东方朔

251 | 第十二讲 宣室殿

母亲卖珠，经常出入窦太主家。窦太主的侍从都夸董偃俊秀漂亮，于是窦太主召见董偃母子，对董偃母亲说："我替你抚养这孩子吧。"因而将他留在府中，教他写字、算术、相马、驾车、射箭，还让他读了许多书，像贵族一样教导他。董偃到十八岁时行了冠礼，经常侍奉在窦太主身边。由于窦太主的缘故，董偃也得到了汉武帝的宠爱，声名传扬，人称"董君"。有一次，武帝在宣室殿设酒宴招待窦太主，并派人带着董偃进宫，这似乎是汉武帝希望通过这次酒宴提升董偃的地位，甚至给董偃正名。而当时，东方朔负责宣室殿的守卫，他一改平时幽默诙谐、荒诞不经的做法，直接拒绝让董偃进殿，并对武帝明说："董偃犯有三条该砍头的罪，怎么能让他进宫呢？"武帝问道："是什么罪？"东方朔声称董偃犯有伤风败俗、违背皇室婚姻制度，以及引导皇帝奢侈享受三大罪状，决不可以在宣室招待他。武帝听后，只能退一步，说这次毕竟已经安排好了在宣室设宴，干脆就这一次，下不为例。东方朔还是严词拒绝，说："宣室是先帝的正殿，是议定法度、政事的场所。若因此而破戒，将给国家带来灾难。"武帝见事关重大，无奈之下，下诏停止在宣室设席，将酒宴迁到了北宫举行，并带董君由东司马门进入宫中。此后，东司马门更名东交门，成了下人出入的门。有意思的是，武帝后来还赏赐东方朔黄金三十斤。这样的故事表明，人们把宣室殿的地位看得非常之重，对董偃的形象的确是在意的，因为其身份与宣室殿格格不入。

汉宣帝刘询也经常在宣室殿进行斋戒并处理案件。他废除苛政，减免刑罚，发展生产，推行柔政，其努力很大程度上缓和了武帝末年以来的社会矛盾。他是汉武帝的曾孙、太子刘据的孙子，曾流落

到民间，因而知道民生疾苦，能够推行惠政，为昭宣中兴打下了
基础。

陈汤：汉室功臣

汉成帝时，宣室殿里也发生过一个著名的故事。汉王朝在公元
前 60 年就设立了西域都护，把天山南北的广大土地第一次纳入中
原王朝的版图之中。到了汉元帝时，出过一件大事。当时匈奴郅支
单于扰乱边疆，西域不宁。这时候掌管西域的有两个官员，一个叫
甘延寿，一个叫陈汤。他们奏报朝廷，但朝廷的批文久久不下，于
是陈汤索性在朝廷的诏书尚未批复的时候调动了兵马，和郅支单于
决战，最后郅支单于兵败身死。他之后给汉元帝的奏章中有一句
话，后来经常被人们引用："明犯强汉者，虽远必诛！"到了汉成帝
时，陈汤已经年老了。当时西域都护段会宗被乌孙军队包围，向汉
成帝求救。汉成帝收到求救信之后，召集丞相王商、大将军王凤及
百官讨论数日仍无结果。王凤便向成帝建议，请陈汤来商讨解决方
案。汉成帝立即在宣室殿召见陈汤，谁知陈汤对心急如焚的汉成帝
说，朝廷不需要派遣军队前去支援。汉成帝听了很生气，陈汤便解
释道："一般情况下，五个胡兵相当于一个汉兵，因为胡兵的兵器
原始笨重，弓箭也不锋利（这可能是陈汤给皇帝鼓劲儿，故意这么
说）。如今他们也学汉兵的制作技巧，有了较好的刀、箭，但仍然可
以三比一来计算战斗力。现在围攻会宗的乌孙兵马不足以战胜会
宗，因此陛下尽管放心。即使发兵去救，也不能救急。"陈汤知道乌

孙之军皆乌合之众，不能持久进攻，因此他推算了日期后说："现在那里的包围已经解除。不出五天，就会有好消息的。"① 过了四天果然军书报回，说乌孙兵已解围而去。皇帝大喜，重赏陈汤。

王莽货币

王莽：末路的新朝皇帝

宣室殿还见证了王莽新朝的末路。随着社会危机的不断加剧，农民起义爆发，形成了赤眉军及绿林军大规模的反抗，王莽气数已尽。汉兵打来，黄昏时，长安城里青年朱弟和张鱼等人索性造反了，他们奔跑喧哗，聚集成群，焚烧未央宫的便门，用斧子劈开敬法殿的小门，喊道："反贼王莽，为什么还不出来投降？"大火蔓延到掖庭、承明殿，王莽到未央宫宣室前殿避火，火总是跟着他。可笑的是，王莽还穿着赤青色衣服，手中拿着帝虞（舜）的匕首，身旁还带着负责占卜的官员。王莽口中喃喃自语道："天生德于予，汉兵其如予何？"这是化用了孔子在宋国的话："天生德于予，桓魋其如予

---

① 《汉书·傅常郑甘陈段传》："汤知乌孙瓦合，不能久攻，故事不过数日，因对曰：'已解矣！'诎指计其日，曰：'不出五日，当有吉语闻。'"

何？"到后来，农民军杀进宣室殿，群臣簇拥王莽逃到渐台，王莽的随从千余人全部战死或者被杀。王莽在混乱中为商人杜吴所杀。

宣室殿毁于战火，今天已不复存在。但是，宣室殿有着不可取代的地位，它作为汉代政治权力的枢轴发挥了巨大的历史作用，承载了很多的历史记忆。它与汉代许多大人物、大事件都产生过千丝万缕的联系，这样的现象放眼历史长河都是不多见的。

第十三讲 椒房风云

　　未央宫中，有一个相当特殊的宫殿，叫作椒房殿。它位于未央宫前殿的北面，是后宫首殿，亦是汉代正官皇后的寝殿。许多我们耳熟能详的皇后都曾居住于此。窦太后当皇后的时候住的寝殿正是椒房殿，汉武帝的卫子夫皇后住的寝殿也是椒房殿。可以说，椒房殿不仅见证了汉王朝的兴衰，而且还将一个个红颜薄命的爱恨和那一段段曲终人散的悲凉，深深地打下烙印。

"椒房"：以椒涂壁的传统

　　椒房殿的名字就很有意思。秦人和汉人在给宫殿命名时尤其喜好用草木之名，例如桂宫、扶荔宫、椒房殿等。椒房殿会取这个名字，是因为这座宫殿以椒和泥涂抹墙壁。

　　椒为花椒，自古即为香料，如《离骚》"杂申椒与菌桂兮，岂维纫夫蕙茝"中的"申椒"即为申地的椒，"菌桂"是肉桂，两者均为香木，嫩叶及果实可供食品调味之用，直至现代，许多菜肴都还少不了花椒。蜀人作茶、吴人作茗，都以花椒叶和姜共煮以取其香味[1]。又如《阿房宫赋》写"烟斜雾横，焚椒兰也"，描绘了阿房宫中烟熏缭绕，焚烧花椒和兰草作为熏香的情景。人们把花椒碾碎之后，形成椒粉，然后和灰泥混合在一起涂抹墙壁，一则可以除恶气，增温暖，使墙壁呈现暖色（至少是心理上感觉室内温暖）；二则可以使宫殿中芳香袭人（但香气会随时间减弱）。

　　"椒"还有着文化符号的意义。生产力低下的原始人在争取生存

花椒

---

[1] 《蛮书》卷七："茶出银生城界诸山，散收无采造法。蒙舍蛮以椒、姜、桂和烹而饮之。"

的斗争中，逐渐掌握了控制自然环境的手段，从而形成了种种习俗。有些自然事物和人类社会的情况之间存在相似之处，古人往往就认为这些事物和人之间有着某种感应，以椒和泥涂房就是在这种思路的影响下产生的。古人认为椒是一种籽粒繁多、生命力极强的事物。《诗经·椒聊》有"椒聊之实，蕃衍盈升"之句，诗作者以此起兴，喻指曲沃桓叔的子孙繁衍盛大。汉代帝王也盼着自己世系永继，因此用椒实和泥，希望可以促人交感，获得同样繁盛的结果。这就是《后汉书·第五伦传》中李贤的注释说的："后妃以椒涂壁，取其繁衍多子，故曰椒房。"

另外，椒可能还有药用价值。比如，湖南长沙马王堆汉墓出土的那具特别著名的女尸、千年不腐的辛追，她的随葬品中就有一个绢囊，其中放了椒和其他的药材。专家解剖了辛追的尸体之后发现她死于冠心病，平时还有一系列的慢性病，因此她在世时肯定用过一些药。这些药应该都是常备的，椒就是其中非常重要的一味药材。《本草纲目》说花椒能够"散寒除湿，解郁结，消宿食，通三焦，温脾胃，补右肾命门，杀蛔虫，止泄泻"，对人来说是一种保健品。尤其是在南方很多地区，今天还用花椒来除湿。有人说，汉文帝皇后窦氏之所以寿命很长，便是由于常在椒房殿里休息。大概墙壁上的花椒粉末对人有好处，所以窦皇后身体健康，历经汉文帝、汉景帝、汉武帝三朝。当然，这一说法有些牵强，住椒房殿的人多了，怎么唯独窦太后长寿了呢？但不管怎么样，中医药知识告诉我们，花椒的确有保健的功用。

古人还认为椒是玉衡之精。玉衡是北斗七星之一，而北斗在民

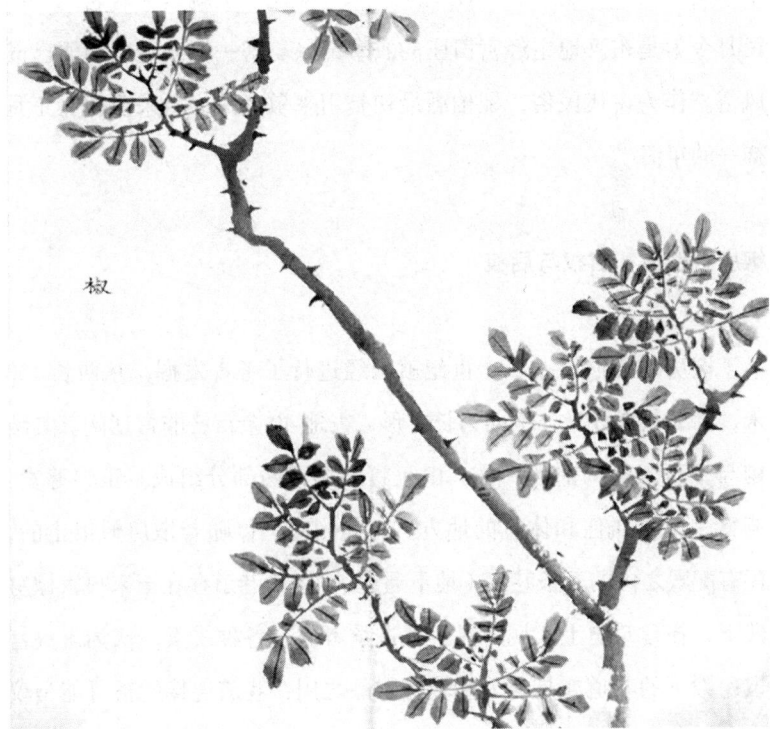

椒

［日］细井徇《诗经名物图解》中的"椒"

间信仰中有很重要的地位，掌管人的富贵寿夭，所以古人认为用玉衡之精——椒来浸酒，可以却老延寿；再加上柏，即可治疗百病。崔寔《四民月令》中说："进椒柏酒。椒是玉衡星精，服之令人能老。柏亦是仙药。""能"是"耐"的意思，"能老"也就是"耐老"。《四民月令》是东汉地主经营田庄的农事记录。这一记载说明椒酒已成风俗。作为古代民俗，椒柏酒最初是用来敬老的，后来演化为正月初一的年俗①。

椒房殿密道：君权与后权

椒房殿的遗址在二十世纪就已经进行了考古发掘，东西长 150 米，南北长 200 米，平面为长方形，占地 40 余亩，非常辽阔。其结构与皇帝大朝的前殿一样，由正寝和燕寝两部分组成。正寝尊贵，燕寝是平常居住和休息的地方。与此同时，伴随着椒房殿出土的，还有配殿之内的五条巷道（地下通道）。这种巷道存在于未央宫椒房殿下，在建筑史上实属罕见。考古学者综合各种线索，认为未央宫椒房殿下的巷道亦是藏人和转移物品之用，巷道连接的很可能是议事的密室。而此巷道得以修建的原因和政治斗争有关。后妃的宫殿是后妃政治活动的平台，后妃要拉拢外戚势力来支持自己，但是这是保密的，这些密道也就应运而生。这是宫斗大戏的历史遗存。

汉武帝曾为陈阿娇许下"金屋藏娇"的诺言，故而人们或以为

---

① 《荆楚岁时记》："正月一日……长幼悉正衣冠，以次拜贺，进椒柏酒，饮桃汤。"

椒房殿是汉武帝在即位后兑现当年承诺，特地修建给皇后陈阿娇居住的"金屋"，但实际上阿娇的椒房不过是当时上流社会常见的房屋而已。在西汉时期，许多贵族都用椒粉涂墙，其主要目的在于防潮。秦汉时期处在建筑的早期阶段，建筑以高大牢固为美，因而墙壁的好坏是一座建筑质量的最重要标志。汉朝普遍用白垩[①]涂抹墙壁隔潮并使墙壁表面光滑好看，有钱的贵族则在墙壁上做出不同文章，除了椒粉，还把

《百美新咏图传》中的陈阿娇

贝壳烧成灰用来涂墙，都是为了美观防潮。椒房殿只是因为皇后的地位而成了人们眼中的特殊建筑。

卫子夫：首位拥有独立谥号的皇后

曾经居住在椒房殿中的诸位皇后，不能不提的一位是汉武帝的皇后卫子夫。卫子夫是什么人呢？汉武帝时期有一个著名的将领卫青，卫子夫就是卫青的姐姐。卫青和卫子夫的出身都非常寒微，卫

---

① 白垩，又称白土粉、白垲土、白善，是一种微细的碳酸钙的沉积物，是方解石的变种。白垩一般主要是指分布在西欧的白垩纪的地层，而白垩纪一名即由此而来。作为矿物的白垩用来制造粉笔等产品。

青是汉武帝的姐姐平阳公主的骑奴，而卫子夫是平阳公主的讴者，也就是歌女。汉武帝和姐姐平阳公主的关系非常好，常有往来，于是在平阳公主府上就看见了卫子夫。汉武帝非常喜欢卫子夫，于是就把她带回了宫里。时隔一年多，汉武帝才再一次临幸卫子夫，不久，卫子夫就怀有了身孕。这一年是汉武帝的建元三年，即公元前138年。

至于汉武帝为什么会宠卫子夫，找一个身份低微的夫人，而且还找了她的弟弟卫青当自己的亲信，这是个关键的问题。汉武帝当时登基，可谓内外掣肘。在内受制于他的祖母窦太后；在外受制于重臣。窦太后是一个了不得的政治家，非常有手腕，但是她喜欢的是黄老之术。这样一来，皇帝想要亲政，掌握真正的权力，势必得培养一批自己人。达官显贵是指不上的，他们已经是既得利益者，不会对自己感恩戴德，也就很难改变现状。所以，他才要从寒微之士中擢拔自己青睐的人选，不仅要挑自己的臣僚和武士，也要挑自己的夫人（那个陈阿娇不过是他姑母的眼线）。卫子夫给汉武帝诞下太子刘据之后，汉武帝非常高兴，在大臣主父偃的建议之下把卫子夫立为皇后，而且找文臣枚皋和东方朔写了赋来讴歌这件大事。这件事意味着汉武帝逐渐能左右自己的命运。

卫皇后自元朔元年（前128年）被立为皇后，至征和二年（前91年）在巫蛊之祸中自杀身亡，在椒房殿中度过了长达38年的时光。在这里她将汉庭后宫管理得井井有条，曾赢得汉武帝的全面信任。司马迁在《史记·太史公自序》中称赞卫子夫没有陈后的骄纵，有着高尚的德行，给汉朝带来福祚。① 她也确实当得起史家的称赞。据说卫子夫虽然贵为皇后，且还有一个立了卓绝战功的弟弟，但是她非常低调，而且知道月盈则亏、水满则溢的道理，时刻警醒着。根据司马迁的记载，在她执掌后宫的数十年间，后宫没有太明显的争风吃醋和自相残杀，班固的《汉书》也是如此记载。虽然暗斗肯定还有，但是没有出格的明争，这已经很不错了。而且卫子夫还深得皇帝宠爱，比如皇帝在出巡的时候就把执掌宫廷开销的少府交给卫子夫管理。"少府"也就是小府，是皇帝的私库。等皇帝回来，卫子夫一桩一件地跟皇帝做细密汇报，皇帝非常满意；后来汉武帝索性让卫子夫做主，不必再向自己汇报，可见对她相当信任。不仅如此，《史记》等文献的记录中经常出现皇帝幸卫子夫的字样，这说明当时卫皇后的确是皇帝的心头肉。但是，好景不长，后宫的情状逃不开争风吃醋，汉武帝又风流成性，皇帝的爱意逐渐转移到其他女性身上，卫子夫也年老色衰，逐渐被边缘化。即便如此，她皇后的位置也没有被废，直到公元前 91 年。

公元前 91 年，也就是汉武帝征和二年，发生了"巫蛊之祸"。这在汉代历史上是一个非常恶劣的事件。所谓"巫蛊"，指的就是木偶人。巫术通过迫害木偶人来诅咒、迫害现实中具体的人，这在汉代是严厉禁绝的。在今天看来，这是极其愚昧的做法，但是汉朝的社会氛围相当迷信，巫风极盛，巫蛊之事屡禁不绝。比如陈阿娇当皇后的时候，她看到卫子夫受宠，心里非常不平衡，于是让和她

① 《史记·太史公自序》："陈后太骄，卒尊子夫。嘉夫德若斯。"

厮混的女"妖人"楚服施以巫蛊，迫害卫子夫。后来这件事被汉武帝发现，成为废后的重要理由之一。那"巫蛊之祸"是怎么一回事呢？原来，卫太子刘据为人仁厚，见天下已被"内多欲"的父亲弄得民不聊生，常劝父皇勤修政德，罢休干戈。等他初掌权力时，时常变更汉武帝的一些政策，惹得汉武帝很不高兴。佞臣江充等人又与太子不和。这个江充一度执掌着宫廷的车马禁卫，他手下的人曾看到太子的使者驾着太子的车马走了只有皇帝能走的驰道。太子知道了这件事之后非常紧张，跟江充说，千万不要告诉皇上。这个事情他知错了，以后不会再这么做了。但是江充邀功心切，还是将这件事告诉给了汉武帝，得到了汉武帝的嘉奖。这下，太子和江充之间的梁子就结下来了。后来刘据当了三十多年的储君，江充就琢磨，如果日后太子成为皇帝，自己肯定要倒大霉，索性先下手为强。他趁机进谗言，称有人见汉武帝年事已高，常用巫术诅咒陛下，意欲早登大位。汉武帝年老多疑，对太子一党的日益崛起也有所忌惮，于是大怒。江充率人巡查后宫，以搜索巫蛊之物为名，检索太子的罪证。

大名鼎鼎的"巫蛊之乱"就此爆发，因巫蛊之事而含冤被杀者不计其数。一时间，后宫被纷纷翻遍，太子宫与皇后寝宫椒房殿也不例外。最后江充从太子东宫之中找到了巫蛊，太子百口莫辩。此时皇帝也并不在宫中，而是在长安城外的甘泉宫休养。太子叫天天不应，叫地地不灵，走投无路，问自己的老师石德应当怎么办。石德就对太子说，干脆一不做二不休，直接起事吧。太子被逼无奈，向自己的母亲求救。卫子夫知道儿子的无奈，于是同意太子刘据调用长乐宫卫队和皇后的车马，拿出武库中的武器。江充没想到太子狗急跳墙，两派势力产生激战，最终江充被斩。这个消息传到了汉武帝耳中，他勃然大怒，认定自己的儿子已反，让丞相刘屈氂率京中部队平叛。太子当然寡不敌众，据说当时长安血流成河，沟渠之中都是红色的。[①]太子兵败逃走，但是被人追上，只能自尽。这是汉代最大的一件冤案。

卫子夫那里更加要命。江充等人来搜椒房殿，但史书记载这些人一无所获。在太子宫中发现了巫蛊，而在皇后这儿什么也没有，说明皇后非常清白。但是太子出事之后，汉武帝追责，问她为什么让太子统领长乐宫卫队造反，还收回了皇后玺绶。卫子夫最终含恨自尽于椒房殿。这场风波之后，时过境迁，汉武帝琢磨过味儿了，进而有人向汉武帝提出这恐怕是个冤案。田千秋告诉皇帝说："太子能反对您吗？日后的天下不是他的吗？儿子和父亲血浓于水，其中必有缘故。"汉武帝慢慢意识到自己居然被人当枪使了，让人彻查才发现，这件事情是江充、苏文等人所为（不过也有学者主张，很可能太子真的放置了巫蛊诅咒皇帝，这个问题值得深入研究）。总之汉武帝把这一干人等全部处以极刑，但是终究于事无补，只能充作心理安慰。汉武帝还在宫中修建了一个思子宫，又给了卫皇后一个谥号，称为思后，表现出汉武帝的追悔。

卫皇后是中国历史上第一位拥有独立谥号的皇后。她以卑微的身份步入汉宫，为汉武帝育下一男三女，有延续汉室之功；她的出

---

① 《汉书·刘屈氂传》："凡数万众，至长乐西阙下，逢丞相军，合战五日，死者数万人，血流入沟中。"

钩弋夫人

《百美新咏图传》中的赵婕妤

现甚至改变了汉王朝的命运：汉武帝之功离不开卫青、霍去病，临危受命离不开霍光，而卫青、霍去病、霍光之发迹亦离不开卫子夫。卫皇后的曾孙刘询即位，更是为大汉开创了"孝宣中兴"的崭新时代。

上官皇后：一个六岁即登上后位的女子

历史的车轮继续向前，到了汉昭帝时期。汉武帝晚年立的是小儿子刘弗陵，刘弗陵的母亲就是钩弋夫人赵婕妤，但汉武帝立刘弗陵的时候居然赐赵婕妤自尽。他这是怕自己的儿子亲政后有强大的母家干预。汉武帝还安排了许多人成为辅佐自己儿子的股肱力量，其中包括霍光。霍光对汉朝的政治产生了非常大的影响。他推行的是一种柔政，改变了汉武帝平素的刚政，迎来了一个繁荣稳定的时代——"昭宣中兴"。

汉昭帝刘弗陵的皇后是上官氏，她的故事说来话长。霍光与上官桀同为汉武帝临终前的顾命大臣，而上官桀的儿子上官安娶了霍光的长女，二人结成亲家。上官安的女儿，就是未来的皇后。汉昭帝刘弗陵有一个姐姐鄂邑长公主。《汉书·昭帝纪》记载，汉昭帝即位当天便封她为鄂邑长公主，并对她多次封赐。但鄂邑长公主的生活不检点，和儿子的门客、河间的丁外人私通。汉昭帝和大将军霍光听说这件事，还讨好她，并不制止鄂邑长公主和丁外人的关系，甚至下诏命令丁外人好生侍奉鄂邑长公主。这样的事情在汉代宫廷中司空见惯。

　　鄂邑长公主挑选了周阳氏的女子送进宫来，打算把她许配给弟弟汉昭帝。此时上官桀的儿子上官安也有个女儿，她也是霍光的外孙女，与汉昭帝年龄相仿，上官安就极力劝说霍光把上官氏送进宫去，以便日后平步青云。但霍光提出反对（他心中另有盘算），借口孩子还小，不适合，就没有答应。上官安碰了钉子，但他和丁外人很要好，就去劝说丁外人，试图通过长公主让女儿接近皇帝。他说，听说长公主正在挑选女子进宫，但我觉得我的女儿合适；如果能趁长公主选女入宫的机会，让我女儿进宫，日后若是她做了皇后，我们上官一家在朝廷平步青云，又有椒房为倚重，定不会亏待你。这就全看你能否成全我们了。汉家有制度，有功绩的列侯是可以娶公主为妻的，你还担心封不了侯吗？[1]这最后一句话直接戳中了丁外人的心。如果这件事情办成，丁外人就能够封侯，这是两家互赢的事情。丁外人十分高兴，就把这件事告诉了长公主。长公主也认为很对，于是召上官安的女儿进宫做了婕妤，上官安被封为骑都尉。这一步棋走对了，又过了一个多月，皇上就册立上官氏为皇后，当时上官皇后才只有六岁。

　　上官安就这样成了皇帝的岳父，被任命为车骑将军，封为桑乐

---

[1] 《汉书·外戚传》："闻长主内女，安子容貌端正，诚因长主时得入为后，以臣父子在朝而有椒房之重，成之在于足下。汉家故事常以列侯尚主，足下何忧不封侯乎？"

侯，权位甚高，甚至在霍光休假外出时，上官桀能进宫"代光决事"。桀父子既尊盛，当然对鄂邑长公主感恩戴德。上官桀、上官安想要兑现承诺，为丁外人求封，结果霍光不许。他们又为丁外人求光禄大夫，霍光又不许。这时不仅鄂邑长公主怨霍光，上官桀、上官安屡屡为外人求官爵而不能得，与霍光也积怨甚深。此时上官桀的官位高于霍光，自从汉武帝时，上官桀就列为九卿，位在霍光之上，且上官父子并为将军，上官氏还是皇后，"有椒房中宫之重"，于是这一家人一门心思想着与霍光争权。

这些人联合大臣桑弘羊、燕王刘旦等人，准备除去霍光。他们首先将收集的霍光的材料上呈给昭帝。此时霍光正在长安郊区检阅部队，没在宫廷之中，上官桀等人就趁机以燕王刘旦的名义给皇帝上奏折①，骂霍光在这个时候检阅京都的部队，道路已经戒严，是有野心的；又说霍光将被匈奴扣留十九年的苏武召回，任命为典属国，是意欲不轨；还指出霍光擅自调动大将军府校尉的兵力，不知道要干些什么②。他们用刘旦的口气说，我愿意燕王都不当了，进京勤王，剪除恶贼，给霍光扣上"专权自恣，疑有非常"的大帽子，包藏谋反之心。这时候汉昭帝只有十四岁，但是没想到他把奏折留下而不肯下发③。第二天霍光回来了，他得知上官桀等人有动作了，非常恐惧，不敢见皇上。④但是皇帝很坦荡，直接召见霍光。霍光一走进去，就脱下帽子顿首谢罪。皇帝说，将军您戴上帽子吧，我知道这封信

---

① 《汉书·霍光金日磾传》："诈令人为燕王上书。"
② 《汉书·霍光金日磾传》："擅调益莫府校尉。"
③ 《汉书·霍光金日磾传》："书奏，帝不肯下。"
④ 《汉书·霍光金日磾传》："止画室中不入。"

（清）华岩《苏武牧羊图》

有诈，将军您无罪①。霍光感激涕零，问："陛下您是怎么知道的呢？"皇帝就说："将军只是到广明亭去，召集郎官部属而已。如果调动所属兵力，时间用不了十天，燕王刘旦怎么能够知道？且将军如果真的要害自己，也无须校尉。"②十四岁的昭帝就这样识破了上官桀、桑羊弘等人的阴谋，令人称奇。

但上官桀等人还是没有收手。他们密谋，借口长公主宴请霍光，予以诛杀，并废掉昭帝，立燕王刘旦。但消息走漏，霍光发兵，杀了上官父子等人。年仅八岁的上官皇后，因为并没有参与祖父的阴谋活动，加上她是霍光的外孙女，所以保全了性命，甚至也没有被摘掉皇后的凤冠。这场政变后，朝政安定。在父亲被杀后，上官皇后得到了霍光的重视，经营后宫，有椒房之宠，可惜未能为昭帝生儿育女。不久之后，公元前74年，汉昭帝驾崩。汉昭帝死后霍光推上了刘贺。刘贺在位27天，做了一系列荒唐事，霍光联合上官皇太后和众多臣僚在未央宫中开会声讨刘贺的不是，索性把他从君位上给拽了下来。之后宣帝刘询即位，上官氏被尊为太皇太后。

椒房殿中还发生过另一个故事。许皇后是西汉成帝刘骜的第一位皇后，天生丽质，貌美动人，聪敏贤惠，还精通经史。她生了一个儿子和一个女儿，可惜都夭折了。当时正赶上国内多次发生灾荒，刘向、谷永等大臣居然认为国家发生不幸的事是后宫的罪过，成帝因此决定削减皇后居住的椒房殿的费用。许皇后对此很不满意，便

---

① 《汉书·霍光金日磾传》："光入，免冠顿首谢"，上曰："将军冠。朕知是书诈也，将军亡罪。"

② 《汉书·霍光金日磾传》："将军之广明，都郎属耳。调校尉以来未能十日，燕王何以得知之？且将军为非，不须校尉。"

上疏给汉成帝，请求皇帝不要减少费用。但是汉成帝拒绝了许皇后的请求，而采用了刘向、谷永之言，可见她和皇帝的关系已经疏远。汉成帝之后又有了许多新宠，包括赵飞燕姐妹，从而冷落了许皇后。许皇后有个姐姐，也就是平安侯夫人许谒，她用巫术诅咒怀有身孕的王美人和皇太后王政君的哥哥、当权的大将军王凤。事情败露，太后大怒，将这些人投入监狱严刑拷问，许谒等人被处死，许皇后也受到牵连而被废。后来她又谋复位，与卫尉、侍中淳于长关系暧昧，最后被皇帝"赐药"自杀。

　　汉哀帝喜欢董贤，与董贤是出则同辇，入则同侍，卧则同眠，甚至还在皇宫北门为董贤修建了气势宏大的宫殿。董贤的妹妹与董贤面貌相似，汉哀帝也非常喜欢她，将她封为昭仪——这在汉代是仅次于皇后的品级——同时又将椒房殿作为她的住处，"以配椒房"（《汉书·董贤传》）。后来，哀帝找机会将她立为皇后，入主椒房殿。椒房殿是当之无愧的后宫第一殿，也是后宫粉黛梦寐以求之所。

董贤

昭阳殿：赵飞燕姐妹的故事

未央宫的昭阳殿也是汉宫中重要的所在。汉成帝的宠妃赵飞燕姐妹曾居住于此宫殿，它的规格应该说仅次于椒房殿。昭阳殿东西两侧分别有东阁、西阁，通过长廊与昭阳殿连接。东阁内有含光殿，西阁内有凉风殿。廊阁之间，流水潺潺，香草萋萋，是另一天地。昭阳殿后面则是皇后嫔妃们居住的后宫。据说后宫通过长巷与昭阳殿连通，分为左右两院。

人们常用"环肥燕瘦"来形容女子体态不同而各有其风韵，其中"环"指杨玉环，"燕"指赵飞燕。赵飞燕姐妹的出身也比较贫寒，和卫子夫有几分相似，但是她们姐俩的德行远远不如卫子夫。相传赵飞燕舞姿轻盈如燕，能掌中起舞。汉成帝微服私访，来到了阳阿公主府，赵飞燕作为舞姬出来献舞，汉成帝惊为天人，随即将其带入宫中。入宫后不久，赵飞燕便陷害成帝的发妻许皇后，就连才貌双绝的班婕妤（班固、班超和班昭的祖姑）也受到冷遇。

班婕妤是中国古代有名的贤妃，被成帝的母亲王太后比作古之贤妃樊姬[1]。

班婕妤

《百美新咏图传》中的班婕妤

---

[1] 《列女传》卷之二《贤明传·楚庄樊姬》："庄王即位，好狩猎。樊姬谏不止，乃不食禽兽之肉。"

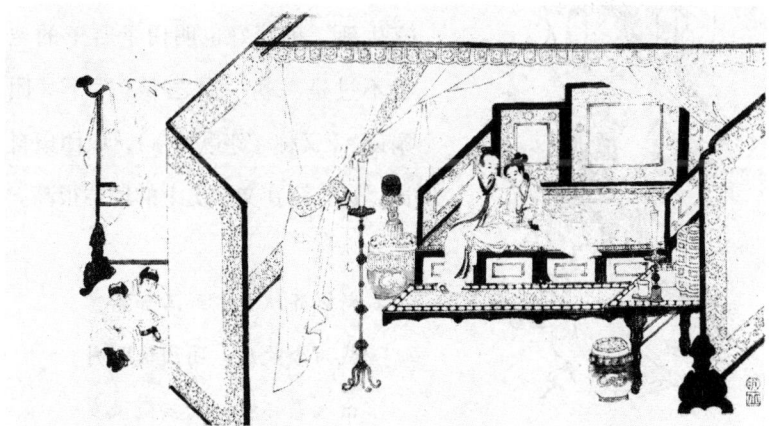

（明）尤求《汉宫春晓图卷》局部（记录赵飞燕姐妹的宫廷生活）

但赵飞燕入宫后，班婕妤便失宠了。《汉书·外戚传》记载，赵飞燕曾经诬陷班婕妤，说她和许皇后给自己下巫蛊，上皇帝那里告状。皇帝非常恼火，彻查案件，废掉了许皇后，又质问班婕妤是否确实参与此事。班婕妤丝毫不慌张，说"死生有命，富贵在天"，假使鬼神有知也不会满足自己的非分之想，假使鬼神无知自己就更没有动用巫蛊的理由。[1]汉成帝听了之后深以为然，相信这件事与班婕妤无关。班婕妤这算是逃过了一劫，但是赵飞燕仍处处设计陷害班婕妤。为求自保，班婕妤自请供养太后于长信宫。不仅如此，在太后死后，

赵飞燕

《百美新咏图传》中的赵飞燕

班婕妤还主动请求给太后守陵，最后终老病死。可见这是一个极贤惠聪明的女性。经过漫长而寂寞的冷宫生活，班婕妤也明白了君王的宠爱不过是一朝一夕之事，写下《团扇诗》（又称《怨歌行》），以团扇自比，这首诗在文学史上的地位很高。

新裂齐纨素，鲜洁如霜雪。

裁为合欢扇，团团似明月。

出入君怀袖，动摇微风发。

常恐秋节至，凉飙夺炎热。

[1] 《汉书·外戚传下》："赵飞燕谮告许皇后、班婕妤挟媚道，祝诅后宫，詈及主上。许后坐废。考问班婕妤，婕妤对曰：'妾闻死生有命，富贵在天。修正尚未蒙福，为邪欲以何望？使鬼神有知，不受不臣之诉；如其无知，诉之何益，故不为也。'上善其对，怜悯之，赐黄金百斤。"

弃捐箧笥中，恩情中道绝。

李白据此也曾写下同名的《怨
歌行》，以班婕妤自喻，抒发自己
不得志的悲愤之情[1]。

赵飞燕入宫后先居住昭阳殿，
被封为皇后入主椒房殿，其妹赵合
德则居住在昭阳殿。昭阳殿由建筑
师丁缓和李菊负责建造（《西京杂
记》卷一），建筑十分考究，居后
宫诸殿之首，甚至比椒房殿还要奢
华，《三辅黄图》等书中对其有详尽

《百美新咏图传》中的赵合德

的描述。[2] 它以花椒粉和泥涂抹墙壁，室内熏燃兰草，中庭用朱红色
的漆涂地，而殿上用丹红色的漆。或云丹漆涂地是天子居住宫室所
独有的，赵合德受宠由此可见一斑。昭阳殿门槛外面都包裹着一层
铜，铜上面又鎏有一层黄金。台阶用白玉做成，装修极尽奢华。

汉成帝常与赵飞燕姐妹二人厮混。汉成帝年富力强，但因纵欲
过度而暴死于昭阳殿，朝廷内外均归罪于赵昭仪，赵合德也因此而

---

① 李白《怨歌行》："十五入汉宫，花颜笑春江。君王选玉色，侍寝金屏中。荐枕娇夕月，
卷衣恋春风。宁知赵飞燕，夺宠恨无穷。沉忧能伤人，绿鬓成霜蓬。一朝不得意，世事徒
为空。鹔鹴换美酒，舞衣罢雕龙。寒苦不忍言，为君奏丝桐。肠断弦亦绝，悲心夜忡忡。"
② 《三辅黄图》卷三《未央宫》："椒房殿在未央宫，以椒和泥涂，取其温而芬芳也。武帝
时后宫八区，有昭阳、飞翔、增成、合欢、兰林、披香、凤凰、鸳鸯等殿。……成帝赵皇
后居昭阳殿，号飞燕，以其体轻也，有女弟，俱为婕妤，贵倾后宫。"

被迫自杀。由于哀帝得继皇位乃赵飞燕大力促成，所以赵飞燕保住了皇太后的位置，但到哀帝死后，赵飞燕被王莽废为庶人，最终自杀。昭阳殿作为赵氏姐妹受宠的见证，也为后世文人创作提供了素材。其中最有名的，当属白居易在《长恨歌》中用的"昭阳殿里恩爱绝"一句，借以描绘唐玄宗与杨贵妃天人相隔的凄苦。

第十四讲　天禄春秋

　　未央宫之中，除了宫廷苑囿，还有著名的藏书楼，天禄阁就是其中之一。天禄阁又名"天禄署"，位于未央宫东侧，主要存放文史档案，也藏有许多重要典籍，是西汉时期官方的图书保管地，可以说是中国最早的"国家图书馆"之一。司马迁、刘向、扬雄，这些大名鼎鼎的文人学者都曾出入其间，成为中国文化史上一道独特的风景线。不仅如此，汉王朝建章立制，天禄阁在其中起到了至关重要的作用。无数典籍为人所学，无数思想为人所用，从而成就了灿烂辉煌的汉文化。那么，天禄阁中有着哪些独特的瑰宝呢？司马迁创作的《史记》又和天禄阁有着怎样的不解之缘？

所谓"天禄"：天鹿、辟邪、貔貅、獬豸分别是什么？

天禄阁是中国历史上有名的藏书楼，也是著名的档案馆。它是一座高台殿阁建筑。据考古工作者实测，天禄阁南距未央宫前殿730米，西距石渠阁20米，其遗址在今天的西安市未央区小刘寨村。原阁规模宏大，但经过两千多年的历史风雨，现在的天禄阁只残留了高10米左右、底部呈正方形、边长20米的夯土台基。

天禄阁遗址

台顶有后人修建的"刘向祠"，是为了纪念西汉学者刘向在天禄阁整理典籍、著书立说而修的。

"天禄"是指什么呢？"天禄"通"天鹿"，是一种古代的神话动物，它形似鹿但只有一只角，是祥瑞的象征。也有人说它和君主的行为相关。[1]传说当君王施行仁政、天下太平之时，就会有散发着五色光辉的鹿出现，即为天鹿。汉魏隋唐留下了天禄兽的石雕像。天鹿和另一种神兽辟邪长得很像，以至于人们有时会将它们混淆。《汉书·西域传》孟康注讲道："一角者或为天鹿，两角者或为辟邪。"也就是说天鹿和辟邪的区别主要在于头上的角。1972年在陕西

---

[1] 《艺文类聚》九十九引《瑞应图》说："天鹿者，纯善之兽，道备则白鹿见，王者明惠及下则见。"

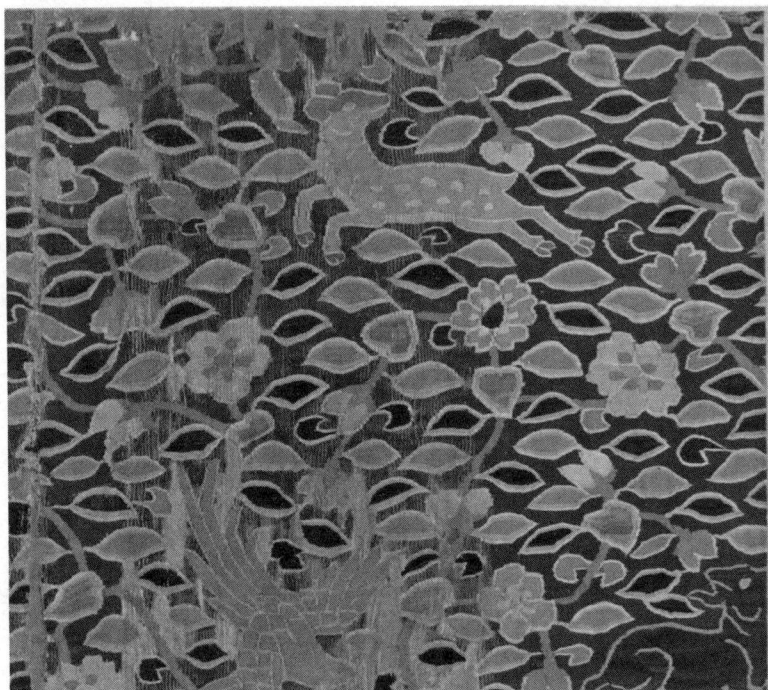

（北宋）缂丝紫天鹿局部

玉辟邪

石辟邪

咸阳出土的西汉和田玉雕"玉辟邪"，头有独角，严格意义上应称为天鹿。

清代官服的獬豸补子

另外，也有人说天鹿和貔貅、獬豸是一回事儿。貔貅和獬豸都是中国古代的瑞兽。传说貔貅曾帮助炎黄二帝作战攻打蚩尤有功，被赐封为"天禄兽"，即天赐福禄之意。它是军队的象征，在有些文献里头，军队直接就用貔貅来称呼。它又是专为帝王守护财宝的，亦被称为招财神兽。传说貔貅有一个极为罕见的特点：它有大嘴，但无肛门，只有进而没有出。由于这个特性，它经常被置于店铺门前，意为只招财不漏财。而獬豸也是传说中的上古神兽，身似鹿，头似牛，顶有独角，肩后有双翼，也称天禄。陕西渭南蒲城发现了唐睿宗李旦之墓桥陵，他的陵前就有石獬豸。獬豸又被称为法兽，和古代的判案有着密切的关系。上古时期有过神判法的阶段，那一时期处理案件往往靠神灵的意志，而獬豸就是判法的神兽。它被认为拥有至高的智慧，能辨是非曲直，识善恶忠奸①，是执法公正的化身。因此，古时法官戴的帽子又称"獬豸冠""法冠"。清代监察官员的官服补子上也绣有獬豸图案，象征公正无私，一般穿在御史等官员身上。

---

① 《晋书·舆服志》："或谓獬豸神羊，能触邪佞。"

（魏晋）青铜獬豸　　　　　　　　　（清）獬豸

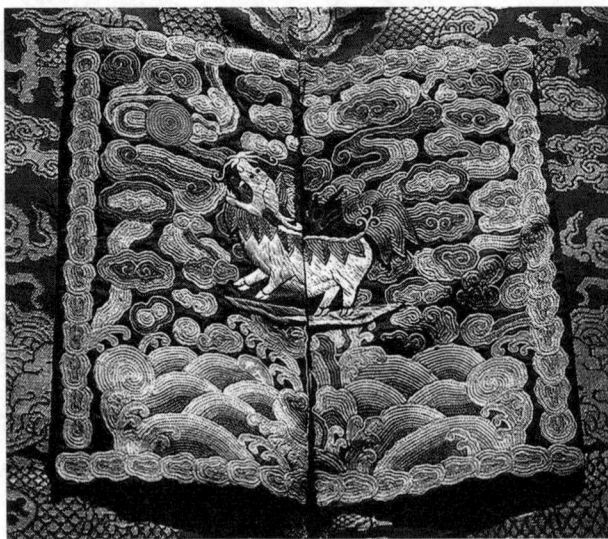

清官服上的獬豸

建设天禄阁：萧何的高瞻远瞩

天禄阁的建造和萧何有关。当初刘邦打入关中之后，萧何就告诫刘邦，让他不要贪恋咸阳的珍玉、珠宝、女色，而应该干一件事：把当时丞相府、御史府中的档案、图籍都据为己有。这样一来，刘邦就掌握了非常重要的资源，以至于后来在和项羽以及其他诸侯王的较量中，他能够最终胜出。这件事情在《史记》中有明确的记载。①刘邦让萧何造未央宫、长乐宫，萧何就在未央宫中主持修建了两个放文件典籍的地方，即天禄阁与石渠阁。很有可能，秦王朝留下的文书也被萧何存放在了这里。我们知道，刘邦进关中，一统天下，他的臣子是布衣卿相，文化素质都不高，其中水平最高、受过贵族教育的就是张良，所以刘邦这班君臣亟待进行的是制度文化建设。而且刘邦面临内忧外患，许多问题都还没有解决，他是需要典籍和历史经验作支撑的。

刘邦在公元前 195 年就驾崩了，之后登基的是汉惠帝刘盈。西汉初年，朝廷继续推行秦代的"挟书之律"（规定民间不准藏书的禁令）；到汉惠帝时，为收集和整理图书，废除了"挟书之律"。这一举措的意义非常之大，它使得文献能够自由传播。到了汉文帝、汉景帝时期，尽管国家官方的思想还是黄老道家，但已经有大量的儒生出现在历史舞台上了。《汉书·艺文志》说特别是到了汉武帝时期，朝廷更积极地收集、整理书籍，命令丞相公孙弘"广开献书之

---

① 《史记·萧相国世家》："诸将皆争走金帛财物之府分之，何独先入收秦丞相御史律令图书藏之。"

路，建藏书之策，置写书之官""下及诸子传说，皆充秘府"。汉武帝还推行了著名的"罢黜百家，表彰六经"政策，把儒术推到了社会的上层，不过其他书照样允许存在——这是他比秦王朝高明的地方。经过西汉几代帝王的努力，大收典籍，把秦始皇时焚书坑儒以及秦末散佚的图书尽可能地发掘和整理了出来，集中到长安的书籍经计算共有五百九十六家，一万三千二百六十九卷，藏于天禄阁与石渠阁。这个时候，天禄阁就成了名副其实的"国家级图书馆"。

来过天禄阁的鸿儒：司马迁、刘向与扬雄

不过，真正能够看到天禄阁文献的人，应当说是少数。掰着指头算，在典籍中也只记载了几位大儒和天禄阁有关。按照常理来说，其他的贵族应该也是有机会接触到里面的典籍文献的。因此，这些文字能为社会上层发挥功用，但毕竟是小众，和今天的图书馆、档案馆不能同日而语。接触到天禄阁藏书的人中，最值得提的就是大历史学家、文学家司马迁。

关于司马迁和他的《史记》，长期存在着一些误解，比如有人认为司马迁写作《史记》就是为了抒发自己的种种牢骚，批评他所处的时代。这个观点不是近代才出现的，在东汉晚期就已经有了。东汉晚期著名学者蔡邕，受到董卓之乱的株连，作为董卓的党羽被清算。

《三才图会》中的司马迁

蔡邕就对来处理他的王允说："您不能杀掉我，因为我这儿还有任务，要把史书写下去，我甘心情愿像司马迁那样接受肉刑。"而王允说，昔日汉武帝不杀司马迁，司马迁就写了谤书流传于世。他的意思就是说，《史记》里有许多诋病汉武帝的话。这也是事实，司马迁的确在很多地方说了汉武帝的不是，比如写汉武帝多么骄奢、多么跋扈等。但是汉武帝还是让《史记》流传于世了，皇帝的目的也很显明，就是要让司马迁通过《史记》论证汉家执政的合理性。

司马迁有一个重要的身份，就是汉家的太史令，这个太史令是有宣汉之责的。有一件事情很能说明问题。公元前110年是汉武帝的元封元年，这一年汉武帝封禅泰山，带了许多人，但唯独没带司马迁的父亲司马谈。为什么？因为司马谈是黄老人物，不是皇帝的心腹。但是，这件事给司马谈的打击甚大。司马谈也是太史令，太史令是记载史事、编写史书、兼管国家典籍、精通天文历法和祭祀的官员。他在弥留之际，给自己的儿子留下遗嘱，说："现在天下已经太平了，皇帝封禅泰山，古往今来有几个这样的事件？但是我竟不能把今天这个伟大的时代记录下来，这些信息就荒废掉，淹没在历史长河中了。我非常愧疚，也非常恐惧，所以你一定得记住①。"这番话也是后来司马迁继承父亲遗志，接任太史令撰写《太史公书》（也就是《史记》）的座右铭。这就传达了一个非常明确的观点：这书要给汉家执政提供合理性。

司马迁还参与了太初历的制定。公元前104年，司马迁放下手

---

① 《史记·太史公自序》："今汉兴，海内一统，明主贤君忠臣死义之士，余为太史而弗论载，废天下之史文，余甚惧焉，汝其念哉。"

头的工作，与众臣提议造汉历。汉初用的是秦历——颛顼历，历法用的时间越久误差也就越大，而它是一个国家，尤其是一个农业民族的门面，历法的精准直接影响到农业生产，对于国家执政的意义重大。当时汉武帝找了很多顶尖的科学家，包括唐都，包括落下闳，也包括司马迁。司马迁曾明言自己能够掌管星象历法，他懂得自然科学。《史记》中有《天官书》和《律书》，这些其实也都属于自然科学的范畴。因此司马迁也是制定太初历的主要科学家之一。这既是司马迁工作职责分内之事，也是他的使命所在。司马氏先祖就是周朝的太史，远在上古虞夏之世便显扬功名，职掌天文之事。① 司马迁继承祖业，而且还实现了孔子"行夏之时"② 的理想。而为了制定太初历，司马迁需要钻研一系列的专业资料，这当然离不开天禄阁。自由出入两阁查阅资料，网罗天下旧闻，为撰写《史记》打下了坚实基础。司马迁根据阁藏史料，钩稽尘封于两阁典籍中的明主贤君、忠臣义士、奸佞邪恶之徒，以及重大历史事件，并结合自己的游历考察，吸收了父亲收集的材料，奋笔疾书，未曾懈怠，即使遭受宫刑，也在所不惜，最终写成了五十多万字的不朽巨著《史记》，"究天人之际，通古今之变，成一家之言"，成为我国第一部纪传体通史，翔实记录了上古时期至汉代我国政治、经济、思想、文化等各个方面的历史状况。这部被誉为"史家之绝唱，无韵之离骚"的巨著后来就可能被收藏在天禄阁内。

---

① 《史记·太史公自序》："余先周室之太史也，自上世尝显功名于虞夏，典天官事。后世中衰，绝于予乎。汝复为太史，则续吾祖矣。"
② 《论语·卫灵公》："颜渊问为邦。子曰：'行夏之时，乘殷之辂，服周之冕，乐则韶舞。放郑声，远佞人。'"

司马迁在完成《史记》后，在《自序》中说它"藏之名山，副在京师"。这里的"名山"，是指古帝王藏策之府。"名山"源于《穆天子传》中的"群玉之山"，而非司马迁家乡韩城的某座真实的山。再有，很多学者[①]认为这里的藏策之府，应是太史公府。既然"副在京师"说的是副本，那么"名山"太史公府藏的应是正本，"副在京师"则可能指副本放在京师长安未央宫的天禄阁了。据记载，《史记》成书之后，朝廷一度把它审慎典藏，秘不示人。汉成帝时，皇帝的叔叔东平王刘宇曾经奏请朝廷颁给《太史公书》（当时还不怎么说《史记》），朝廷慎重考虑，经过重臣反复讨论，驳回了东平王的奏请，原因是认为此书有战国纵横权谋以及汉初的谋臣奇策等内容，不宜扩散给诸侯王。[②]这说明朝廷之所以秘藏图书，不仅是为了保存文献，还有留一部分书只在朝廷重臣小范围内流传的目的（类似现代的"内参"）。有意思的是，海昏侯墓"孔子屏风"上的一些文字与《孔子世家》极其相似。《史记》成书之后并未流传于世，如果在宫廷秘府天禄阁与司马迁家各保存一份、秘不示人的话，外界对此应知之甚少。那么，这有可能是因为海昏侯活到了《史记》公开的那一天吗？到了汉宣帝时，司马迁的外孙平通侯杨恽祖述其书，"遂宣布焉"，但只是稍稍公之于众。海昏侯刘贺薨于宣帝神爵三年（前

---

① 唐代注释《史记》的司马贞认为，"名山"是用《穆天子传》"群玉之山"的典故，指"古帝王藏策之府"。于是他认为《史记》应该"藏之书府"，即当时的国家书府——太史公府。近人陈直先生认为"藏之名山"即是藏之于家。"太史公卒后，正本当传到杨敞家中，副本当在天禄阁或石渠阁。"（见陈直：《汉晋人对〈史记〉的传播及其评价》，《四川大学学报》1957年第3期。）

② 《汉书·宣元六王传》："《太史公书》有战国纵横权谲之谋，汉兴之初谋臣奇策，天官灾异，地形厄塞，皆不宜在诸侯王。"

像禄卷镭

《古圣贤像传略》中的刘向

59 年），从时间上讲有可能活到《史记》宣布于世。但即使是这样，他在宣帝时能见到《史记》的可能性还是不大，因为杨恽祖述其书的范围有限，而杨家又是刘贺的政敌（杨恽父亲杨敞被迫参与了霍光的废帝事件）。

随着天禄阁的藏书不断增多，天禄阁校书就成为一项重要的工作。西汉著名的学者刘向就曾在此校书。他搜集大量秦代书籍，辑录了《战国策》等书（他只是整理者，不是作者）。汉成帝时，藏于天禄阁的秘籍颇多亡散（原因不明），于是便派陈农赴各地遍寻遗书，又命光禄大夫刘向在天禄阁校雠经传、诸子、诗赋；此外还找来当时的步兵校尉任宏校兵书，找来太史令尹咸校数术，还有太医李柱国校方技，这些都是各个领域的专家，专门进行整理和研究。这次规模浩大的图书校勘和整理工作由刘向全面负责，在中国历史上赫赫有名。当时书已经不少了，但是他们发现书与书之间，不同版本还有很大的差别。书的版本和流传过程都需要深入的研究。传说正当刘向深夜独坐天禄阁，面对着浩如烟海的图书典籍发愁时，他忽然梦见了一个扶着青藜杖的黄衣老人，老人传授给了他点校天文地图的秘籍，为他带来了方向。刘向得到神助后果然学识大进，所遇困难迎刃而解。刘向的后裔便称"天禄刘氏"或"藜照刘氏"。后人也用"藜杖吹

《三才图会》中的扬雄

火"来比喻专心学问乃得神助①。

刘向校书时，每校完一部，即列出篇目，概括出全书大意，辨其讹误，录而奏之，汇编成著名的《别录》一书。它著录的图书有六百零三家，计一万三千二百一十九卷，分为六大部类、三十八种，每类之前有类序，每部之后有部序。叙录的内容十分详细，包括书目篇名、校勘经过、著者生平思想、书名含义、著书原委、书的性质、评论思想、史实、是非，还剖析了学术源流和书本身的价值。可惜的是，《别录》在唐代已经亡佚了。所幸，哀帝时刘向的儿子刘歆据此删繁就简，总括群书，概括出要旨，编成《七略》。《七略》是中国第一部官修目录和第一部目录学著作。它为班固所获，很多内容都保留在《汉书·艺文志》中，今天我们可以考见其梗概。

西汉著名文学家扬雄也曾在天禄阁校书。扬雄（公元前53年—公元18年）字子云，蜀郡成都（今四川成都郫都区）人，是西汉晚期的大学者，也是司马相如之后最著名的辞赋家。扬雄少年好学，

① 王嘉《拾遗记》卷六："刘向于成帝之末，校书天禄阁，专精覃思。夜有老人，着黄衣，植青藜杖，登阁而进，见向暗中独坐诵书。老父乃吹杖端，烟燃，因以见向，说开辟以前。向因受《洪范·五行》之文，恐辞说繁广忘之，乃裂裳及绅，以记其言。至曙而去，向请问姓名。云'我是太一之精，天帝闻金卯之子有博学者，下而观焉。'乃出怀中竹牒，有天文地图之书，'余略授子焉'。至向子歆，从向受其术，向亦不悟此人焉。"

口吃，博览群书，长于辞赋，曾仿司马相如《子虚赋》《上林赋》，作《甘泉赋》《羽猎赋》《长杨赋》，洋洋洒洒地讴歌汉家皇室气象，粉饰太平。后世将他与司马相如并称"扬马"。他也曾仿屈原，作《反离骚》来反驳屈原。正所谓"歇马独来寻故事，文章两汉愧扬雄"，在刘禹锡的《陋室铭》中更是写有"南阳诸葛庐，西蜀子云亭"，将扬雄与诸葛亮相提并论，后来人们常以此称颂文学之臣。韩愈《送郑十校理得洛字》曾写："才子富文华，校雠天禄阁。"柳宗元《同刘二十八院长述旧言怀感时书事奉寄澧州……赠二君子》也有"继酬天禄署，俱尉甸侯家。"《三字经》还说"五子者，有荀扬"，"荀扬"即荀子和扬雄，这是把扬雄列入了"五子"[1]之一。

虽然扬雄在文学上取得了很高的成就，但他认为儒家《五经》才是大道，而"辞赋非贤人君子诗赋之正"。他觉得，这种东西只不过是雕虫小技，是一种游戏[2]，真正能够让一个士大夫流传青史的应当是经术。于是他仿《易经》作《太玄》，仿《论语》作《法言》，还有重要的语言学著作《方言》传世，为我们今天研究汉代方言留下了宝贵的资料。可惜的是，这样的博学硕儒却卷入了西汉晚期的统治阶级内部复杂的政治旋涡中。《汉书·扬雄传》记载，扬雄四十余岁时，自蜀地来至京师，寻求人生的发展空间。他被王莽的叔伯

---

[1] 《三字经》中的五子，分别是荀子、扬子（扬雄）、文中子（王通）、老子、庄子。
[2] 《法言·吾子》："或问：'吾子少而好赋。'曰：'然。童子雕虫篆刻。'俄而曰：'壮夫不为也。'"

辈的大司马、车骑将军王音发现①，王音"奇其文雅"，召为门下史，"荐雄待诏"，让他服侍汉成帝左右。到元延二年（前11年），扬雄作《羽猎赋》劝谏皇帝，这篇赋写得非常壮阔，皇帝也很满意，于是封他为"郎"，让他"给事黄门②"。这个时候和扬雄同为黄门郎的有两个人，一个是刘歆，也就是之前说的刘向的儿子，后来给王莽登基出谋划策；另一个人就是王莽。当时，王莽因为大将军王凤临终托孤，羽翼未丰，表现出一派谦恭谨慎的样子；刘歆也初入仕途，扬雄自然不知道以后会和他们发生怎样的瓜葛。

汉成帝死，哀帝登基。在哀帝之初，扬雄与"断袖之交"的董贤同官。这时，董贤依仗皇帝之宠，势力壮大；而王莽不露声色，韬光养晦。从成帝到哀帝、平帝时期，王莽和董贤都爬到了三公的位子，权倾人主③，他们推荐的人没有不被提拔的④。但是扬雄历经成、哀、平三世，不与功名利禄之辈为伍，埋首于学术著作，没能升官⑤，被当权的两派势力冷落。

王莽篡位假借符命自立，因此一时间大批"谈说之士"用符命

---

① 清代学者钱大昕指出："初，雄年四十余，自蜀来，至游京师。大司马、车骑将军王音奇其文雅，召以为门下史。雄以五凤五年卒，年七十一。则成帝永始四年年始四十有一。而王音之薨乃在永始二年正月，使果为音所荐，则游京师之年尚未盈四十也。"扬雄生于甘露元年，即前53年，王音推荐扬雄，而王音死于永始二年，前15年，扬雄始游京师，应不足四十岁，则《汉书》说扬雄始至京师的时间有误。见钱大昕《三史拾遗·汉书·扬雄传》。

② 给事黄门是指官名。秦置，西汉沿置，它与黄门侍郎同在黄门（宫门色黄）之内供职。东汉将两官合并，名为给事黄门侍郎，简称"给事黄门"。

③ 《汉书·扬雄传赞》："当成、哀、平间，莽、贤皆为三公，权倾人主。"

④ 《汉书·扬雄传赞》："所荐莫不拔擢。"

⑤ 明薛纲《宿怀化驿题壁》："九年不徙官，扬雄老且秃。归草《太玄经》，郊居掩花竹。"

称王莽功德，"封爵者甚众"，这堆人基本都是为功名利禄不择手段的小人。神学与庸俗化的经学混合，谈论的都是灾异、祥瑞，用自然现象来附会人事祸福，把这些荒谬的现象作为王莽改朝换代的依据。一时朝野上下神神鬼鬼，阿谀逢迎之徒把政治弄得乌烟瘴气。可是，此时的扬雄仍然埋头学术研究，似乎与那些蝇营狗苟、竞进贪婪之徒保持距离，只凭借自己的学问和才干活着，安于现状。据说他"实好古而乐道"，最大的心愿只是让文章成名于后世，于是才有《太玄》《法言》《训纂》《州箴》《反离骚》等大作问世。这种"用心于内，不求于外"的价值观，使得他淹没在那个声色犬马的环境中，被人们所遗忘，只有刘歆、范逡等人还敬重他的才华。大学者桓谭认为，扬雄是超世绝伦的。扬雄在这一时期处于政治的边缘，保持了独立人格，可以算作有理想抱负，还能耐得住寂寞的一流学者。

但好景不长，扬雄莫名其妙地引火烧身。王莽当政时，刘歆、甄丰都做了上公，那些编造虚妄的鬼神符命来求取功名利禄的人，万万没想到他们死期将至。靠着蛊惑人心的邪说走上至尊位子的王莽，和历朝历代阴谋家一样，最怕昔日那些编造邪说的人揭自己老底[1]。为了让这些人永远闭嘴，他大开杀戒，可谓卸磨杀驴。

两个倒霉蛋率先撞上了枪口。甄丰的儿子甄寻和刘歆的儿子刘棻二人奏献符瑞，但这回可是拍马屁拍到了马腿上。王莽翻脸不认人，杀了甄丰父子，又流放刘棻到四裔（这就是模拟大舜流放四

---

[1] 《汉书·扬雄传》："莽即以符命自立，即位之后欲绝其原以神前事。"

凶^①），大凡此案供词所牵连到的人，立即拘押审讯，不必奏请。这件事居然把扬雄牵连了进来。当时扬雄正好在天禄阁校书，办案的使者来了，要抓扬雄。扬雄吓坏了，恐怕自己不能脱罪，就从天禄阁上跳了下来，差点没命^②。他为什么这么惶恐？其实说来，连王莽都觉得荒唐。王莽听到扬雄被牵连进来，问手下说，扬雄一心攻读圣贤书，素不参与其事，为什么在此案中。^③手下人暗中查问其原因，原来是刘棻曾跟扬雄学过写奇字。奇字，按照《汉书》颜师古的注解，是古文的一种特殊变形；至于符瑞云云，扬雄一概不知情。王莽因此下诏，不追究扬雄，扬雄才免过一劫。然而京师坊间却有议论，说扬雄是"因寂寞，自投合；因清静，作符命"。这话很值得玩味，扬雄真的是因为标榜清净寂寞，投合了王莽，作了符命吗？扬雄如果只是因为刘棻跟他学写过奇字的话，这一行为实在没有什么大不了的，即便是面对王莽，扬雄也有话给自己辩解。这样的话，他似乎不大可能在办案人员来的时候寻死。

　　扬雄为什么恐慌？我们仿佛能从京师坊间之语找到一些线索。《汉书》颜师古注说，人们化用了扬雄自己的话来讽刺他。颜师古那时可能看到了扬雄作品的民间传本，里面的《解嘲》篇有和京师坊间之语相似的句子，说"惟寂惟寞，自投于阁；爱清爱静，作符作

---

① "四凶"相传为尧舜时代四个恶名昭彰的部族首领。《左传·文公十八年》："舜臣尧，宾于四门，流四凶族浑敦、穷奇、梼杌、饕餮，投诸四裔，以御螭魅。是以尧崩而天下如一，同心戴舜以为天子，以其举十六相，去四凶也。"

② 《汉书·扬雄传》："雄恐不能自免，乃从阁上自投下，几死。"

③ 《汉书·扬雄传》："雄素不与事，何故在此？"

命"。①但是事实上扬雄的《解嘲》并不是这么说的。《解嘲》原话是
"爰清爰静，游神之廷；惟寂惟寞，守德之宅"，和投合王莽的符命
没有什么关系。所以颜师古认为，京师之人只是模拟扬雄的口气讽
刺他，《解嘲》里没有提到符命的内容。可是，京师坊间的议论定然
不是空穴来风，究竟指什么，颜师古没说。

清代大儒沈钦韩《汉书疏证》道破天机，认为京师坊间之语，
实指《剧秦美新》之文。班固在《汉书·扬雄传》里没有明确记载
扬雄有一篇作品叫《剧秦美新》，因此颜师古给《汉书》作注时没
意识到"因寂寞，自投合；因清静，作符命"是出自此篇文章。这
一篇《剧秦美新》，被后代学者视为扬雄的"白圭之玷"。它不见
于《汉书·扬雄传》，而见于萧统编纂的《昭明文选》。更有趣的是，
《昭明文选》正好把它放在卷四十八"符命"之中。按照文中的内容
推测，这一篇文字应该写于王莽称帝的始建国元年。"剧"是批判的
意思，扬雄在这篇文章中指斥秦朝无道，美化新朝，还建议王莽举
行封禅大典，故名《剧秦美新》。

王莽篡汉自立，扬雄虽然不是那些靠符命骗取爵禄、欺人欺天
之辈，但多年被边缘化，也使他想有所作为。况且王莽以周公自居，
尊孔复古，这让大儒扬雄仿佛看到了希望。扬雄说，往时司马相
如作《封禅》一篇文字，以彰显汉氏之伟业。但他自己"常有颠眴
病"②，恐一旦呜呼哀哉，所怀之情不能抒发，就长恨于黄泉了。所以

---

① 《汉书·扬雄传》颜师古注："以雄《解嘲》之言讥之也。今流俗本云：'惟寂惟寞，自
投于阁；爰清爰静，作符作命。'妄增之。"
② 《文选·剧秦美新》李善注："眴与眩古字通。"张铣注："颠眴，谓风病也。"有人说即
"癫痫"。

"敢竭肝胆，写腹心"，作《剧秦美新》一篇。说这样的言语是扬雄出于被逼无奈，或者曲意逢迎，恐怕都不对。如果我们设身处地读这篇文字，不难感觉到扬雄似乎就是这么想的。他甚至建议王莽举行一般帝王不敢企及的封禅大典。古代帝王看到符命，受命改制，祭天告成，才有封泰山、禅梁父①之举；而巡守四岳，则是大舜这样的圣君所为（见《尚书·舜典》与《史记·五帝本纪》）。这些言论似乎表明，扬雄虽然没有假造符命，但是某些程度上，他比假造符命的江湖骗子走得更远。

他对新莽政权寄托了太多的希望。新莽政权以儒家经典为蓝本，风风火火、煞有介事地"恢复"古代典制，像扬雄这样的儒生肯定欣欣雀跃。明堂辟雍②浩渺难知，礼乐文明湮没已久。孔老夫子周游列国，空叹"吾岂匏瓜也哉，焉能系而不食"，说他不是挂着不能吃的葫芦——样子货；暴秦焚《诗》《书》百家语，儒者首当其冲；汉家定鼎，先是黄老之术，后来"罢黜百家"，但是霸王道杂糅，表面上是用了儒家，实际上掺杂了法家的霸道。儒家学说受到那么长久的冷落乃至遭受劫难，而王莽专用儒家经典，居然短时间内就把儒家理想中的一系列名目——落实，怪不得扬雄要说"帝典阙者已补，王纲弛者已张，炳炳麟麟，岂不懿哉"，也就是为古代制度文化查漏补缺的事都做了，多么美好的时代啊（近代大学问家章太炎又叫章炳麟），怪不得他要"剧秦""美新"！但好心没好报，王莽竟然卸

---

① 梁父为泰山下的小山。
② "明堂辟雍"是中国古代最高等级的皇家礼制建筑之一。明堂是古代帝王颁布政令，接受朝觐和祭祀天地诸神以及祖先的场所。辟雍即明堂外面环绕的圆形水沟，环水为雍（意为圆满无缺），圆形像辟（辟即璧，皇帝专用的玉制礼器），有天圆地方的含义。

磨杀驴，扬雄始料不及。甄丰父子和刘棻事件之后，扬雄差点儿自寻短见，原因显而易见。

西汉中叶以后，社会矛盾越来越尖锐。随着土地买卖的加速，土地兼并成了棘手的社会问题，王侯"多畜奴婢，田宅无限"，奢侈挥霍；国家财政枯竭，大量人口卖身为奴，流民的数量大增。王朝"霸王道杂之"的正常统治秩序难以为继的时候（确切地说汉元帝就用"周政"而和"霸王道杂之"的路数渐行渐远了），大量儒生就乞灵于古代的儒家典籍。这也好理解，现实社会问题愈发严峻，人们不得不有病乱投医。纯用文法吏，暴秦如是，结果亡国；用黄老之士，汉初如是，但这只是暂时不引爆定时炸弹，非长久之计；汉武帝以后，儒生与文法吏并行，社会每况愈下。既然如此，纯用儒生试试？何况儒家典籍中还有大量政治策略，上古帝王正是用了这一套迎来了治世，典籍毕竟说得有鼻子有眼。南朝沈约在《宋书·礼志》中言"任己而不师古，秦氏以之致亡；师古而不适用，王莽所以身灭"。

在扬雄死的前一年天凤四年（17年），王莽政权已经面临着大难。这时全国性的蝗灾、旱灾四起，饥荒频仍，饿殍遍野；各地民众揭竿而起，形成赤眉、绿林等大规模的民变。扬雄死后第五年即地皇四年（23年），新莽政权被绿林军推翻，王莽死。"周公恐惧流言日，王莽谦恭未篡时"，王莽被传统史家认为是大奸大恶的野心家、道貌岸然的伪君子、食古不化的书呆子。在闹剧面前，扬雄的《剧秦美新》，格外有讽刺意味。

据说，王莽时大司空王邑、纳言严尤听说扬雄死了，问大学者桓谭，扬雄的书能流传后世吗。桓谭说："一定能够流传，只是你我看不到。扬雄文义最深，论述不违背圣人，如果遇到贤明的君主，再经贤知阅读，被他们称道，便必定超过诸子了。"[1]扬雄是一个活在历史转折当口上的人物，他是一个心无旁骛的学问家；他也有不足，但是他的名字写在了中国学术史上。

有一个钜鹿人，叫侯芭，自带酒菜跟扬雄学《太玄》《法言》[2]。刘歆知道后，对扬雄说："你这样远离利禄，白白使自己受苦！现在那些获得利禄的人，不学无术，还不能通晓《易经》，何况是你深奥的《太玄》？我怕后人要用它来盖酱缸了[3]。"扬雄笑而不答。这一段对话中，我们能看出扬雄和刘歆不同的人生旨趣，扬雄毕竟有着高洁的精神操守，不同于钻营之徒。《汉书》说扬雄活到七十一岁，在天凤五年（18 年）死去，侯芭为他建坟，像儿子一样守丧三年。扬雄家牒云："子云以甘露元年生，天凤五年卒，葬安陵阪上。"

新莽时期王莽居然不重视档案文书，毁了天禄阁和石渠阁而将之作为铸币场所，天禄阁便只剩下一个地名了。据说在这里还出土过镌刻着"天禄阁"字样的瓦当。

---

① 《汉书·扬雄传》："必传。顾君与谭不及见也。凡人贱近而贵远，亲见扬子云禄位容貌不能动人，故轻其书。昔老聃著虚无之言两篇，薄仁义，非礼学，然后世好之者尚以为过于《五经》，自汉文、景之君及司马迁皆有是言。今扬子之书文义至深，而论不诡于圣人，若使遭遇时君，更阅贤知，为所称善，则必度越诸子矣。"
② 《论衡·案书》："扬子云作《太玄》，侯铺子随而宣之。""铺子"即侯芭。
③ 《汉书·扬雄传》："空自苦！今学者有禄利，然尚不能明《易》，又如《玄》何？吾恐后人用覆酱瓿也！"

第十五讲　石渠气象

　　未央宫的石渠阁是西汉时期的皇家档案保管地，或者说是中国最早的中央档案中心，也可以说是中国第一所国家档案馆。石渠阁不仅是汉文化的见证者，更将中国古人的建筑智慧体现得淋漓尽致。中国传统建筑多以土木作为建筑材料，很少用石头。石渠阁的建造却没有使用木料，而全部用石料。那么，未央宫石渠阁中，发生过哪些鲜为人知的故事？这座由石料建造的建筑，见证了怎样的大汉荣光呢？

石渠阁：罕见的石质建筑

未央宫里头的天禄阁和石渠阁，是著名的文献收藏地，是国家级的图书馆、档案馆。石渠阁在中国历史上影响非常之大。

顾名思义，"石渠阁"的"石"指的是它的建筑材料。这一点就非常有意思。中国古代的建筑大多是土木结构，和西方很不一样，这一点表现出两大文明的差别。从万神殿到古罗马竞技场，它们能够保存到今天，是因为它们是石质建筑，中国的建筑一般就保存不了这么久。虽然中国并不缺乏石料，中国古代石料加工技术的水平也相当之高，但是为什么中国没有以石质材料为主的生活建筑呢？梁思成认为，之所以中国没有把石头当作主要的建筑材料，是因为中国人并没有追求建筑长存的观念。①《周易》中讲"生生之谓易"，就是说人们要表现出源源不绝的生命力，而不着意于长久之观念。在建筑上，也就不希望一座建筑万代永存（陵墓除外，毕竟它不是给活人用的）。

可以发现，中国文化里头，

石渠阁

---

① "中国结构既以木材为主，宫室之寿命固乃限于木质结构之未能耐久，但更深究其故，实缘于不着意于原物长存之观念。"见梁思成：《中国建筑史》，百花文艺出版社1998年版，第11页。

天一阁

活人住的宫室、苑囿，往往都是木质和土质结构，唯独石渠阁是个例外。石渠阁之所以要用石头，是因为石渠阁保存的是典册文献。石渠阁外围用石块砌成渠沟，渠沟中导入水，环绕阁的四周，有利于防火，因此得名为石渠阁。书籍最怕的，一是火，二是腐烂。石渠阁的建造方式既能够防止火灾，其设计又通风通气，加上石头的温度比较低，也能减缓书籍的发霉腐烂，对于保护图书十分有利（竹简和纸都如是）。这种藏与防的设计遂成为之后历代藏书处所的模板，比如浙江宁波著名的藏书楼天一阁，其建造理念也是如此。"天一阁"，取自"天一生水"①，这是中国易学文化中一个重要的命题。整个天一阁，除了门窗，剩下的都用砖瓦把木结构给包了起来，着火的可能性甚低。可以看出，石渠阁奠定了后代藏书处所的建制。

作为档案馆，石渠阁中保存的自然是文献。中国历朝历代都有文献。《尚书·多士》篇中讲，商朝人已经有了册和典。②"册"是个象形字，是竹简串联的样子（也有学者说这是"栅栏"的"栅"，因

---

① 《周易·系辞》："天一生水，地六成之。"
② 《尚书·多士》："惟殷先人，有册有典。"

为竖线长短不齐）；而"典"是会意字，表示把"册"
用手托起来。有册有典，就意味着商代肯定会有档案
馆或图书馆，尽管我们今天不知道这个档案馆具体在
哪里。再比如，司马迁说老子是周室"守藏室之史"。
史官是记事者，也是文献和档案的掌握者，老子也就
是当时东周都城洛阳的档案馆、图书馆的"馆长"，
这就说明此地有大量的文献档案。后来孔子向老子问
礼，也说明老子是博物君子；而这儿又有大量的文
献档案，孔子应当看到了其中的一部分。这些文献档
案，很可能毁于春秋末叶的战乱，所以有了老子出关，著《道德经》
的事。

商甲骨文"册"

商甲骨文"典"

山东东平汉墓壁画《孔子见老子》（局部）

征书与藏书：汉朝的档案整理工作

秦末战争中，刘邦率先进入关中。刘邦入关之时，萧何就曾经让他取丞相府、御史府中的图书档册，了解了天下的风土人情、山川形便，使得刘邦在后来的战争中居于不败之地。[①] 萧何很有远见地注意到了档案的重要性，在长安未央宫殿里头建成了石渠阁。他的目的，一方面是收藏刘邦率军攻入咸阳后收集到的秦朝图书，以及丞相府、御史府等重要官署的律令档案；另一方面则是满足汉统初立之时进行政权建设的需求。

政权建设需要政治智慧。政治智慧从哪里来？从文献典册中来。于是汉朝政府长时段的征书行为就开始了。接受了秦朝毁灭图书的教训，汉高祖刘邦"大收篇籍，广开献书之路"，又让国家重要大臣去主持图书的整理、纂辑工作。但总的来说，根据文献记载，刘邦时期还是没有大规模的文化建设。这一方面是因为刘邦忙于战端，另一方面也是因为国家没有资金，且刘邦君臣文化水平不高。到了汉惠帝刘盈时，为了收集和整理图书，废除了"挟书之律"[②]。挟书律一废，就意味着文化典册的传播松绑了。秦王朝采取焚书坑儒的粗暴文化政策，焚了很多书，儒家经典首当其冲，因为儒家主张分封，秦始皇主张郡县，两者格格不入。但是秦始皇焚的基本是民间的书。

[①] 《史记·萧相国世家》："沛公至咸阳，诸将皆争走金帛财物之府分之，何独先入收秦丞相御史律令图书藏之。"其中是档案还是典籍，有争议。

[②] "挟书律"是秦始皇在进行焚书时实行的一项法令，对收藏违禁书籍的人处以灭族的酷刑。"挟书律"和"焚书令"，都与法家专制思想有关。西汉王朝初期，制度基本上是继承秦朝，"挟书律"也不例外。

今天我们可以了解到，当时秦的博士官是有书的，而秦博士官的规模也应当不小，数量比汉家的博士官都要多；而且秦的学术队伍也是比较大的，涵盖了许多门类，包括诸子、数术等。但是，秦始皇对博士官的态度是"备员弗用"①。也就是说你们存在就存在吧，我也不听你们的。到了秦楚之交，项羽的一把大火很可能对博士官的文献造成了巨大的毁灭，许多文献都不存在了，成为永远的谜。但还有一些文献散落民间，于是公元前191年汉惠帝刘盈废掉"挟书之律"，就鼓励了民间藏书，政府也在不断地收书。这是一个把民间的书籍收到官方的漫长过程。这个行为是必需的。

到了汉武帝时期，全社会更积极地收集整理书籍，不仅鼓励民间献书，还找官方藏书的办法以及抄书的人选。②今天可以看到著名的北大汉简，字迹非常隽秀，其中有许多文献都是在汉武帝前后抄写的，应当说这和当时国家的文化政策有着一定的关系。汉成帝时又派谒者③陈农四处搜寻散佚的图书④，并分类整理。经过汉朝几代帝王的努力，不少散佚了的以及被藏匿起来的图书，又被官方发掘和整理出来，集中到长安的书籍共有596家，13269卷。后来司马迁就是参考这些文献，写成了五十多万字的不朽巨著《史记》。

石渠阁的藏书日渐丰富，保存了大批珍贵的典籍，而汉代自己

---

① 《史记·秦始皇本纪》："博士虽七十人，特备员弗用。"备员，是说居官有职无权或无所作为。

② 《汉书·艺文志》："汉兴，改秦之败，大收篇籍，广开献书之路。迄孝武世，书缺简脱，礼坏乐崩，圣上喟然而称曰：'朕甚闵焉！'于是建藏书之策，置写书之官，下及诸子传说，皆充秘府。"

③ 谒者，古时亦用以泛指传达、通报的专职人员。

④ 《汉书·艺文志》："求遗书于天下。"

的档案后来也贮藏在这里。汉武帝以后，石渠阁由单一的档案典籍收藏机构发展为兼具学术研究功能和修撰功能的场所，在这里可以讲论五经①。班固《两都赋》中说，许多言语侍从的臣子，像司马相如、虞丘寿王、东方朔、枚皋、王褒和刘向等人日日夜夜讨论争辩；公卿大臣，像御史倪宽、太常孔臧、大中大夫董仲舒、宗正刘德、太子太傅萧望之等人也常常议论异同②，其中大多和石渠阁有关系。班固还说，石渠阁在那时不仅是典籍之府，还是讨论之所，一些学识渊博、德高望重的名儒大师常在石渠阁研讨六艺③。宣帝时著名的学者韦玄成、梁丘贺等还曾在这里讲诵经书、编撰史籍，使石渠阁成为当时研究学术的中心，经常有学者在此召开会议。因此，石渠阁主要以研究经学为主，是具有学术研究性质的专业藏书处。图书档案制度至此进一步发展。在石渠阁里面，还绘有汉代功臣、贤大夫的画像，以霍光为首，还有苏武等人，如同陈列

《古圣贤像传略》中的班固

---

① 《汉书·刘向传》：“讲论五经于石渠。”
② 《两都赋》序：“故言语侍从之臣，若司马相如、虞丘寿王、东方朔、枚皋、王褒、刘向之属，朝夕论思，日月献纳。而公卿大臣御史大夫倪宽、太常孔臧、大中大夫董仲舒、宗正刘德、太子太傅萧望之等，时间作。”
③ 班固《两都赋》：“又有天禄、石渠，典籍之府。命夫谆诲故老，名儒师傅，讲论乎《六艺》，稽合乎同异。”

室、纪念馆 ①。

石渠阁会议：丧服学与鲁学的振兴

讲到这里，不得不提一下汉代学术思想中的一场重要争论，即今古文经之争。今文经学和古文经学，是西汉形成的经学研究中的两个派别。"今文"和"古文"，最初只是指两种字体。从先秦时期到西汉，中国文字有过几次重大变化。先秦时期流行的是篆体文字，但各国所用文字的差异很大。直到秦始皇统一六国后实行"书同文"的政策，将文字规整为小篆，而汉代又演变小篆为隶书。因此，汉代人用隶书书写的书籍，称为"今文"；而汉代以前用篆体写下来并流传到汉代的，则为"古文"。那些传授经典的学者，如果他教授的底本是用战国时古字写的，就是"古文家"；如果是用隶书写的，便是"今文家"。我们耳熟能详的不少文化人都是今文经的传经者，比如伏胜、辕固、董仲舒等。他们用自己的渊博学识为汉代文化的发展留下了浓墨重彩的一笔。

伏胜又称伏生，这里的"生"指的是先生。伏胜在秦王朝当过秦的博士官，后来赶上秦楚之交战乱，也就跑了。伏胜有一个关键的本领：他活得很长——活了整整九十九岁。而且他生活的那个时间段，从公元前 260 年长平之战开始，是战国列强争雄最白热化的时期，后来又赶上秦统一六国、秦的灭亡、秦楚之交的战乱，天灾

---

① 《太平御览》居处部卷十二引《三辅故事》："天禄阁、石渠阁在大殿北，以阁秘书。又画贤臣像凡十一二人，霍光第一，苏武第十一。"

（东汉）隶书《曹全碑》

人祸频仍。在这样苦恶的环境下，伏胜居然能活到九十九岁。他晚年的时候，统治者已经是汉文帝。汉文帝就希望这位老先生能够出山，为汉家政权服务。伏胜老先生能讲《尚书》，《尚书》是重要的文献，列于五经之一。所谓"尚书"就是"上古之书"，是古代文献档案的总集。伏胜记忆力超群，但当时他已经老得走不动路了，于是汉文帝就派了重臣晁错找到他，听他口授。唐代人记载，伏胜凭借自己的记忆，默出了二十九篇《尚书》[①]——默出来的书自然不使用先秦的篆体文字了，这就是咱们说的《今文尚书》。

有些人可能会感到惊诧，这个伏胜记忆力就这么超群吗？但是我们反过来一想，中国人历朝历代都不缺背功。我们的记忆只要在运用，都是非常惊人的。今天人们能背英语、能背古诗文，那个时

李公麟款、明人画的《伏生授经图》

① 《史记·儒林列传》："秦时焚《书》，伏生壁藏之。其后兵大起，流亡。汉定，伏生求其《书》，亡数十篇，独得二十九篇，即以教于齐、鲁之间。"而唐人徐坚《初学记》明确说："汉兴，济南人伏胜能口诵二十九篇。"

间段伏胜就能够大量地背诵古书，将这些书默出来（记忆很多时候是文本流传的重要方式，这一点容易被人忽略）。《今文尚书》默出来之后，大量学者就向伏胜学习，比如之后著名的人物欧阳生和晁错，都传承了伏胜的衣钵。

今文经有它的特色。它没有经典文本可循，文献是经师、学者复述出来的，这就导致经师、学者怎么说怎么是。因此，今文经就有"微言大义"之说，说它有深刻的含义，它就有深刻的含义，解释权在经师手中。而从汉文帝、汉景帝到汉武帝时期，古文经都还没有走上历史舞台，博士官传的都是今文经。汉文帝时期就有三家传经的：传承《诗经》的韩婴，今天留有《韩诗外传》，是韩诗代表；同样是传承《诗经》的鲁国大学者申培公，是鲁诗代表；伏胜的弟子欧阳生，传承《尚书》。其他的学者里也有博士，比如贾谊当过汉文帝的博士，但他似乎没有传过什么经。到了汉景帝时期，又有几家传经的博士，如研究《诗经》的辕固、研究《春秋》的董仲舒。

汉武帝上台之后，大张旗鼓搞制度建设。博士官董仲舒想提升儒家的地位，他对汉武帝的问题做出应答，史称《天人三策》。他告诉汉武帝，只有一条正道，就是"六艺"，圣人只有孔子。只有拿《诗》《书》《礼》《乐》《易》《春秋》当教材，传播儒家的思想，才能端正人心。所以后人总结这套思想叫"罢黜百家，表彰六经"（"罢黜百家，独尊儒术"是近代学者易白沙的概括）。这个事件在中国历史上的意义太大了，此时距离孔子去世已经三百多年，孔子的思想才正式地成为官方的思想。董仲舒还建议皇帝进行汉家自己的政治建设。他让天子"退而更化"①，"更化"即建立汉武帝的政治文化气象。这是一件伟大的事情，和天意人心相吻合。在这个背景下，今文经成为当时社会上最重要的学术思想，也是官方的思想。此时古文经还默默无闻，也没有立于学官，更没有博士官。

像　舒　仲　董

《三才图会》中的董仲舒

　　但是，尽管董仲舒一度受到过汉武帝的重用，汉武帝有时候对他的思想也很不赞同。比如说，董仲舒主张天人感应，认为刮风下雨都是上天意志的显现。统治者为政如果有失德之处，上天就会降下灾难。这套天人感应的学说起到了制约皇帝的作用。公元前135年，长陵高园殿和辽东高庙失火，这两处是汉朝的宗庙。此时董仲舒就写了一封信，可能是写给皇上的奏章，但是尚未发出。他在草稿上就说，这场大火是因为陛下您的政策有问题，任用了坏人。②至于这个"坏人"具体指的是谁，有学者认为可能是田蚡（汉武帝的舅舅），也有可能是淮南王刘安。没有想到的是，这封草稿被主父偃拿到了。主父偃和董仲舒有仇，看不上董仲舒的言论，就把信拿给了皇帝。汉武帝自然勃然大怒，他把这封信交给董仲舒的弟子吕步舒，问这个人该

---

① 《汉书·董仲舒传》："今临政而愿治七十余岁矣，不如退而更化"。
② 《汉书·五行志上》："视亲戚贵属在诸侯远正最甚者，忍而诛之，如吾燔辽东高庙乃可，视近臣在国中处旁仄，及贵而不正者，忍而诛之。……在外而不正者，虽贵如高庙犹灾燔之，况诸侯乎？在内不正者，虽贵如高园殿犹燔灾之，况大臣乎？此天意也。"

判何罪（这手很阴，该当何罪不是我说的哦）。吕步舒说，这是"下愚"，也就是极愚蠢的人，所以汉武帝就把董仲舒扔进了死囚牢。虽然后来汉武帝又心生怜悯赦免了董仲舒，可是董仲舒此后再也不敢言灾异，一心埋首于《公羊春秋》的学理研究。

可以看出，经书和执政者的行为还是存在一定距离的。对此，汉宣帝对他的儿子汉元帝讲过一段著名的话，他说，你不能光看儒书，汉家自有道术，霸王道杂糅，光看儒书是不行的；而儒书也有它的问题，好些个儒家士大夫说的话不能为我所用，而且他们的话故弄玄虚，弄得人们眼花缭乱，所以这样的学说可以放一放。①汉宣帝这个话是说到点子上了。的确今文经系统存在着很大混乱，而当时古文经还比较边缘化，这个时候就缺乏一场运动来整理学术思想。有这样的社会需求，于是就产生了相应的文化行为。进而，在中国历史上很著名的一次会议就在石渠阁中召开了。

石渠阁最为人所熟知的，就是西汉宣帝时为讨论五经同异而召开的御前会议——石渠阁会议。它与汉代儒学思想有着密切的关系，因而是汉代学术史上的重大事件。石渠阁会议因在石渠阁召开而得名，《汉书·儒林传》中提到"论石渠"，《刘向传》更明确提到"讲论五经于石渠"；在《汉书·艺文志》中，说东汉时仍留存有汉宣帝时五部"石渠论"的书目155篇；《后汉书·章帝纪》记载白虎观会议时更是明言："如孝宣甘露石渠故事，作《白虎议奏》。"孝宣当指汉宣帝，甘露为宣帝年号，这句话就是说，《白虎议奏》是仿照汉宣

---

① 《汉书·元帝纪》："汉家自有制度，本以霸王道杂之，奈何纯任德教，用周政乎！且俗儒不达时宜，好是非古今，使人眩于名实，不知所守，何足委任！"

帝时期在石渠阁发生的旧事所作的。

汉宣帝大张旗鼓地召开石渠阁会议的直接目的有二：一是讨论丧服学的内容。古代的丧礼非常重要，古人要"慎终追远"。这个其实不是为了祖先，而是为了活着的人，尤其是活着的执政者——这是执政者的名分即政治合理性之所在。石渠阁会议为什么要讨论丧服学问题呢？这和汉宣帝的登基方式有很大关系。汉宣帝得到这个皇位非常不容易。在他之前是废帝刘贺，汉昭帝去世后，昌邑王刘贺即位，他是汉武帝和李夫人的孙子。可是汉宣帝是什么人？他是史皇孙之子，是那个被迫害致死的戾太子刘据的孙子，也就是汉武帝的重孙；在辈分上，他是昭帝的长兄之孙，即侄孙。这个问题非常要命，汉宣帝要怎样以合理的身份成为皇帝？刘贺登基一个月就被废为海昏侯，据说是因为在他当皇帝的那 27 天内，于居丧期间饮酒作乐。霍光等人据此向太后上奏，批评刘贺居丧"亡悲哀之心"，严重违背了居丧之礼（其主要罪状有三条：居丧奸淫、居丧作乐、居丧饮酒食肉）。由于刘贺的意外被废，加上丙吉的推荐，长于民间的十八岁的刘病已才偶然地登上了皇位。对此，汉宣帝是心知肚明的。他必须重视事关皇位的丧服礼制，以证明刘贺被废与自己登基的双重合法性。石渠阁会议就是要达到这样的现实目的。二是振兴鲁学。特别是增立《穀

像 帝 宣 漢

《三才图会》中的汉宣帝

梁传》①博士，与《公羊传》并列。汉代学术非常复杂。儒家、道家
和法家等学者争论不断；而儒家内部不仅有今古文经之争，今文经
内部也各立门户，形成了很多派别，如今文经学的《诗》有齐、鲁、
韩三家，《书》有欧阳和大、小夏侯，《礼》有大、小戴，《春秋》有
公羊、榖梁，《易》有施孟、梁丘，后来又有京氏易。这些门派之间，
由于对经学解释不同，各不相让，其中以《春秋》的齐学、鲁学两
个学派争论最为激烈。以《公羊传》为代表的齐学"恢奇驳杂"，而
以《榖梁传》为代表的鲁学"纯谨"；不仅如此，二者的内容也有很
多不同之处。那么鲁学为什么能在石渠阁会议上取得胜利呢？石渠
阁会议的历史意义又有哪些呢？

　　焚书坑儒的时候，儒家之所以首当其冲，是因为儒家的分封理
论和民本思想同秦始皇的集权精神不一致。但是儒家的士大夫非常
聪明，他们会看到时代的需求，从而调整学说以对大一统思想加以
维护。

　　春秋时期有没有大一统呢？其实这是个不大好回答的学术问题。
中华文明能绵延几千年，有深层次的文化因素。比如西周时，东土
出现的青铜器铭文和西土出现的青铜器铭文，样子都很一致，这说
明周代两地在文化制度上有一致性；加上周王分封天下和制礼作乐，
都表达出了文化上的一统。于是有的先生说，西周恐怕是一统的
"1.0 版"，秦始皇的一统是"2.0 版"，到了汉武帝就是"3.0 版"，

---

① 《榖梁传》又作《谷梁传》，也被称为《谷梁春秋》、《春秋谷梁传》，旧题是战国谷梁赤
撰的儒家著作，与《左传》《公羊传》同为解说《春秋》的三传之一。起于鲁隐公元年（公
元前 722 年），终于鲁哀公十四年（公元前 481 年）。

是滚雪球式的发展过程，统一的内涵逐渐丰富。春秋时期也有一统因素。董仲舒就主张春秋时代一定是大一统，这种看法寄托了对王权的憧憬。当时，董仲舒被派到江都王刘非那里做他的相。这个刘非可不好伺候，其实汉武帝把董仲舒派遣到那儿也是想给他一些颜色看看。但是没想到，刘非非常尊重董仲舒，甚至将他比喻为管仲。可是，如果董仲舒是管仲，那刘非不就是齐桓公了吗？他是不是有不臣之心呢？董仲舒非常聪明，马上说了一句话，叫"正其道不谋其利，修其理不急其功"，也就是正儒家的大道而不谋私利，修儒家的大理也不求私功，这样就是大公无私。春秋大一统就是在这样一个语境下提出的，这是《公羊传》的一个理论建树。

《公羊传》主张大一统，讲求为圣王立法。但关键是《公羊传》也有问题：它很多解说是机械的、附会的，而且支离破碎。这个时候，另外一部书——鲁学的《穀梁传》——异军突起。《穀梁传》的主要精神是"大义"而非"微言"。它所讲的是除了大一统的威严法度，还应当重视血缘的温情。汉代中叶以后，随着各种社会矛盾的激化，出现了统治危机。在这种背景之下，《公羊传》的弊端就日益暴露出来了：它片面强调法治，而忽视了礼治教化，强调大义灭亲却又忽视了宗族情谊。相比之下，《穀梁传》突出礼制教化，强调以血缘情谊来维系本族秩序，其地位因而日渐上升。另外，鲁学地位的上升还与汉宣帝的祖父戾太子刘据有关。刘据一度得汉武帝宠爱，曾经被瑕丘江公传授过《穀梁传》。不仅传授他《穀梁传》，而且汉武帝还给刘据盖了一栋博望苑，许多饱学之士在这里和太子谈经论道。可以说，汉宣帝此时举起了他爷爷刘据的大旗。汉宣帝即位后便向韦贤、夏侯胜、史高等人询问《穀梁》学和《公羊》学的教义。韦贤等人都是鲁人，他们说《穀梁》学本是鲁学，《公羊》学是齐学，根据时代的发展，应当振兴正宗的《穀梁》学。宣帝听后满意，随之由他们传授《穀梁》学。为了解决双方学派的纷争，汉甘露元年（前53年），宣帝在大殿中召五经名儒、太子太傅萧望之主持会议，详论《穀梁》学、《公羊》学的相同或不同之处。双方本着各自的经义进行辩论。参加讨论的两派，每派各有五人。萧望之等多数人认为，应该遵从《穀梁》学，由此《穀梁传》大为盛行。这次会议成为石渠阁会议的前奏。

两年以后，即汉甘露三年（前51年），汉宣帝又召集朝中群儒，在未央宫北的石渠阁召开会议，任务是评论"五经"的异同。参加会议的有治《礼》的闻人通汉，学《诗》的张生、薛广德，治《书》的周堪、林尊、欧阳长宾，治《易》的梁丘临、施雠等。大会依旧由萧望之主持，汉宣帝亲临会场裁决。这次石渠阁会议再度发扬了两年前会议上尊崇《穀梁》学的观点，增设大、小夏侯《尚书》和《穀梁传》等博士。至此，经学十四博士全部设立，今文经学各个门派都成为官学，并达成了一些共识，为建立统一的经学铺平了道路。但这次会议也不乏问题：由于讨论内容陷于枝节，参与讨论的群儒思想方法受师法、家法限制，会议其实未能充分说理，最后仍借皇帝权力裁定是非，没有能够从维护封建统治的高度出发提出居于上位的根本原则，也没有建立起体现时代精神的思想体系，统一经学的目的并没有达到。但不管怎么说，石渠阁会议使皇帝不仅成为政治上的最高统治者，也成了经学领域的最高权威。这就使经学的观点也成为政治的最高法典。其结果，不仅是经学的地位大大提升，而且也扩大和加强了儒家礼仪制度对社会的控制力量。

会议留下的文件有《五经杂议》十八篇，《书议奏》四十二篇，《礼议奏》六十八篇，《春秋议奏》三十九篇，《论语议奏》十八篇等，包括了五经的全部内容。那时的会议文件我们已经看不到了，只有在唐人杜佑编撰的《通典》中还保存有若干片断。从这些残存的篇籍来看，会议内容主要是关于宗法礼制的问题（无疑是皇帝最关心的）。经宣帝总裁决后，在全国推行。这场会议的意义非比寻常，它是统一儒家思想内部矛盾的一场会议。它把学术问题摆出来，哪些是国家的需要，哪些能为社会服务，然后由皇帝亲自做裁决，有很大的积极意义。

两汉经学问题：今古文经之争

最后我们来看看今古文经之争的问题。汉代在今文经学和古文经学之间发生过多次论争，其中规模较大的共有四次。

第一次论争发生在西汉末年，古文经学以刘歆为代表，今文经学以光禄大夫龚胜、大司空师丹等当朝权臣为代表。此次争论的重点是什么呢？是古文经的来源问题。汉成帝时期，刘歆发现古文《春秋左氏传》，认为左丘明与孔子好恶相同，并亲自见过孔子，所以《春秋左氏传》比以后世口头传述为依据的《公羊传》《穀梁传》更为可信，于是他引用《左传》来解释《春秋》。哀帝建平元年，刘歆又在今文诸经立于学官并设置博士的情况下，写了《移让太常博士书》，争立古文经传于学官。但因为在西汉朝廷中，不仅担任教职的太常博士都是今文家，就连那些达官显宦也都是通过学习今文经而得官的，所以刘歆的要求显然遭到了诸儒博士的反对，未能成功。不仅未能成功，今文博士还对刘歆穷追猛打，大加嘲讪诽谤，搞得刘歆无法在朝堂立足，只好请求外任，暂避锋芒。

这场争论，最终经由权臣王莽的干预，暂时平息了。王莽利用政治权势，立了《周礼》等古文经籍博士，古文经学由此逐渐成为官学。刘歆也从此投靠王莽，和王莽的政治前途捆绑在一起。正是如此，才出现了带有政治派别含义的"古文"之名。由于古文家独树一帜，原有经师被迫结成了一派，称为"今学"。所以说，"今学"这个名称是古文经师强加给立于学官的经书、经说和经师的。

第二次论争发生在东汉初年。汉光武帝刘秀建立东汉后，一方面立今文学博士，另一方面，以"扶微学，广异义"为口号，放任古文经学自行发展。这次争论的重点在古文经的内容上。今文家认为古文经"各有所执，乖戾分争"，并主要攻击《左传》，说它违背孔教。古文家针对这些批评进行了反驳，但他们的反驳没有什么用处。光武帝借机取消了《左传》博士，《春秋》古文学又被逐出了学官。这次今古文经学的论争，以古文经学的失败而告终。

第三次论争发生在东汉章帝时，也是两汉针对《左传》展开的最大规模的一次辩论。这次是围绕着《左传》和《公羊传》的经义问题。在这次论争之后，古文经学虽然还是失败，却逐渐获得了一定的认可度和政治地位。

当初石渠阁会议虽暂时统一了五经，但经过西汉末年的动荡，

（东汉）《传经讲学图》画像砖

各家分歧再次抬头。汉章帝建初四年（79年），鉴于今古文经两者争论不休，汉章帝便下诏在洛阳白虎观讨论五经异同。这次，《公羊传》与《左传》成为一大争论中心。李育用《公羊传》之义反驳贾逵《左传》之义，但贾逵在《左传》中证明了汉皇室是尧的后代，汉朝承继的是五行中的火德。今天看来这种论据似乎是荒谬的，但是在当时，依靠这种附会，《左传》地位日渐上升。章帝也认可了贾逵的说法。这次会议同西汉的石渠阁会议性质相同。[①]与石渠阁会议相比，白虎观会议的规模更大，持续的时间更长。会议内容编辑成了两部书：《白虎奏议》和《白虎通义》。《白虎奏议》是白虎观会议提问和发言的原始记录，按照《易》《书》《诗》《礼》《春秋》五经分别整理而成，一共有百余篇，魏晋以后即已亡佚。《白虎通义》是由班固编撰的，将白虎观会议得出的结论分类整理，今存四十三篇。它贯通群经大义，是皇帝钦定的经学教科书。这次会议以今文经学为主，也让古文经学家贾逵参加。《白虎通义》共引用了《周官》（为古文经学大宗）七次，开创了学术兼宗今古文经的先河；它大量引用谶纬，标志着东汉经学与神学的进一步结合，同时也预示着今文经学的没落和古文经学的兴起；它兼采古文经说，为汉末郑玄会通今古文开辟了道路。

第四次论争，也是最后一次论争，发生在东汉桓、灵之际。今文经学由于迷信谶纬、附会政治，逐步走向虚妄和衰落。郑玄集汉

---

① 《后汉书·杨终传》："宣帝博征群儒，论定五经于石渠阁。方今天下少事，学者得成其业，而章句之徒，破坏大体。宜如石渠故事，永为后世则。"

代经学之大成，兼采今古文之说，遍注群经。[①]由此，两汉今古文经学之争暂告平息。

今文经学与古文经学，在经书的文字、字体、篇章等内容上，以及在经书中重要的名物、制度、解说等内容上都不相同。今文经学近于哲学，强调"经世致用"；古文经学近于史学，讲究考据。在东汉，两者之间还有有神论与无神论、政治与学术的区别。但从纯学术的观点来看，今文经学中有异说，古文经学中也有异说，谁也不能算解释五经的权威，更不能说谁得了孔子的真传。东汉时期，今古文经学的争论，其实质问题是到底谁才是经学的正统，以及如何才能统一思想的问题。

汉代的今古文经学之争，是中国学术史上影响深远的一件大事。但是需要特别强调的是，汉代今古文经学之争绝非单纯的学术论争，而是包含着浓重的政治意味的。今文经学既已立于学官，士子也依赖学习今文经入仕，朝臣又通过学习今文经而获位，因此古文经学很难得到社会的认可。一旦学术跟政治利益结合起来，学术问题也就成为政治问题了。正因为如此，这场争论由单纯的对待书籍本身的不同看法，扩大成为学术思想、

郑玄

---

① 《后汉书·郑玄传》："郑玄括囊大典，网罗众家，删裁繁诬，刊改漏失，自是学者略知所归。"

学派体系、政治观念诸方面的学术论争，几乎贯穿了整个封建社会，不仅对经学，也对中国历史的发展产生了重要影响。从时间上讲，这种影响一直延续到清末。

今古文经学之争虽始于西汉末年，但其争斗的高峰却在东汉。在这场斗争中，古文经学日益抬头，在民间流传甚广，并逐渐占据优势。直至郑玄起，今古文经才趋近。到清末，以皮锡瑞、康有为为代表的今文经学，与以章太炎、刘师培为代表的古文经学，又形成了近代的今古文经学之争。时起时伏的今文古文经学之争，在中国历史上占有重要的地位。

新莽时期，王莽不重视档案文书的作用，毁天禄阁和石渠阁而为铸币场所，石渠阁遂被毁弃。一代文化的大气象，盛极而衰，淹没在历史中，令人扼腕叹息。

第十六讲 汉家仓库

西汉刚刚建国时，采用"轻徭薄赋"的政策改善了贫弱的国力；汉武帝继位之后，北击匈奴，扬大汉国威，使它成为历史上能征善战的朝代之一。而武器与粮食，在规模庞大的未央宫里，也都有着自己专门的建筑设施，它们就是武库和太仓。武库、太仓这两个看似普通的所在，背后有着哪些鲜为人知的故事？又体现了人们怎样的思想呢？

武库：长安城的兵器库

在公元前 200 年，刘邦责令萧何建造未央宫、长乐宫。未央宫一期工程竣工，就包括许多重要的建筑设施，如东阙、北阙、前殿、武库、太仓。关于武库有一个好玩的故事。战国时期秦国有一个秦惠文王，他有一个同父异母的兄弟，叫樗里疾。樗里疾和甘茂都是他重要的臣子，一个是右丞相，一个是左丞相。这两个人对秦国的攻城略地立有大功，司马迁放在一个传里。

有意思的是，公元前 300 年，樗里疾在弥留之际说了一段特别神奇的话。他说，百年后啊，会有王宫夹着我的墓葬。这句话一语成谶。等到公元前 200 年，刘邦责成萧何建长乐宫、未央宫。关键是，长乐宫、未央宫正好从两边夹住樗里疾的墓，让樗里疾说中了。所以，历朝历代就特别神化樗里疾，称他是樗里先师。甚至有一部叫《青乌经》的葬书，跟找坟地、看风水相关，人们认为这部书是樗里疾写的。他成了一位大仙似的人物。但是事实上，这个樗里疾不大可能是《青乌经》的作者。为什么呢？因为《青乌经》文字浅近，不像先秦作品。而且“后百岁，是当有天子之宫夹我墓”这个说法，很可能是汉代人的附会。汉代人看到了长乐宫、未央宫正好在樗里疾之墓的两边，所以进行了这么一个穿越，把故事倒推回一百年前，这是很典型的附会之举。

从这个故事出发，咱们就说到了武库。武库就是当时在樗里疾墓这个位置的一个建筑。武库是兵器库，且是整个长安城的兵器库。到汉惠帝时期，管它叫作灵金内府，是国家很关键的设施。兵器库有令有丞，也就是负责人，归执金吾①管辖。执金吾管的是当时整个京城的治安，统领北军，自然得有兵器。此外，这个武库还有自己的制造车间。这里头就有很多故事可讲。

其实，历朝历代的统治者对兵器都是非常重视的。比如秦始皇干过一件不可思议的事情，把天下的兵器都搜罗到一起，铸造了 12 个金人。②这个金有可能是青铜。金人个头应当都不小。当时贾谊写《过秦论》，他说陈胜、吴广造反，"锄耰棘矜，非铦于钩戟长铩也"。您看老百姓用的都是什么啊，都是用农具来揭竿而起，人们不择手段了，有什么用什么，因为真正的兵刃已经被秦始皇化成金人了。

但是后来这些金人去哪儿了呢？有很大争议。有人说，它们在汉末被董卓给熔化掉了，但是今天不能确论。

汉王朝也很注意兵器管制，尤其是对国家兵器的制造，控制非常严格。有一个著名的故事，发生在名臣周亚夫身上。周亚夫是汉王朝的大将，平定七国之乱有大功。但是这个人后来居功自傲，屡屡让汉景帝很生气。有一次，周亚夫的儿子背着

周亚夫

---

① 执金吾，古代保卫京城的官员，公元前 104 年由中尉更名而来。《汉书·百官公卿表上》："中尉，秦官，掌徼循京师，有两丞、候、司马、千人。武帝太初元年，更名执金吾。"其所属兵卒也称为北军。地位较高，光武帝在民间时，曾说"仕宦当作执金吾，娶妻当得阴丽华"，见《后汉书·皇后纪》。其中，执金吾是秦汉时率禁兵保卫京城和宫城的官员，阴丽华是光武帝刘秀的皇后。

② 贾谊《过秦论》："收天下之兵，聚之咸阳，销锋镝，铸以为金人十二。"

他父亲向当时朝廷的作坊定了500套甲楯，预备给父亲百年后当作殉葬品。这个事情周亚夫一无所知，但是传到了汉景帝耳朵里。汉景帝勃然大怒，于是责成官吏去调查清楚，看看周亚夫是否有谋逆之心。周亚夫由于全然不知道这件事情，在官吏面前居然不知所措。所以汉景帝更加恼火，要治周亚夫的罪。

从这个事件我们可以推测，当时朝廷有专门的兵器制造作坊，而且形成官方的产业链，为军需部门服务；并且还有非常严格的纪律，限制哪些人不能使用，周亚夫就犯了这个忌。

今天考古学家对未央宫遗址进行了仔细的清理与研究，发掘了武库。武库面积还是比较大的，它长达880米，宽320米，分成七个库。这些库鳞次栉比，里边存放着大量的兵器，包括青铜兵器和铁器。到了战国以后，铁器愈发普及，但是青铜器还没有完全退出历史舞台，尤其是在兵器上，还有大量的青铜刀、青铜矛、青铜剑。人们在武库之中看到青铜兵器和铁兵器并用。武库之中出土的文物，还包括从汉代的五铢钱到王莽时候使用的货币。这说明，武库的历史在两汉之交就结束了。武库的考古发掘，是我们了解汉代军事制度的重要依据。

太仓：国家的重要粮仓

另外一个重要的设施是太仓。太仓是官方的粮仓，朝廷有朝廷的太仓，地方诸侯国、郡县也有自己的仓。正所谓"民以食为天"，粮食在西汉王朝可以看作维护稳定的重要资源。西汉初立之时，王

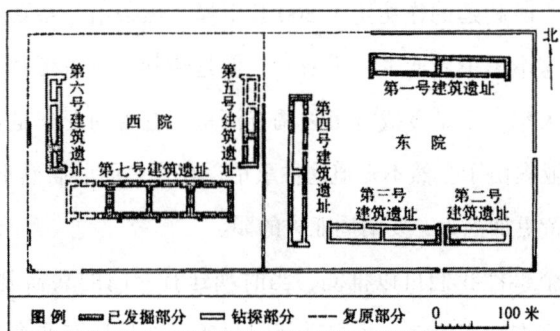

汉长安城武库遗址平面图 [1]

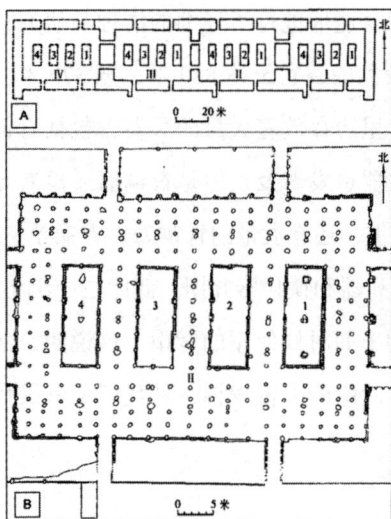

A. 第七号建筑遗址平面图
Ⅰ－Ⅳ房间　　1~4墙垛
B. Ⅱ号房间平面图　1~4墙
垛

汉长安城武库第七号建筑遗址平面图 [2]

[1]　出自中国社会科学院考古研究所：《中国考古学·秦汉卷》，中国社会科学出版社 2010
年版。
[2]　同上。

（西汉）铁戟

（西汉）铜弩机

（汉）金五铢

（西汉）五铢青铜钱

朝内部，民生凋敝；北方边境匈奴侵扰。无论对内还是对外，都需要大量的粮食供给。

有学者依据《三辅黄图》记载推测，太仓应当在汉长安城外的东南面，但是这个说法似乎有一些问题。为什么这么说呢？刚才已经讲到，刘邦责成萧何完成第一期未央宫的建设，其中有前殿、东阙、北阙、太仓、武库，这个太仓应当就在未央宫宫殿群之中，不大可能跑到长安城外。

太仓中装的是粮食，而古代尤其是北方所产的最重要的粮食就是粟——我们今天叫它小米。粟的历史非常久远，能够上溯到新石器时代后期。随着战国以后的农业进步，它的产量大为提升。《汉书·食货志》里，借战国著名政治家李悝之口讲到，当时魏国变法前后，垦田面积大大提升。[①] 然而，李悝也说了，即便产量丰盈，农民过的日子还是非常惨。为什么呢？因为种了国家的地，得给国家服徭役、纳赋税。除了徭役、赋税所需的粟，还有农人自己养生送死的开销，所以农民往往入不敷出，生活困苦。

西汉农业政策：文景之治与汉武盛世背后

秦汉之交是一个乱世，兵燹频仍，社会动荡，那就意味着经济很受打击。这个时候，稳定经济秩序，发展生产，招抚流亡，这一系列问题就摆在汉初执政者面前，最亟待解决的是粮食问题。刘邦

---

① 《汉书·食货志》："地方百里，提封九万顷，除山泽居邑叁分去一，为田六百万亩，治田勤谨则亩益三升，不勤则损亦如之。"

也罢，吕太后也罢，汉惠帝也罢，文帝、景帝也罢，奉行的政策都是发展生产，招抚流亡，减轻农业税。这些重要的措施起到了很大的成效，尤其是减免土地税。秦朝的时候，土地税非常重，如果按《汉书·食货志》所说，秦王朝敲骨吸髓，老百姓一大半收成都得交上去①，那老百姓剩下什么？农民这个时候基本就活不下去了，他不揭竿而起又能干吗？所以天下大乱。

而汉家天子看到了这个农业税的问题，进行大量的减免。西汉开始时十五税一，后来三十税一，乃至更轻（不收了），土地税非常薄。而在当时，税收的基础不是土地，而是人丁，人活着就得缴纳人头税。这样就刺激了农民耕作生产的积极性。所以文景时代，统治者也很重视农业，像汉文帝就曾经说过，农事是天下的根本。把农事放在了第一位，就抓住了民生问题的要害，这和历代明君的看法是一样的。经历了刘邦、吕后、汉文帝、汉景帝这几代的休养生息，农业出现了转机。

农业发展之后，国家靠着它带来的经济收效干了许多事情。北方有强大的匈奴，诸侯国也在蠢蠢欲动，后来闹出了著名的七国之乱。防御匈奴、平息战端，国家需要巨大的开支。在这个时候，汉文帝就采纳了重臣晁错的建议。

晁错

---

① 《汉书·食货志》："收泰半之赋。"这里可能有汉人夸大的因素。

　　晁错这个人很明智，他看到了当时社会的弊病，尤其是农人悲惨的生活状态。国家在稳定经济秩序，打击商业，尤其是富商大贾囤积居奇。但是，无论怎么打击，富商大贾都在作祟。这个时候，晁错就说，不能这样下去，如果朝廷再不重视农业，就没有经济后盾了。他说，人饥饿时想的都是食物，人寒冷时想的都是衣服。那么，问题的关键是，饥寒至深怎么办？如果无衣无食怎么办？这时，普通人、普通农民会怎么办？孟子有一句话，叫"无恒产而有恒心者，惟士为能"。就是说，没有恒定的产业，经济基础不固定，但是人还有恒心，有儒家的气节，节衣缩食以保持崇高的道德品质。但这是一般人干得出来的吗？孟子说很难。只有士可以，只有儒家士大夫可以。因为这些人接受过思想洗礼，有很重要的人生追求。可是一般人呢？无恒产而有恒心，太难了！晁错就说："饥寒至身，不顾廉耻"，廉耻都不顾了，什么都不要了，为了什么？为了填饱肚子。

　　历代这种事太多了，农民之所以揭竿而起，往往都是因为吃不饱饭。所以君主一定要稳定农业生产。晁错说，国家得调动农人的积极性，把他们稳固在土地上，靠着行政性手段是一个法子，但是好像不太能长久，一定得让他们有种地积极性。这靠的是什么？只有经济利益。所以他给汉文帝上了一个著名的奏疏，叫《论贵粟疏》，就是说要让粮食贵起来。国家提高了农产品的价格，农民有了生产耕作的积极性，他们自己就稳定在土地上了。而那些囤积居奇的奸商、织席贩履的贩夫就影响不到农民。农民认真地进行生产，于国于民都有大利，国家还有了税源保障。那么，提高农产品价格，

靠的是什么手段呢？他就
建议汉文帝允许纳粟买
爵、纳粟赎罪^①，让老百
姓能通过粟来买社会地位
（不只是立功授爵），还
能赎自己的罪（赎刑由来
已久）。这样的话，有粟
就成为他在社会上混的
资本。甭管是商人还是

大豆万石、大麦万石陶仓

官僚，都得看重这个粟（商人被打击，社会地位低，巴不得改换门
庭）。把粟输到边疆，边疆就有了粮秣补给，不至于匮乏。这个建议
汉文帝深以为然，并予以采纳。这样通过国家的行政手段使大量的
粟涌向太仓。

经历了"轻徭薄赋"的改革之后，西汉王朝终于国富民强，"太
仓之粟，陈陈相因"，史称"文景之治"。这个日益强盛的王朝也即
将由少年天子刘彻所承继。那么太仓中充盈的粟米是如何助汉武帝
一臂之力的呢？

请再来看一个故事，这个故事和汉武帝身边一个善于理财的重
臣桑弘羊有着密切的联系。桑弘羊是经济管理高手，而汉武帝干的
许多事，包括和匈奴作战、巡守天下，乃至求仙问药，都需要大量

① 《汉书·食货志》："欲民务农，在于贵粟；贵粟之道，在于使民以粟为赏罚。今募天下
入粟县官，得以拜爵，得以除罪。如此，富人有爵，农民有钱，粟有所漯。夫能入粟以受爵，
皆有余者也。取于有余，以供上用，则贫民之赋可损，所谓损有余、补不足，令出而民利
者也。"

的资财。汉兴六十余年，文景的家底儿已经花得差不多了，怎么办？桑弘羊提出盐铁酒官营，也就是说不让私商再分其利，而且还推行均输①、平准②，官营贩运，并且调控物价。于是国家府库资财逐渐充盈，成为汉武帝办大事、推行有为之政的经济后盾。

汉武帝还推出"算缗""告缗"来打击商人③。"算缗"要求交巨额的财产税。如果不交的话，周围人告发，您的财产要给人家一半。这样一来，国家可就有钱了，很多人也觉得自己发家了，关键是这种做法使得中产之家大率败亡。古书也有这种记载，按今天的话讲，这叫杀鸡取卵，一锤子买卖。以后你再找这些人，这些人就没影了。但是国家是需要这些中产之人的，一锤子买卖万万不可，得放长线钓大鱼。所以当时桑弘羊就建议皇帝罢黜告缗，同时让天下百姓可以通过纳粟来赎罪。这个做法和晁错推行的建议如出一辙。这里头就有深刻的考虑：国家很需要粮食，输送到边廷，能够稳固边廷的军心。

此外，当时还有一个因素，粟还是官吏的粮饷。在相当一段时期内，好些政权也都是拿粮食来当工资的，用粮食的数量计算官员的品级，比如两千石、六百石等。总之，粮食在政治舞台上太重要

----

① 汉武帝在大司农属下置均输令、丞，统一征收、买卖和运输货物。桓宽《盐铁论·本议》："往者郡国诸侯，各以其方物贡输，往来烦杂，物多苦恶，或不偿其费；故郡国置输官以相给运，而便远方之贡，故曰均输。"

② 汉武帝采取措施平抑物价。《史记·平准书》："大农之诸官尽笼天下之货物，贵即卖之，贱则买之。如此，富商大贾无所牟大利，则反本，而万物不得腾踊。故抑天下物，名曰平准。"

③ 汉武帝为打击商人势力，解决财政困难采取算缗和告缗的措施。告缗是算缗的延伸。元鼎三年（公元前114年），汉武帝实行告缗，即鼓励告发算缗不实。凡揭发属实，即没收被告者全部财产，并罚戍边一年，告发者奖给被没收财产的一半。

了，因此太仓之粟的充盈标志着一个时代的经济面貌。只有这样，汉武帝才可能推行大有为之政，这就是太仓起到的重要作用。

凌室：古人藏冰之法

说完太仓，还有一个很好玩的地方需要讲一讲，那就是凌室。凌室是什么呢？它是藏冰的地方，又叫凌阴。古代是有冰的，冰有很多用途，比如古代夏天也非常炎热，冰就可以起到去暑的作用。冰还可以吃，古代人的确有吃冰的习惯。如果看宋朝的文献，包括《东京梦华录》《武林旧事》《梦粱录》等，就会发现咱们今天的雪糕、冷饮，在宋代也不少。古代没有今天的电冰箱，没有冷柜，靠的是什么呢？就是刚才说的藏冰行为。

冰是怎么个藏法？有一首诗是《诗经·豳风》的《七月》，著名的农事诗，描述了一个农业家庭，有可能是大宗族下的小宗，一年到头忙碌不停的生活。其中有一句著名的诗："二之日凿冰冲冲，三之日纳于凌阴。"其中，"二之日""三之日"指的是周历。如果换算成夏历，类似于今天的农历，就相当于农历的十二月和正月。农人很不容易，十二月，天寒地冻，都伸不出手来，但是还得"凿冰冲冲"。"冲冲"是拟声词，模拟凿冰的声音。凿出大量的冰之后，天寒地冻，它也不会化。"三之日"，也就是正月的时候，就要把它放到凌阴之中。凌阴即凌室，也就是古代藏冰的地方。

在古代，从天子王侯一直到普通贵族，也许都有冰窖，像北京就有著名的冰窖口。冰藏在冰库之中，等到春夏之交就能使用。这

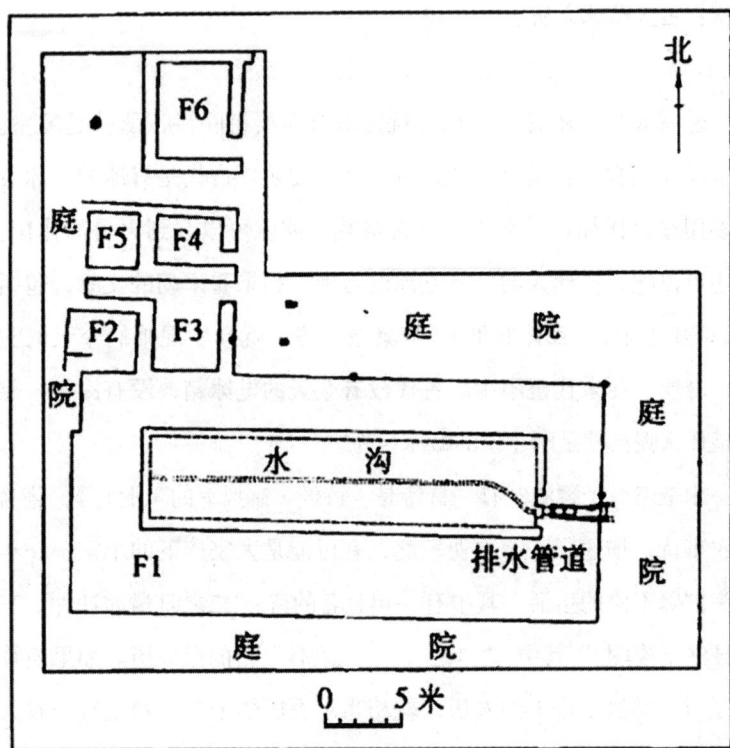

汉长安城长乐宫凌室遗址平面图^①

---

① 出自中国社会科学院考古研究所：《中国考古学·秦汉卷》，中国社会科学出版社 2010 年版。

就很有意思了，《周礼》曾经记载过，有一个职官叫作凌人，也就是管凿冰、藏冰的人。那么这个冰的需求量是多少？是正常使用冰量的三倍。古代没有冷柜，没有电冰箱，由于保存不善，一部分冰会化掉，所以藏冰的量要大于实际使用量。

夏天使用冰成为古代一个很奇特的现象。宋代就有许多故事能说明这件事。《东京梦华录》写的是东京汴梁的繁华胜景，里头记载了"曹家从食"，就是曹家经营的小吃。小吃里头就有相当于今天雪糕的东西，还有各种各样的饮料，这些饮料是用冰镇的各种草药熬成的水，比如甘草水等。可见古代冷饮业很发达。有人说：古代的冰都是自然冰，里面杂质比较多，怎么办？这没好办法，古人也就那么受着，顶多煮好的水大冬天冻上，但是天然无添加剂。冰的杂质多，于是有人吃了就会闹肚子。据说当时宋朝皇帝宋孝宗还有闹

（宋）《清明上河图》中的饮品店

肚子的记录①。也有的时候，古人索性就在寒冬腊月里，把熬好的草药水加上糖，放到冰天雪地之中冻起来，到冰窖里收存。等到夏天，就能切割成小块。这不就是后代的雪糕吗？

《左传》记载，昭公四年，鲁国出现一件事，叫"大雨雹"。什么意思呢？就是下了大大的冰雹。下冰雹是异常的事件，尤其是会带来灾难，在今天都是很恐怖的事情，当时贵族们自然也比较恐慌。执政的大夫是季孙家族的季武子，他向一个叫申丰的渊博学者求教：大冰雹该怎么办啊？这个申丰讲了一大段话，跟天气没有任何关系；他讲的是藏冰之法。如何藏冰呢？他说，天寒地冻的时候需要凿冰、藏冰，到了春天的时候，献羔祭酒，人们开始使用它，第一个使用它的一定是国君。贵族也都要藏冰，这个冰一定得处理好。如果说冰藏得好，符合规律，那么它的功用也能够发挥。于是，冬天就不会愆阳②，夏天就不会伏阴③，春天没有凄风，秋天没有苦雨，风调雨顺。④

申丰讲的这一套理论，今天看来有些荒谬，表现出人们的种种附会。冰再怎么强，它也影响不了自然的气候才对。但是人们今天能认识到这一点，是因为站在了现代的高度。回归到两千五六百年前的周代，那个时候人们认为自己在自然面前不是坐以待毙的，而

① 《宋史·施师点传》："一日，入对后殿，上曰：'朕前饮冰水过多，忽暴下，幸即平复。'师点曰：'自古人君当无事时，快意所为，忽其所当戒，其后未有不悔者。'上深然之。"
② 愆阳谓冬天温和，有悖节令，后亦指天旱或酷热。
③ 伏阴是盛夏中出现的寒气，也有悖节令。
④ 《左传·昭公四年》："祭寒而藏之，献羔而启之，公始用之。""自命夫、命妇，至于老疾，无不受冰。山人取之，县人传之，舆人纳之，隶人藏之。""其藏之也周，其用之也遍，则冬无愆阳，夏无伏阴，春无凄风，秋无苦雨。"

摸索一系列规律，从而认识自然，能通过种种手段改造自然，表现出了先民认知世界的勇气，以及古人的生活智慧。应当说这种思考是有很大历史进步性的。

曾侯乙墓之中就出现了古代很著名的一件东

（战国）曾侯乙青铜冰鉴

西——冰鉴。这个冰鉴极其繁缛，非常漂亮，是国家一级文物。曾侯乙墓冰鉴分内外两层，在外层放冰，而内层隔间可以放容器，用冰来镇这个容器。这就是两千多年前的冰箱。学者们仔细研究，发现它的孔道非常符合流体力学的原理，表现出了古人精深的科技。像这种东西，在南方的楚国应该有很大的市场，所以冰鉴出现在曾侯乙墓之中很正常。考虑到今天湖南、湖北一带到夏天还非常热，所以古代应该会大量使用冰。屈原在《楚辞》中就写过《招魂》，里边有一句"挫糟冻饮，酎清凉些"。那个"些"读成"suō"，是一个感叹词。"挫糟冻饮"是什么？他说夏天可以把甜酒打去浮沫，予以冰镇。人们喝起来口感清凉，非常舒畅。您看，这跟今天咱们喝冰镇的醪糟、奶茶和汽水很相似了。而且屈原在《大招》里还说"清馨冻饮"，说这"冻饮"——也就是现在说的冷饮——清馨可口。可见古代楚国是用了大量的冰的。

不仅楚国如此，后代好些贵族、富户都有这种冰柜，我们在明

（清）柏木冰箱

清能找到很多例子。乔家等大户人家，都有这种东西。它就是一个木柜，会做得很精致，甚至是掐丝景泰蓝的。一般是内外两层，夹层里放上要冰镇的东西，而外边就是冰，上面把它密封严实。其实像这种做法，二十世纪八十年代卖冷饮的小贩也在用。他们也没有电冰箱，往往就是推着一个木头的车，里边有冷饮，放上隔热的东西，然后上边捂上一个大大的棉被，这样也能使得雪糕冷饮一两天不化。古人采取的方式其实跟它很相似。还有很多古代富户，如果觉得夏天很热了，就索性拿出这些冰（包括冰碴碴），冰镇一些瓜果，通过这种方式清凉地消夏。

不管是凌室，还是武库、太仓，都一去而不复返了。但是，我们能通过考古遗址、历史记载感受它们，从而了解汉代生活的方方面面。我们会发现，许多做法古今一理，表现了中国人独有的生活智慧。